Die beiden Autoren Stephan Bartels und Till Raether führen Frauen (und Männer) endlich an die geheimen Orte, an denen die männlichen Gefühle zu Hause sind. Sie lassen alle Hüllen fallen und nehmen kein Blatt vor den Mund, wenn sie über das sprechen, was alle Frauen brennend interessiert: das geheime Gefühlsleben des männlichen Geschlechts!

Till Raether, Jahrgang 1969, war stellvertretender Chefredakteur bei ›Brigitte‹ und ist freier Autor (u. a. für ›Stern‹, ›Süddeutsche Zeitung Magazin‹ und ›Neue Zürcher Zeitung Folio‹).

Stephan Bartels, Jahrgang 1967, schreibt seit mehr als 13 Jahren als freier Autor für ›Brigitte‹ Porträts, Kultur-, Reise- und Psychologie-Artikel und ist u. a. für den ›Stern‹ und ›Die Zeit‹ tätig. Sein erstes Buch ›Der Kilo-Killer‹ erschien 2008 im Scherz Verlag. (www.stephanbartels.de)

Unsere Adresse im Internet: www.fischerverlage.de

Stephan Bartels
Till Raether

Männergefühle

Was denken Männer, wenn sie nichts sagen?

Fischer Taschenbuch Verlag

Veröffentlicht im Fischer Taschenbuch Verlag,
einem Unternehmen der S. Fischer Verlag GmbH,
Frankfurt am Main, September 2012

© S. Fischer Verlag GmbH, Frankfurt am Main 2011
Druck und Bindung: CPI – Clausen & Bosse, Leck
Printed in Germany
ISBN 978-3-596-19239-7

»Das sind Gefühle,
wo man schwer beschreiben kann.«

Nationalstürmer Jürgen Klinsmann
nach dem Gewinn der Europameisterschaft 1996

Inhalt

Vorwort
Haben Männer Gefühle,
und wenn ja, wo und wie viele?

»Und, was macht ihr gerade so?«
»Wir schreiben ein Buch.«
»Aha, und worüber?«
»Männergefühle.«
»Echt? Na, das wird ja wohl ein kurzes Buch, hahaha!«
– Keine Ahnung, wie oft wir dieses Gespräch in den letzten Monaten hatten. Männern traut man offenbar einiges zu, aber keine Gefühle.

Er ist sagenumwoben. Ein Mythos. Etwas, von dem manche Frauen hartnäckig behaupten, er sei so was wie das Ungeheuer von Loch Ness – eine faszinierende Idee, aber in Wirklichkeit kompletter Unsinn: der männliche G-Punkt. Damit meinen wir nicht eine der drei oder vier erogenen Zonen in unserer Körpermitte, sondern jenen schwer zugänglichen Ort in der Psyche von Männern, an dem wir unsere Gefühle verbergen. Schwer zugänglich? Na ja, für die meisten Frauen. Verbergen? Ja, vor eben diesen.

Auch in den besten Beziehungen gibt es weiße Flecken auf der Landkarte der Männerseele. Denn: Männer sprechen ja

nicht. Behaupten die Frauen. Männer erzählen beim Abendessen bestenfalls Anekdoten. Frauen reden darüber, was sie
belastet, beschäftigt oder fertigmacht. Männern muss man
alles aus der Nase ziehen. Bei Männern muss man zwischen
den Zeilen lesen. Männer ziehen sich zurück, Männer kap-
seln sich ab. Männer muss man zu ihrem Glück zwingen.
Sonst tun sie die ganze Zeit so, als wäre alles in Ordnung,
bis sie eines Tages zusammenbrechen oder mit den Worten
»Mir wird das alles zu viel« auf unbestimmte Zeit das Haus
verlassen.

Im Laufe der Jahre ist bei uns ein Verdacht entstanden:
Könnte es sein, dass Frauen auch deshalb den Eindruck haben, Männer seien nicht in der Lage, über Gefühle zu reden,
weil sie viel zu sehr damit beschäftigt sind, über ihre eigenen
Gefühle zu reden? Könnte es sein, dass Frauen vieles, was wir
sagen oder tun, nur vor dem Hintergrund ihrer eigenen Gefühle betrachten? Uns kommt es manchmal so vor, als seien
ihre eigenen Gefühle für Frauen der Maßstab aller Dinge,
als seien ihre Gefühle die einzige Realität, die sie kennen, die
einzige Realität, die sie gelten lassen.

Das funktioniert dann in etwa so: Wenn wir nur sehr selten »Ich liebe dich« sagen, dann haben Frauen das Gefühl,
wir lieben sie nicht, denn wenn wir es täten, müssten wir es
doch öfter sagen können. Wenn wir »Ich liebe dich« sagen,
haben sie das Gefühl, dass wir es nur gesagt haben, um ihre
Erwartungen zu erfüllen, oder weil uns gerade nichts Besseres eingefallen ist, denn alles andere war ja schon gesagt.
Oder sie haben das Gefühl, dass wir es irgendwie komisch
gesagt haben, sie analysieren unsere Satzmelodie und interpretieren unsere Stimmfärbung bis das, was sie gehört haben,
in ihre Gefühlswelt passt. Ihre Gefühle sind die Welt, wir
leben nur darin.

Eigentlich müsste es leicht sein, über Gefühle zu reden,
weil scheinbar alle es tun, pausenlos. Die ganze Gesellschaft
ist überemotionalisiert: der Sport, das Wetter – die »gefühlte

Temperatur« ist noch eine relativ frische Erfindung. Und es ist, so vom Gefühl her, auch ziemlich neumodisch, bei verschwitzten Fußballern Sekunden nach dem Abpfiff zuallererst einen Blick in den seelischen Abgrund zu werfen. Da wird nach einer Niederlage nicht etwa sachlich der Sinn einer 4-2-3-1-Formation in Frage gestellt, nein. Reporter von heute fragen: »0:1 im Halbfinale gegen Spanien – wie sieht es jetzt in Ihnen aus?« Das ist in etwa so, als würde man sich den Finger abschneiden, und dann kommt einer und fragt: »Tut das weh?«

Apropos »weh tun« – eine andere Emotionsfrage nach dem Sport tut es auch: »Wie sehr schmerzt dieses Aus gegen Spanien?« Nur für das Protokoll: Wir lieben Fußball, auch und vor allem deshalb, weil wir nirgendwo so ungefiltert Gefühle durchleben können. Das Reden darüber aber hat meist nichts mit Fußball zu tun. In Wirklichkeit noch nicht einmal etwas mit Gefühlen.

Der beste Beweis aus den Medien, in welchem Ausmaß Gefühle mit Realität gleichgesetzt werden, sind die bezeichnenderweise sogenannten »Realityshows«. Wird uns bei Tine Wittler und Co. gezeigt, wie man Zimmer und Häuser renoviert? Nein, es wird uns gezeigt, wie man sich dabei fühlt, a) während man es tut, und vor allem b) wenn man sieht, was da vollbracht worden ist.

Die bisher am meisten ausgereifte und erfolgreichste Form öffentlicher Gefühlsunterhaltung sind die Castingshows. Sie funktionieren alle nach demselben Prinzip: Es gibt einen Vorwand (Wer kann gut singen? Gut modeln? Ekliges Zeug im Dschungel schlucken?), der der Sendung den Rahmen gibt, aber letztendlich nur zum Anlass genommen wird, darüber zu reden, wie alle sich fühlen. Und die Politik ist zu einem Abklatsch der Castingshow-Welt geworden: Wir leben in einer Diktatur der Gefühle. Wenn der Bundeskanzler abgewählt wird, wünscht er sich zum Zapfenstreich »I did it my way« und weint: Sentimentalität als Staatsakt. Wenn der Verteidigungsminister zurücktritt, wünscht er sich zum Zapfenstreich »Smoke on the Water« und lächelt dabei tapfer: Selbstmitleid als Staatsakt. Wenn der Bundespräsident zurücktritt, dann begründet er das mit seinen verletzten Gefühlen und zeigt uns, wie gerührt er von sich selbst ist. Und wenn der Außenminister schlechte Arbeit macht, lesen wir in Nachrichtenmagazinen keine Analysen seiner Politik, sondern Charakterstudien seiner gequälten Psyche. Es gibt keine Nachrichten mehr, es gibt das Reden über Gefühle.

Womit wir zwei Gründe eingekreist hätten, warum Männer nicht gern und nicht besonders erfolgreich über ihre Gefühle sprechen: Alle tun es, es kommt uns aus den Ohren raus, wir können es nicht mehr hören. Und: In der Beziehung haben Frauen die Gefühlshoheit, und meistens endet das Reden über Gefühle hier im Streit, weil die Gefühle von Frauen irgendwie eine höhere Gültigkeit zu haben scheinen. Das Erste, das mit den Fußballern und Bundespräsidenten, können wir nicht ändern; das Zweite würden wir gern besser verstehen.

Was meinen wir, wenn wir in diesem Buch »Gefühle« sagen?

Gefühle sind die tiefen, authentischen, seelischen Empfindungen des Menschen. Und auch, wenn es sich im Eifer des Gefechts manchmal so anhören wird: Wir möchten niemandes Gefühle in Frage stellen. Wir können und wollen auch nicht analysieren, woher Gefühle wie Wut, Eifersucht oder Enttäuschung kommen. Zu dieser Frage konsultieren Sie bitte die einschlägige Ratgeberliteratur oder Ihren Therapeuten. Uns geht es darum, was in Beziehungen aus Gefühlen gemacht wird. Und unsere These ist, ganz überspitzt:

Frauen reden über Gefühle.

Männer haben sie.

Männer verwandeln ihre tiefen, authentischen Gefühle in schlechte Laune, Schweigen, Fußballbegeisterung oder in Rückzug (nicht selten all dies innerhalb eines einzigen Nachmittags). Das ist wenig, zumindest auf den ersten Blick. Das mehr dahinter steckt, davon handelt dieses Buch.

Frauen drücken ihre Gefühle sehr viel unmittelbarer und direkter aus, und eigentlich ist das eine gute Sache. Eine, die wir lange Zeit auch gern gelernt hätten. Aber irgendwas ist schiefgegangen, wir fühlen uns aufs Glatteis und in die Irre geführt, beides zugleich, wir rutschen aus und wissen nicht, wo oben und unten ist. Wir vermuten, der Grund ist folgender: Indem Frauen ihre Gefühle unmittelbarer, direkter und sehr viel ausführlicher ausdrücken, verwandeln sie Gefühle in Rhetorik. Wir unterstellen keine Absicht; es ist einfach das, was bei uns ankommt. Genauer gesagt: In ihrem Reden über Gefühle verwandeln sich in unseren Ohren die Art, wie sie über Gefühle reden und wie sie ihre Gefühle ausdrücken, in rhetorische Waffen und in Machtinstrumente, vereinfacht könnte man auch sagen: in Vorwürfe und Unterstellungen. Das ist viel, und ehrlich gesagt: für uns oft zu viel, und auch davon handelt dieses Buch.

Uns ist klar, dass die beiden vorigen Absätze aus scherzhaft und schmerzhaft groben Verallgemeinerungen bestehen. Wir überzeichnen und spitzen zu, was wir selbst erlebt haben und was wir wissen aus Gesprächen mit anderen Männern. Und mit Frauen. Wir wissen, dass es unzählige Ausnahmen gibt, dass nicht alle Frauen *so* oder alle Männer *so* sind. Um die Tendenz deutlich zu machen, übertreiben wir hier und da und bewegen uns immer wieder hart an der Grenze zum Klischee. Das erfordert einen gewissen Mut, denn wer Klischees verwendet, läuft Gefahr, als Idiot dazustehen, sobald jemand sagt: »Aber das sind doch nur Klischees.« Wir gehen das Risiko ein, denn Klischees sind eben nie *nur* Klischees: Sie werfen immer auch ein grelles, etwas ordinäres Licht auf einen komplizierten Sachverhalt, der dann in diesem Licht etwas weniger kompliziert wirkt, so dass man sich ihm unbefangener nähern kann. In jedem einfachen Klischee steckt eine komplizierte Wahrheit. Zum Beispiel ist es ein Klischee, dass Frauen mehr Gefühlskompetenz haben als Männer, und es ist ein Klischee, dass Männer ungern und ungeschickt über Gefühle reden. Aber dahinter steckt eine komplizierte Wahrheit: Seit Generationen wurden Mädchen ermutigt, sich um die eigenen Gefühle und die ihrer Umgebung zu kümmern, während Jungen angehalten wurden, die Zähne zusammenzubeißen und so zu tun, als kennten sie keinen Schmerz, vor allem keinen seelischen. Das hat Spuren hinterlassen, und man kann darüber Witze reißen oder man kann versuchen, die Folgen zu verstehen.

Wir werden Witze reißen, aber wir wollen auch verstehen und verstanden werden.

Kapitel 1
Zugeschmiert mit Emo-Sauce:
Ein Tag im Leben eines Mannes

Wie lebt es sich eigentlich in einer Welt, in der so viel über Gefühle geredet wird, dass man am Ende nicht mehr weiß, wie es einem selber geht? Till Raether beschreibt den Durchschnittstag eines ganz normalen Mannes.

Ein Mann steht morgens auf. Er hat einen eher unspektakulären Tag vor sich, sagen wir: einen Dienstag. Der Mann ist insgesamt auch nichts Besonderes, ein Mann wie du und ich, beziehungsweise wie Stephan und ich. Irgendein Typ aus der zerfallenden Mittelschicht, Ende dreißig, Anfang vierzig, nennen wir ihn Thomas. Weil das der beliebteste männliche Vorname in Deutschland war, als wir geboren wurden: Stephan und ich sind umgeben von Thomassen. Und: Wir sind selbst dieser Thomas. Also: Guten Morgen, Thomas. – Thomas? Aufwachen! Oh, Thomas ist gerade beschäftigt. Vermutlich ist er mit den Resten einer Erektion aufgewacht und versucht auf die Schnelle, das Beste daraus zu machen. Jetzt, wo er das Schlafzimmer mal ein paar Minuten für sich allein hat.

Thomas hat eine Wohnung, die ihm ganz gut gefällt und

die seine Frau und er sogar bezahlen können (insgesamt sind die Fixkosten zu hoch, das summiert sich und wird sie eines Tages in Schwierigkeiten bringen). Er hat auch Kinder, also eine Familie, mit der er zusammenlebt; man liebt sich. Krisen, Langeweile und Enttäuschungen ebenso eingeschlossen wie besonders innige Momente. Und Thomas' uneingeschränkte Hingabe an die Kinder – außer sie trödeln beim Anziehen.

Er hat eine Adresse, er hat einen festen Wohnsitz, einen Lebensmittelpunkt, aber es gibt keinen Ort, an dem man ihn wirklich versteht. Jedenfalls nicht an einem durchschnittlichen Dienstag. Thomas ist ein ziemlich durchschnittlicher Mann, und darum ist er ziemlich allein. Er ist zwar umgeben von Leuten, aber er verbringt den ganzen Tag in einer seltsamen Isolation. Das beginnt schon im Bad. Im Radio läuft ein Infosender, Presseschau, die Nachrichtenlage ist eher unspektakulär: Der Verfassungsgerichtshof von NRW hat der Landesregierung verboten, neue Kredite aufzunehmen. Wenn Thomas sich nicht gerade rasieren würde, schliefe er bei dieser Mitteilung vermutlich gleich wieder ein. Aber dann wird in der Presseschau die FAZ mit den Worten zitiert: »Frau Kraft dürfte die Lust darauf vergangen sein, schon bald wieder vor die Wähler zu treten. Denn als ertappte Haushaltssünderin hat die neue Landesmutter, die ihre Schuldenpolitik stets mit der ›Sorge um künftige Generationen‹ verbrämt, deutlich an Glanz verloren.« Und dann, wie die gleiche Zeitung das amerikanisch-chinesische Verhältnis kommentiert: »Von der politischen Symbiose einer ›G2‹ ist keine Rede mehr. Die Regierung Obama nimmt auch nicht mehr wie zu Beginn Rücksicht auf chinesische Empfindlichkeiten.«

Oh Mann, denkt Thomas, während er sich rasiert, wer hat den hier einmal Politik mit Emo-Sauce bestellt? Warum reden die über »Lust« und »Sorge«, über »Rücksicht« und »Empfindlichkeiten«? Dabei geht's doch eigentlich um Finanzpolitik im einen und um geostrategische Erwägungen im anderen Fall. Von Tagesbeginn an ist er von Gefühlen umgeben, die nicht seine eigenen sind. Er weiß noch nicht mal, wie er sich heute selber fühlt, aber er weiß bereits, wie sich Hannelore Kraft und China fühlen.

Thomas schmiert sich Rasierbalsam ins Gesicht, auf dem »sensitive« steht. Ihm ist nicht ganz klar, wie und wann das passiert ist, aber er benutzt nur noch »Balsame«. Alles ist schonend und eben »sensitive«, die empfindsamen, gefühlvollen Produkte waren plötzlich da, an den leicht erreichbaren Stellen im Drogeriemarktregal.

Er schmiert sich eine Feuchtigkeitscreme ins Gesicht, die einen leichten Selbstbräunungseffekt hat, den die Hersteller aber ähnlich verbrämen wie Hannelore Kraft ihre Schuldenpolitik: Sie sprechen vom »Summerlook«. Thomas benutzt nicht besonders viele Kosmetikprodukte, aber wenn er sich so umschaut in seiner Ecke des Badezimmers, dann stellt er fest: Er besitzt lauter Zeug, das ihm ein gutes Gefühl verspricht. Thomas fühlt sich missverstanden. Weder wollte er im Nachrichtenradio über die Gefühlslage von Spitzenpolitikern und Großmächten informiert werden noch wollte er Toilettenartikel, die so tun, als wären sie Balsam für seine Seele. Alles ist zugeschmiert mit Second-Hand-Gefühlen. Vielleicht haben wir das zugelassen, weil es bequemer ist, als sich den großen Gefühlen zu stellen: Angst und Wut und Trauer, Hoffnung und Liebe und Zuversicht. Elementare Dinge, das legendäre Eingemachte: Da ranzugehen ist eine Lebensaufgabe, die man leicht aus den Augen verliert, wenn man von Second-Hand-Gefühlen umgeben ist.

Seiner Seele geht's eigentlich noch ganz gut. Der Frühstückstisch ist wie jeden Morgen bestenfalls improvisiert: Alles geht durcheinander, Hausaufgabenreste, Schulbrote schmieren, für Thomas irgendwas im Stehen. Und fast könnte aus dieser Nähe und diesem Chaos so was wie ein Zuhause, ein Dabeisein entstehen. Wenn Thomas nicht gleich den Fehler machen würde, seiner Frau eine ganz einfache Frage zu stellen. Nennen wir sie Claudia, weil dies der in unserer Generation beliebteste Frauenvorname ist.

Beide arbeiten. Morgens müssen sie immer den Tag noch mal planen, denn aus irgendwelchen Gründen gibt es immer ein paar lose Enden, die noch verknüpft oder rausgerissen werden müssen: offene Termine, ungeklärte Zuständigkeiten, Sachen, die man einfach vergisst.

Thomas fragt: »Sag mal, hast du heute Nachmittag Mitarbeitergespräche?«

Claudia lässt das halbe Vollkorn-Toasty sinken. Bevor Thomas den Mund aufgemacht hat, war sie eine Frau gewesen, die gerade im Begriff war, Aprikosenmarmelade auf eine Frischkäseschicht zu streichen. Jetzt ist sie: sauer? genervt? gekränkt? Auf jeden Fall anders.

»Ja, ja, ich weiß, und du musst wieder die Kinder abholen«, entgegnet Claudia.

»Deswegen frage ich ja. Ich war mir nicht sicher, ob das heute war.«

»Natürlich ist das *heute*. Wann soll das denn sonst sein?«

»Warum bist du eigentlich so aggressiv?«

»Entschuldige mal«, erwidert seine Frau, »wie würdest du dich fühlen, wenn morgens das Erste, was du von mir hörst, Vorwürfe sind?«

Die Kinder blenden die Szene aus, sie sind vollauf damit beschäftigt, sich nicht anzuziehen. Thomas spürt, wie ihm der Tag entgleitet, und zum ersten Mal ist da heute ganz deutlich dieses Gefühl vom Alleinsein, das bisher nur an ihm genagt hat. Ich habe doch, denkt er, eine ganz sachliche Frage gestellt.

»Vorwürfe? Wieso Vorwürfe?«, fragt er eine Spur zu laut.

Claudia hat offenbar keinen Appetit mehr auf ihr Toasty.

»Glaubst du, mir macht es Spaß, so wenig Zeit mit den Kindern zu verbringen?«, fragt seine Frau. »Kannst du dir vorstellen, wie ich mich dabei fühle, und erst recht, wenn du auch noch so darauf herumreitest?«

Thomas winkt ab. Er ist mittlerweile stinksauer, denn was kann er dafür, dass seine einfache Frage bei seiner Frau auf eine komplizierte Gefühlslage aus Schuldgefühlen und Selbstvorwürfen getroffen ist? Und was fällt ihr ein, ihr eigenes schlechtes Gefühl gegen ihn zu wenden? Aber das auszusprechen, würde jetzt viel zu weit führen: Der sich daraus ergebende Streit könnte locker ein, zwei Stunden dauern, und wer hat dafür morgens die Zeit? Oder überhaupt: die Energie? Oder, ganz ehrlich: den Mut? Denn immer, wenn seine Frau ihn angreift, weil sie sich angegriffen fühlt, geht es um einen Konflikt, der mit ihrem ganzen Leben zu tun hat. So wie jetzt, wo sie das Gefühl hat, er würde ihr vorwerfen, zu wenig Zeit mit den Kindern zu verbringen. Könnte es sein, denkt Thomas, dass ich diesen Knopf zwar unbewusst, aber doch irgendwie mit Absicht gedrückt habe, weil ich weiß, dass es ein wunder Punkt für sie ist, wenn sie lange arbeiten muss? Und wenn ja, müssten wir dann nicht mal ganz grundsätzlich über unser Lebensmodell und unsere Rollenverteilung reden? Bedeutet das, dass sie lieber weniger arbeiten würde? Hätten wir noch genug Geld zum Leben, wenn sie weniger arbeiten würde? Können wir uns das alles überhaupt leisten?

Große Fragen, die plötzlich an einer kleinen Bitte um Auskunft hängen, wann sie heute nach Hause kommt. Diese großen Fragen machen ihm Angst. Er will jetzt nur noch die Kinder anziehen, sie dahin bringen, wo sie tagsüber ihr Kinderding machen, und dann im Büro seine Ruhe haben.

»Typisch«, sagt Claudia. »Und jetzt sagst du wieder nichts.«

Später, allein im Auto und im zähfließenden Verkehr, hat Thomas Gelegenheit, diese Szene vor seinem inneren Auge zu wiederholen. Er hat das Gefühl, dass er, als seine Frau ihm auf seine Frage mit einem Gefühlsausbruch geantwortet hat, endgültig in eine Welt gezogen wurde, die nicht seine eigene ist: die Welt, deren Naturgesetze nicht die unseres Kosmos' sind, sondern in der stattdessen nur die Gefühle und die Gefühlswahrnehmungen seiner Frau regieren. Es ist *ihre* Welt, er lebt nur darin.

Eigentlich hat Thomas kein Problem mit Gefühlen. Er meint, drüber reden zu können, und er hat sich auch schon unangenehme eingestanden: Vor ein paar Jahren, als die Kinder noch kleiner waren und der Druck im Job noch größer, bekam er Angstattacken. Erst hat er sich zusammengerissen, dann hat er sich noch mehr zusammengerissen, und dann hat er sich von seinem Hausarzt an einen Psychologen überweisen lassen und eine Therapie gemacht. Seitdem geht es ihm besser. »Öko-Test«, deren positiver Stempel auf allen Produkten ist, die Thomas benutzt, würde sagen: »Gut.« Er hat es nie als allzu große Schande empfunden, auf einmal unkontrollierbar schlechte Gefühle zu haben und dann sogar etwas dagegen zu unternehmen. Er hat sogar zwei Freunden davon erzählt. Seine Frau war toll zu der Zeit. Aber was war das heute Morgen? Warum sagt sie nicht, dass sie Angst hat, zu wenig für die Kinder da zu sein? Warum versteckt sie dieses Gefühl, indem sie es in Unterstellungen und Vorwürfe verwandelt? Oder unterstellt er ihr jetzt gerade selber etwas?

Um sich weniger eingeengt zu fühlen, hat Thomas sich nicht angeschnallt, nachdem er die Feuerwehrzufahrt der Kindertagesstätte mit seinem Kombi verlassen hatte. Auf kürzeren Autofahrten gönnt er sich manchmal dieses Gefühl von Risiko und Freiheit, von Gesetzesbruch und Nostalgie. Bis ihm einfällt, dass er keine Berufsunfähigkeitsversicherung hat. Ging nicht, wegen der Psychotherapie. Also schnallt er sich wieder an.

Im Büro sucht Thomas die Nähe von Frauen. Irgendwann ist ihm klargeworden, dass Frauen interessanter sind als Männer, und zwar nicht nur aus anatomischen Gründen. Wie viele Männer kann Thomas im Arbeitsalltag die Masse anderer Männer nur noch schlecht ertragen. Die alten Männerbünde funktionieren nicht mehr, weil Männer festgestellt haben – und jeden Tag aufs Neue feststellen –, wie langweilig andere Männer sind, und im Rückschluss vermutlich auch sie selbst. Man muss sich nur mal umschauen, morgens am Flughafen, am Gate, wo die Männer warten, die geschäftlich nach Frankfurt fliegen wollen. Im Grunde sehen sie nicht viel anders aus als vor zehn Jahren. Die Laptops sind kleiner geworden, die Handys flacher, die Revers, Hosenbeine und Krawatten schmaler, aber es sind noch immer die Uniformierten aus dem mittleren Management. Wenn man vor zehn Jahren ähnlich gekleidet in ihrem Kreise saß, gehörte man automatisch zu einer Art Armee aus Spesenrittern, zum Fußvolk des Wirtschaftswachstums. Es gab einen unsichtbaren Zusammenhalt aus Selbstüberschätzung, Geschäftigkeit und bedeutungsvollem Rascheln mit Unterlagen und dem Wirtschaftsteil der Zeitung. Auch wenn man nicht dazugehörte, nahm man diese Männer als Gruppe wahr, und man dachte mit einem Seitenblick: Ah, die Wichtigtuer, die sich auf das »Focus«-Bordexemplar und eine Beschwerde bei der Stewardess freuen, sind auch schon da.

Was sieht man heute, zehn Jahre später, in den Gesichtern dieser Männer? Wichtigtuerei? Davon träumen sie nur. Die meisten versuchen zu gucken, als wären sie der Einzige, der nicht dazu gehört, der anders ist, was Besonderes, irgendwie authentischer. Weil keiner mehr zu einer Gruppe von unbehausten Trotteln gehören will, die eine sinnlose Existenz führen. Mittlerweile kommen all diesen Männern die aufdringlich laut geführten Gespräche über Quartalsziele, Abschlüsse und verschobene Meetings aus den Ohren wieder raus. Sie langweilen sich mit sich selbst, sie sind angeödet von ihren Floskeln und Ritualen (aus diesem Grund haben die Herren so wahnsinnig viel Geld verspekuliert in den letzten paar Jahren: aus Langeweile mit sich selbst).

Ganz ehrlich: Thomas redet lieber mit den Frauen in seiner Firma, denn da ist die Bandbreite der Themen größer. Kinder, Küche, Krankheiten und andere Klischees: allemal interessanter als das hohle Selbstbestätigungsgelaber vieler seiner Kollegen.

Aber die Frauen in seiner Firma haben auch was ganz Grundsätzliches verändert, und Thomas ist sich nicht sicher, ob das nicht zu weit gegangen ist. Sie reden über alles, was die Arbeit betrifft, auf ganz ähnliche Weise, wie sie Anekdoten vom Wochenende oder aus dem Familienurlaub erzählen: Feelings first.

Seine Kollegin Sibylle kommt zu ihm und fragt, ob er den Hinzelmeier-Vorgang übernehmen möchte. Thomas versteht die Frage nicht so ganz. Was heißt »möchte«? Sibylles Arbeitsplatzbeschreibung beinhaltet, Aufgaben und freie Kapazitäten zu koordinieren; Thomas' Arbeitsplatzbeschreibung, einen neuen Vorgang zu übernehmen, da er den Kleinschmidt-Vorgang gestern abgeschlossen hat. Warum also nicht den Hinzelmeier-Vorgang?

»Klar«, sagt Thomas und macht einen großen Fehler, indem er nachschiebt: »Warum nicht?«

»Na ja«, sagt Sibylle und setzt sich. »Ich muss erstmal dich fragen, weil du mit der Kleinschmidt-Sache durch bist, aber ich kann auch Frank fragen.«

»Gut«, sagt Thomas.

»Ist dir also lieber, ja?«, fragt Sibylle. »Ich hab mir gedacht, dass du den Hinzelmeier nicht willst. Das ist ja auch eine unangenehme Geschichte. Sag ruhig, wenn du das nicht willst.«

»Nee, ich hab Zeit«, antwortet Thomas. Unangenehme Geschichte? Wieso unangenehme Geschichte?

Sibylle schaut ihn an.

»Ich hab das Gefühl, du willst das nicht. Und weißt du was? Ich kann das verstehen. Hinzelmeier, das ist eine unübersichtliche Branche, diese Vorgänge sind immer nervig.«

Nervig? Thomas fängt gerade an, was ganz anderes nervig zu finden.

»Ich mach das«, versichert er, weil er zum Arbeiten gekommen ist und nicht, um mit Sibylle darüber zu diskutieren, was sie für Gefühle für seine Gefühle hat, bestimmte Branchen betreffend.

»Du musst nicht«, sagt Sibylle. Thomas ahnt, dass es nur einen Weg gibt, Sibylle loszuwerden und das Thema abhaken zu können.

»Okay«, sagt er, »gib's Frank.«

Sibylle steht auf und nickt befriedigt, als hätte sie irgendwas Wichtiges erreicht. Bevor sie sein Büro verlässt, zögert sie erwartungsvoll. Thomas versteht.

»Danke«, sagt er. Und bleibt zurück mit dem Gefühl, leicht beschmutzt worden zu sein. Um aus der Situation rauszukommen, musste er sich zu einem Gefühl bekennen, das Sibylle ihm mit besten Absichten unterstellt hat. Dabei wollte Thomas eigentlich nur was arbeiten und dann einigermaßen pünktlich gehen.

Thomas hat also »freie Kapazitäten«, das freut seinen Chef. Er lässt ihn nicht einfach rufen, der Chef kommt sogar selbst.

»Thomas!«, sagt er, denn in der Firma duzen sich alle: flache Hierarchien. »Genau der Mann, den ich sehen wollte.« Sein Chef schließt die Tür und installiert sich in Thomas' Büro.

»Und?«, fragt er.

Thomas nickt neutral, aber zuversichtlich. Immer besser, den Chef erstmal kommen zu lassen.

»Ich mache mir Sorgen«, beginnt sein Chef, und Thomas korrigiert seinen Gesichtsausdruck in Richtung selbstkritisch, aber immer noch zuversichtlich.

»Die Hinzelmeier-Geschichte?«, fragt er und beißt sich innerlich in den Hintern. Sein Chef winkt ab.

»Nee, das kann ich verstehen, da hätte ich auch keine Lust drauf.« Thomas will was sagen, aber was eigentlich? Egal, sein Chef redet weiter.

»Mir geht's um die Stimmung in der Abteilung.«

»Du meinst, die Urlaubsgeldkürzung ist nicht so gut angekommen, wie du gehofft hattest?«, scherzt Thomas. Flache Hierarchien! Da darf man ruhig mal ein bisschen frech werden.

»Nee«, sagt sein Chef, »das ist mehr so was Diffuses, irgendwas hat sich verändert. Irgendwie sind die Türen immer zu.«

»Tja«, sagt Thomas, »die Leute arbeiten.«

»Das sollen sie ja auch, aber … doch nicht mit solchen Fressen!«

Thomas denkt: Kein Wunder, es hat ein paar Entlassungen gegeben, die Auftragslage ist schlecht.

»Ich hab das Gefühl, da stimmt was mit der Kommunikation nicht«, sagt sein Chef. Thomas denkt: Mir ist es lieber, die Leute reden gar nicht, als dass sie Schwachsinn reden. Sein Chef nimmt die Stille als Zustimmung.

»Ein Wort«, fährt sein Chef fort, »und du bist der Mann dafür: Team-Building.« Und dann redet sein Chef darüber, was Thomas unternehmen und organisieren soll, damit alle in der Abteilung sich besser fühlen und wieder »Spaß an der Arbeit« haben. Thomas hat das alles schon mal gehört. Langsam ist seine Geduld erschöpft.

»Man könnte natürlich auch einfach klare Ziele vereinbaren, die Aufgaben gleichmäßig verteilen und zur Abwechslung mal in einer anderen Abteilung sparen«, schlägt er vor.

»Entspann dich«, sagt sein Chef. »Du kriegst das hin. Das spüre ich.«

Am Nachmittag, im Pantrybereich, sagt die Sekretärin vom Chef zu Thomas, als niemand anderes in der Nähe ist, dass der Chef »ein wenig gekränkt« gewesen sei, weil Thomas so ablehnend auf den Team-Building-Auftrag reagiert habe.

»Am besten, du gehst mal mit ihm essen und bist wieder nett. Du weißt doch, wie er ist.«

Eigentlich ist Thomas zum Arbeiten gekommen. Und wenn man ihn lässt, ist er nicht mal schlecht darin. Aber stattdessen beschäftigt er sich den ganzen Tag damit, über Gefühle zu reden. Und zwar auf eine seltsam lauwarme, indirekte und daher unehrliche Art und Weise. Vielleicht ist sein Chef wütend, weil die Leute in der Abteilung miese Stimmung verbreiten; vielleicht hat sein Chef Angst, weil er die Mitarbeiter mit seinem Führungsstil nicht motivieren kann. Das wären echte Gefühle, mit denen sein Chef sich vielleicht auseinandersetzen sollte, wenn er sie sich eingestehen könnte. Aber was gibt ihm das Recht, stattdessen Thomas mit abgestandenen Emo-Floskeln vollzulabern? Und kann es sein, dass Sibylle nicht den richtigen Job hat, wenn sie möchte, dass alle bei ihren Entscheidungen ein gutes Gefühl haben? Und bereitet ihr dieser Gedanke möglicherweise ein elementares Unbehagen, das sie dann indirekt Thomas in die Schuhe schiebt?

Thomas geht in sein Büro und recherchiert eine Weile im Internet irgendwelchen Team-Building-Kram, bevor er auf eBay eine beleuchtete Grillzange sofort kauft und YouTube-Videos weiterleitet, die ihm andere Low-Performer gemailt haben.

Die Welt ist weiblicher geworden. Das ist ein Fortschritt. Weil die Welt, die hauptsächlich von Männern gemacht wurde, alles andere als lebenswert war: Niemand möchte in den Visionen autoritärer Führer oder in der Achselhöhle von Klaus Lage leben. Aber viele Attribute, die landläufig als »weiblich« gelten, prägen den Alltag eines Mannes wie Thomas, ohne, dass er sich darüber notwendigerweise im Klaren ist.

Alles ist weiblicher geworden, runder, in seinem Auto gibt es keine Kanten mehr und keine Ecken, an denen man mit einem empfindlichen Rock hängenbleiben könnte. Frauen ernähren sich gesünder als Männer, deshalb ist in der Kantine von Thomas' Firma die Insel in der Mitte mit der Salatbar immer größer geworden; inzwischen gibt es sogar zwei Salatinseln. Sie werden von vorsichtig wählenden Frauen umlagert und von resignierten Männern, die keine Lust mehr haben, sich für die immer schlechter werdenden Stammessen anzustellen. Außerdem sind die Ausgabestellen so weit an den Rand gedrängt worden, dass man im Grunde automatisch an der Salatinsel hängenbleibt. Frauen nehmen grüne Salate und beschweren sie mit ein wenig italienischen Vorspeisen, damit die Blätter nicht vom Teller fliegen. Männer – zu Gast in der Welt weiblicher Ernährungsgewohnheiten, aber dort nicht zu Hause – missverstehen oder missbrauchen das Prinzip Salatbar und laden sich den Teller, soweit statisch möglich, mit jenen Angeboten voll, die von Mayonnaise zusammengehalten werden. Thomas rebelliert und ordert paniertes Fleisch. An der Kasse holt ihn ein Kollege ein, tätschelt ihm scherzhaft den Bauch und sagt: »Du traust dich was!«

Frauen legen mehr Wert auf Hygiene als Männer, deshalb sind die Toiletten renoviert worden: funzelige Low-Budget-Spas, und die Seife aus den Spendern ist auch auf dem Männerklo immer rosa oder apricot. Wenn man anschließend irgendwann am Tag aus Versehen an seinen Händen riecht, kriegt man einen Schreck, denn: Wie konnte man vergessen, dass man einer alternden Volksschauspielerin ins Dekolleté gegriffen hat?

Das sind alles für sich vernachlässigbare Details, aber in ihrer Summe können sie an manchen Tagen dazu führen, dass man als Mann denkt: Das ist irgendwie nicht meine Welt. Ein Gefühl, das Frauen mit sehr viel mehr Grund seit sehr viel Längerem und an sehr viel mehr Tagen haben, vermuten wir. Denn natürlich ist unsere Welt von Hause aus immer noch männerdominiert. Aber das ist genau das Problem: Männer wie Thomas und wir bewegen sich in einer Welt, die a) von Männern dominiert ist, mit denen wir eigentlich nichts mehr zu tun haben wollen, weil sie langweilig, hohl und egozentrisch sind, b) von seltsam unauthentischen, aber allgegenwärtigen Gesprächen über Gefühle beherrscht wird, und die c) keine Ecken und Kanten mehr hat.

Also fragt sich Thomas, wo *er* eigentlich noch stattfindet

in seinem Leben, und beschließt, alles zu ändern. Also alles, was sich heute noch ändern lässt. In erster Linie also die Abendgestaltung. Die gab es bisher nicht, aber man könnte ja was draus machen. Er fängt an, seine Freunde anzurufen, und schnell stellt er fest, dass es gar nicht so besonders viele sind, und dass alle verheiratet sind oder in Partnerschaften leben und »erstmal auf den Familienkalender gucken« oder »mal eben Simone anrufen« müssen, um herauszufinden, ob sie heute Abend können.

Feste Termine, denkt Thomas, man bräuchte mehr feste Termine: Fußball sonntags im Park, endlich die Band mit Nachbarn aus der Siedlung, jeden zweiten Donnerstag, das müsste doch gehen; und vielleicht sogar so was wie ein Abend in einer Bar, wo man sich mit immer den gleichen Männern an immer demselben Tisch trifft und einfach mal über alles Mögliche redet. Thomas hält inne. Er ist dabei, sich einen Stammtisch herbeizuphantasieren. Mit kupferner Tischglocke über dem Aschenbecher? Warum gibt es das andere, besser Leben nur als Klischee oder als Phantasie? Und möchte man wirklich der Typ sein, der in der Nachbarschaft rumtelefoniert, um die Band wieder zusammenzubringen?

Dann ruft Thomas seine Frau an, um ihr zu erzählen, dass er heute Abend noch weggeht. Das ist schlecht. Die Mitarbeitergespräche! Hat er vergessen, dass die sich bis in den Abend ziehen können? Nein, hat er nicht, deshalb wird er ja auch gleich losgehen, um die … – Scheiße, schon Viertel nach vier! Aber es war auch viel zu tun bei der Arbeit. Und dass die Mitarbeitergespräche so lange dauern, dass er abends … – gut, also erst ab acht, halb neun, das ist aber für seine müden Freunde zu spät, na ja, klar, dieses Problem kann Claudia nicht auch noch lösen. Und er soll bitte daran denken, dass er auf dem Nachhauseweg noch in die Apotheke muss. Ob er das Rezept für die Ohrenmedizin des Sohnes dabei hat.

Für einen Moment spaltet sich Thomas in zwei Hälften: Er hat das Rezept nicht dabei, weil er es nach allen Regeln der Kunst vergessen hat, und darüber ärgert sich die eine Hälfte; die andere ist davon überzeugt, dass er natürlich daran gedacht hätte, zur Apotheke zu gehen, er aber das Rezept deshalb zu Hause liegen gelassen hat, weil Claudia ihn so oft daran erinnert hatte. Wodurch irgendwie das Raum-Zeit-Gefüge in eine Schieflage geraten ist, er an alles gedacht, aber nichts erledigt hat, und trotzdem seine Frau schuld ist, was ihn ebenfalls ärgert.

Auf dem Firmenparkplatz hat Thomas oft Schwierigkeiten, auf Anhieb seinen Wagen zu finden. Alle sehen auf unterschiedliche Weise gleich aus. Dann drückt er auf den Türöffner und steigt in das Auto, das ihn anblinkt und sich öffnet. Manchmal stellt er sich vor, wie es wäre, in diesem Moment einen Blackout zu haben: Plötzlich weiß er nicht mehr, wer er ist und wo er wohnt, und er weiß sich nicht anders zu helfen, als im Navigationssystem die »Home«-Einstellung zu wählen und sich dort hinleiten zu lassen, was das Navi für sein »Home« hält. Er käme zu einem Haus und in eine Wohnung, alles sähe aus, als könnte es seins sein, die Frau und die Kinder auch, aber ganz sicher wäre er sich nicht, aber irgendwie – und das ist das Seltsame an seiner Blackout-Phantasie – irgendwie würde es an manchen Tagen auch keinen Unterschied machen.

Er hetzt nach Hause und holt das Rezept, während die Kinder mutmaßlich mit ansehen, wie alle anderen vor ihnen abgeholt werden. Die Kinder haben sich selten oder nie darüber beklagt, aber Thomas hat einfach zu oft gehört, wie Väter und Mütter sich darüber ausgetauscht haben, was spätes Abholen mit kleinen Kinderseelen macht. Als er endlich kommt, schreien die Kinder, sie wollen bleiben. Kein Wunder: Je später sie abgeholt werden, desto besser ist der Betreuungsschlüssel in Kita und Hort.

Thomas zerrt die wütenden Kinder an ihren kleinen Händen mit sich in die Apotheke. Die Apothekerin bringt das gewünschte Präparat und informiert ihn darüber, dass es sich um einen sogenannten »Trockensaft« handelt, also ein Pulver, das erst mit Wasser aufgegossen werden muss, um zu einem Saft zu werden. Thomas nickt ungeduldig, während die Kinder in der Schale mit Sanddornpastillen wühlen.

»Weiß Ihre Frau, wie das geht?«, fragt die Apothekerin.

Thomas ist sprachlos. Das Rezept ist definitiv nicht für seine Frau, sondern für ein Kind, und außerdem ist seine Frau weit und breit nicht zu sehen. Steht er nicht hier, ein Mann und Vater, der Zeit mit seinen Kindern verbringt und Verantwortung für sie übernimmt, auch wenn er sie momentan nicht daran hindern kann, an einem Blutdruckmessgerät herumzuspielen, das man ausdrücklich nicht selbst bedienen soll? Warum seine Frau? Was weiß die Apothekerin von ihm und seinem Leben? Vielleicht hat seine Frau ihn verlassen, wegen eines DJs, zehn Jahre jünger. Oder sie ist tot, vielleicht gerade eben gestorben, das könnte doch alles sein! Was offenbar nicht sein kann, ist, dass ein Vater sich um seine Kinder …

»Na ja«, sagt die Apothekerin, weil Thomas nichts sagt, sondern sie nur anstarrt und langsam, aber leider zu langsam, immer wütender wird, »steht natürlich auch alles im Beipackzettel, kann Ihre Frau dann ja nachlesen.«

Thomas liest den Kindern Bücher vor, die er als Kind gern vorgelesen bekommen hat, er tut es genausosehr für sich wie für sie, und es ist gut. Früher ist es ihm nie aufgefallen, aber: Die Kinder aus Bullerbü und die Trolle aus dem Mumintal reden auch über ihre Gefühle, sie haben Angst und Sorgen und sind gekränkt oder traurig. Aber immer nur, wenn es einen verdammt guten Grund dafür gibt. Natürlich macht man sich Sorgen, wenn man herausgefunden hat, dass einem ein Komet aufs Haus fallen wird. Natürlich ist man gekränkt, wenn man nicht mitspielen darf, weil man zu klein ist. Natürlich hat man Angst, wenn man eine Wiese überqueren muss, auf der Ulrich, der böse Auerochse, sein Unwesen treibt. Aber die Kausalität stimmt: Es gibt einen Grund und dann die dadurch verursachten authentischen Gefühle. In Thomas' Welt reden die Leute über alle möglichen Gefühle, die eigenen und die von anderen, aber das meiste davon scheint Tarnung zu sein, so, als könnte das Reden über irgendwelche und alle möglichen Gefühle einem die Auseinandersetzung mit jenen Gefühlen ersparen, mit denen man sich wirklich auseinandersetzen müsste. Die Welt steht auf dem Kopf, und so zu leben ist anstrengend.

Also schläft Thomas vor dem Fernseher ein, während Champions League läuft und Fußballer am Spielfeldrand über ihre Gefühle reden, und danach eine Talkshow, wo alle das Gleiche tun, nur mit trockenen Haaren.

Klar, Thomas könnte sich ein bisschen zusammenreißen und das Haus oder zumindest das ein oder andere Zimmer rocken, indem er sich nicht von anderen und ihren Gemütslagen runterziehen lässt. Aber wer den ganzen Tag durch unechten Gefühlssirup gewatet ist, mit immer längeren und dickeren süßen Klebefäden an den Beinen, der macht abends keine große Sprünge mehr.

Natürlich könnte dieser Tag ein Happy End haben. Claudia käme nach Hause, Thomas hätte es inzwischen ins Bett geschafft, er würde beobachten, wie sie sich auszieht im gedimmten Schlafzimmerlicht. Sie kröche zu ihm unter die Decke, und dann fielen sie übereinander her, hungrig nach Nähe und Leidenschaft nach einem Tag voller Missverständnisse. Aber jeder Satz, der mit »Sie kröche« anfängt, muss irreal bleiben: Hier fällt niemand über irgendjemanden her, diese beiden Leute werden heute keinen Sex mehr haben.

Zweieinhalb Mal die Woche, das soll deutscher Durchschnitt sein? Wenn das stimmt, dann haben statistisch gesehen andere den Sex, den Thomas und Claudia zweieinhalb Mal pro Woche haben sollten. Wie so oft reicht es heute nicht mal mehr für das halbe Mal. Es geht nicht, es ist undenkbar. Um Lust auf Sex zu haben, muss man zumindest für einen kurzen Zeitraum mit sich im Einklang sein, man muss seine Bedürfnisse kennen, neugierig sein aufeinander. Aber Thomas hat heute wieder so viel Zeit mit den Bedürfnissen anderer verbracht, dass er seine eigenen nicht mehr kennt.

Claudia kommt ins Schlafzimmer, und Thomas, der das Licht ausgemacht hat, als er ihren Schlüssel in der Tür hörte, liegt auf dem Rücken und tut, als schliefe er. Er hört, wie sie sich auszieht, und an der Art, wie sie dies tut, übertrieben vorsichtig und mit leichtem Seufzen, merkt er: Dass er bereits schläft, empfindet sie als stummen Vorwurf. Oder sie durchschaut ihn und empfindet, dass er so tut, als würde er schlafen, als stummen Vorwurf.

Moment, denkt Thomas, jetzt bin ich gerade dabei, ihr zu unterstellen, wie sie sich fühlt, das ist natürlich auch kein …

Uff. Seine Frau hat sich auf ihn geworfen. Entweder, er ist ein schlechter Schauspieler, oder es war ihr egal, ob er schläft oder nicht. Er schlägt die Augen auf und blickt in ihr Gesicht, keine zehn Zentimeter von seinem entfernt. Sie kneift ihn mit beiden Händen in die Wangen, Thomas versucht, sich zu befreien, aber seine Frau ist stark. Er muss lachen und bekommt keine Luft mehr. Claudia beißt ihn in die Nase und sagt: »Das war ja wieder ein Scheißtag heute.«

»Stimmt«, ächzt Thomas.

»Dabei hatte er so gut angefangen«, sagt Claudia.

»Gut angefangen?«, fragt Thomas.

»Das war ironisch gemeint«, sagt Claudia.

Thomas grinst. Er ist dankbar, dass seine Frau alles einfach wieder auf Anfang gesetzt hat, indem sie was Albernes gemacht und sich auf ihn geworfen hat. Es ist schön, ihr plötzlich so nah zu sein.

»Manchmal frage ich mich wirklich, was in dir vorgeht«, sagt Claudia.

»Das ist eine lange Geschichte«, sagt Thomas.

»Nur, wenn man sie langweilig erzählt«, sagt Claudia.

Kapitel 2
Was Männer haben, wenn sie schlecht gelaunt sind:
Eine Einführung vom Fachmann

Schlechte Laune ist eine echte Männerdomäne. Vor allem am Wochenende. Till Raether erklärt, woher die schlechte Laune der Männer kommt und was man dagegen tun kann.

Die meisten Beziehungen scheitern am Wochenende. Weil plötzlich der oder die Geliebte anruft? Oder ein Maxi-Cosi mit einem unehelichen Kind vor der Tür steht? Weil der Vater die Kinder im Supermarkt vergessen hat? Weil jemand die letzte intakte Kreditkarte bei »Hollister« ruiniert hat?

Nein: weil Männer schlechte Laune haben.

Und mit »scheitern« ist auch nicht gemeint, dass alles aus ist und die Beteiligten den Hausstand und die Kinder künftig auf zwei neue Wohnungen verteilen werden. Sondern: dass wieder etwas nicht geklappt hat, was man sich gemeinsam vorgenommen hat. Verständnis füreinander zu haben. Miteinander so zu leben, dass alle zufrieden sind. Oder: einfach nur ein schönes Wochenende zu haben.

Bei Thomas und Claudia in der Siedlung sieht man jeden Samstagvormittag das gleiche Bild: Die Männer streifen einsam oder mit Kindern durchs Viertel, und die Frauen treffen sich mehr oder weniger zufällig auf dem Hof oder bei den Mülltonnen und reden darüber, was die Männer wieder für eine »Scheißlaune« haben.

Der Samstagmorgen ist für die schlechte Laune, was der Sonntagabend für den »Tatort« ist: gesetzter Termin, hohe Einschaltquote, und einer ist immer der Mörder. An so einem Samstagmorgen wacht Thomas auf, und in wenigen Minuten wird er zum Mörder des Familienglücks werden.

Eigentlich ist alles schön. Er liegt im Bett, im Grunde ist er ausgeschlafen, und aus der Küche kommen die Geräusche, die er vermutlich am meisten vermissen würde, sollte er eines Tages in einem Dschungel von Freiheitskämpfern als Geisel genommen werden: das Klappern von Kaffeegeschirr und eines Backblechs, und die Kinder streiten, wer darauf die Knack-und-Back-Brötchen verteilen darf. Er schließt noch einmal die Augen und wiederholt für sich: Eigentlich ist alles schön. Das operative Wort in diesem Satz ist »eigentlich«. Denn er spürt bereits, dass etwas nicht stimmt: Er hält das Wochenende und all die schönen Dinge, die er sich von ihm verspricht, zwar noch an einem Zipfel, aber dieser Zipfel droht ihm aus den Händen zu gleiten.

Das ist die Ausgangslage, die seine schlechte Laune braucht: Bis gestern Abend war die Zeit bis Montagmorgen eine unendliche Fläche, auf der unbegrenzt Platz war für alles, was er sich von einem gelungenen Wochenende wünscht. In Ruhe einkaufen, schön die Zeitung lesen, endlich wieder Laufen gehen, ein paar Freunde anrufen, mit denen er lange nicht gesprochen hat. Einen Ausflug mit der Familie machen, irgendwohin, wo sie noch nie waren, an einen Ort, an den sie sich lange erinnern werden. Endlich die Beschreibung der Schlacht von Borodino in »Krieg und Frieden« lesen und dabei nicht gestört werden. Selbstverständlich »Sportschau« gucken, oder noch besser: in die Kneipe gehen und dort die Live-Konferenz auf »Sky« schauen. Mit den Kindern ins Kino, auf den Spielplatz, zum Fußball-Turnier und außerdem: ganz viel unstrukturierte Zeit, zusammen was malen, basteln oder kaputt machen. Briefe beantworten. Von seinen Eltern hören. Einfach nur dasitzen und nichts tun. Mit Claudia drei Folgen »Mad Men« schauen und den Rest von »Modern Family«. Seine Schwester bitten, auf die Kinder aufzupassen, und dann gehen Claudia und er was trinken. Mit Claudia im Bett liegen und schauen, was passiert. Die größte Sauerei aus »Jamies Amerika« kochen. Unangemeldeten Besuch bekommen. Mit den Nachbarn auf dem Hof versacken. Der Tochter Radfahren beibringen. Dem Sohn die letzten hundert Seiten von »Komet im Mumintal« vorlesen. Fotos im Computer organisieren. Steuerunterlagen ordnen, damit's dieses Quartal nicht wieder so gehetzt wird.

Okay, den letzten Punkt können wir streichen, aber: Nur ein Vollidiot würde ernsthaft glauben, dass all dies oder auch nur ein Best-of davon sich in *einem* Wochenende auf befriedigende Weise würde unterbringen lassen. Noch Freitagabend ist Thomas dieser Vollidiot und erst am Samstagmorgen schwant ihm: Das wird doch wieder nichts.

Verschärfend kommt hinzu, dass das Wochenende wie ein Sackbahnhof ist, vor dem die Signalanlagen ausgefallen sind, und jetzt rast die Woche ungebremst in diesen Bahnhof, ein überladener, schlecht gewarteter, kaputtgesparter Güterzug mit fünf rostigen Waggons, die sich zum Entsetzen der Umstehenden ineinander verkeilen und entgleisen. Die Woche war hart und ätzend, und jetzt am Samstagmorgen, wird Thomas klar, dass die verbleibenden 36 Stunden des Wochenendes nicht ausreichen werden, um sich von ihr zu erholen. Und weil Thomas ein vernünftiger Vollidiot ist, denkt er: kleine Schritte, einer nach dem anderen, mal sehen, was geht. All seine Hoffnungen ruhen jetzt auf dem ersten Eintrag seiner imaginären Wochenendliste: in Ruhe einkaufen. Wenn er das hinkriegt, dann geht noch mehr, und dass nicht alles geht, hält er dann auch besser aus. Er schaut auf die Uhr. Es ist Viertel nach neun.

Jeder normale Mensch würde sagen: Herrlich, die Familie hat mich ausschlafen lassen, vielen Dank! Aber wer mit einem Fuß in der schlechten Laune steht, ist kein normaler Mensch. Thomas denkt: Verdammt, wenn ich nicht um zehn beim Einkaufszentrum bin, kriege ich keinen Parkplatz mehr, und *wenn* ich einen kriege, sind die Einkaufswagen weg, und die Schlangen an der Kasse gehen bis zur Tiernahrung.

Um Zeit zu sparen, steigt er in die Kleidung von gestern und stolpert Richtung Familie. In diesem Moment hat er bereits den sorgenvollen Gesichtsausdruck eines Mannes in Not. Fachfrauen wie Claudia bezeichnen diesen Ausdruck als »diese Fresse« oder »so eine Fresse«. Der Grund für »diese Fresse«: Der Frühstückstisch ist liebevoll und großflächig gedeckt, die Eier kochen, und es wird noch mindestens zehn Minuten dauern, bis die Brötchen fertig sind. Mit anderen Worten: Um dieses gemeinsame, besonders schöne samstägliche Familienfrühstück zu würdigen, muss Thomas eine Stunde investieren, die er nicht hat. Denn er hat sich vorgenommen, in Ruhe einkaufen zu gehen. Nicht, in Ruhe zu frühstücken.

Ist es nicht wahnsinnig kleinlich, stur an einem einmal gefassten Plan festhalten zu müssen, weil man unfähig ist, sich auf einen neuen, an sich viel schöneren Plan einzulassen?

Ja, schon. Aber zur Ausgangslage (übersteigerte Erwartungen ans Wochenende gepaart mit Resterschöpfung) gesellt sich nun das Gefühl, nicht verstanden zu werden. Thomas denkt: Sieht meine Frau nicht, dass ich jeden Samstagmorgen einkaufen gehe, und zwar immer *vor* zehn, damit ich es in Ruhe tun kann? Versteht sie nicht, dass das Gelingen dieses Vorhabens das einzige Sprungbrett ist, von dem aus ich einen eleganten Köpper ins Wochenende machen kann? Indem sie meinen Plan durchkreuzt, zwingt sie mich zu einer Arschbombe in die schlechte Laune.

Apropos Arsch. Vor den Augen seiner Familie verwandelt Thomas sich nun vom ausreichend fürsorglichen Vater und liebenden Ehemann in ein kleinliches Arschloch. Im Katalog menschlicher Reaktionen auf einen schön gedeckten Frühstückstisch rangiert seine ganz weit unten, knapp vorm cholerischen Umstoßen desselben. Er fährt sich durch die ungekämmten Haare und sagt: »Oh nee.« Vielleicht auch: »Oh nee, ne?«

Der Rest ist schnell erzählt. Thomas sitzt am Frühstückstisch und ärgert sich. Zu zwei Dritteln über die Situation, zu einem Drittel über seine Kleinlichkeit. Andere Gefühle sind nicht mehr möglich, denn die schlechte Laune ist größer als alles andere, sie besiegt jedes auch nur halbwegs positive Gefühl. Sie ist vertraut, sie passt zu ihm, er ist ihr Geschöpf.

Zu Claudia wird er aggressiv einsilbig, zu den Kindern aggressiv vielsilbig: Er meckert sie an wegen Kleinigkeiten. Normalerweise geht die Tochter mit ihm einkaufen, es ist ihr Ritual: Sie kriegt Süßigkeiten und Würstchen und darf bei Edeka vorm Fernseher sitzen. Heute zieht sie es vor, in die Wanne zu gehen und das Kinderzimmer aufzuräumen. Also schiebt Thomas allein den Wagen durch den Supermarkt, ist unfreundlich zu den Kassiererinnen, hupt beim Ausparken einen mutmaßlichen Drängler an und bewegt sich insgesamt überwiegend unter Männern, die alle den ebenso aggressiven wie erloschenen Gesichtsausdruck haben, eben »diese Fresse«. Als er nach Hause kommt, ist keiner da, dabei wäre er jetzt schon fast wieder in der Lage, sich zu beruhigen. Aber die Einheimischen sind vor dem Aggressor geflohen. »Sind mit (Name einer anderen Frau, die auch mit den Kindern geflohen ist) auf dem Spielplatz, dann bei ›Magris Antipasti‹«, steht auf dem betont lieblos geschmierten Zettel, der auf dem fein säuberlich abgeräumten Esstisch liegt. Er könnte nachkommen, das steht zwischen den Zeilen, aber dann müsste er entweder so tun, als wäre nichts gewesen, oder sich entschuldigen, und für beides fehlt ihm die Kraft, denn die Mutter aller schlechten Gefühle hat sie ihm geraubt.

Ironischerweise hätte er nun Zeit, ganz viele Dinge zu tun,

von denen er gestern noch geträumt hat, aber zur schlechten Laune gehört genau wie die Zerstörungslust auch ein gewisses Maß an Lähmung sowie die Freude an der Selbstbestrafung. Falls man in diesem Zusammenhang noch von Freude sprechen kann. Der Lohn der Selbstbestrafung ist Selbstmitleid, und so legt Thomas sich aufs Sofa, unfähig, auch nur die Zeitung in die Hand zu nehmen, und versucht, den toxischen Gefühlscocktail zu verdauen, den er intus hat.

Wer ist eigentlich schuld an der ganzen Misere? Im Prinzip natürlich der Kosmos. Die Erde dreht sich auf eine Art und Weise um die Sonne, deren Kollateralschaden ist, dass die Woche nur sieben Tage hat, und nur zwei davon sind Wochenende, und der Tag hat nur 24 Stunden und nicht zum Beispiel 33, womit Männer hinkämen – versprochen! Es bringt aber wenig, mit dem Finger vorwurfsvoll auf den Kosmos zu zeigen; Thomas wäre lieber, er könnte die Schuld bei sich selbst suchen oder bei seiner Frau, dann hätte er eine Anpacke.

Halten wir deshalb mal eine vorläufige These fest: Frauen haben Probleme, Männer haben schlechte Laune. Zumindest von außen betrachtet. Weil Frauen nicht müde werden, über ihre Gefühle zu reden und darüber, welche konkreten Probleme diese Gefühle verursachen, geraten sie nicht so schnell in den Verdacht, schlechte Laune zu haben. Schlechte Laune ist nämlich etwas Diffuses, eine Mischung aus vielen kleinen und großen Problemen, die sich soweit miteinander vermischt haben, dass man sie nicht mehr auseinanderhalten kann. Darum wäre es scheinbar sinnlos, über diese Probleme reden, geschweige denn, sie lösen zu wollen: Sie ergeben eine zähe, dunkle Masse, die sich über den Tag und die Seele schiebt. Zumindest kommt es uns so vor, während der Zustand anhält.

Überarbeitung, Überforderung, Zeitmangel, zu hohe Erwartungen, und müssten wir zu allem Überfluss nicht auch endlich der Ursache des tödlichen Geruchs auf den Grund gehen, der sich seit Wochen im Autoinnenraum ausbreitet? – das sind die einzelnen Probleme, oder ein paar davon. Aber während man schlechte Laune hat, kommt man sich vor, als würde man auf dem Rummel vor einem dieser Geräte stehen, wo Würmer in unregelmäßigen Abständen ihren Kopf aus Löchern stecken und ihn schnell wieder zurückziehen. Man steht mit einem Plastikhammer davor und muss möglichst viele dieser Würmer im richtigen Augenblick treffen, um das Spiel zu gewinnen. Jedes Problem ist ein Wurm. Als Fachmann für schlechte Laune steht man davor, kloppt ein bisschen darauf herum, trifft hier mal einen Wurm und mal da einen, aber die meisten nicht, dann werden es immer mehr, und irgendwann lässt man den Hammer fallen, betrachtet die frech grinsenden Würmer, die immer schneller aus ihren Löchern kommen, gibt auf und denkt einfach nur noch: Mann, ist das alles ein einziger großer Mist.

Auf dem Rummelplatz eines Frauenlebens stehen ähnliche Geräte, aber aus irgendeinem Grund funktionieren sie anders. Sobald ein Wurm auftaucht, verharrt er, so lange die Frau darüber redet, was für ein hässliches und dummes Biest er ist und was für ein schlechtes Gefühl seine Anwesenheit ihr verursacht. Dann brät sie ihm in aller Seelenruhe eins über, der Wurm verschwindet, wie es sich gehört, die Frau lächelt und sagt: »Siehst du, es geht doch, ich fühl mich schon viel besser«, und dann erst taucht der nächste Wurm auf.

Frauen verstehen es, Probleme nicht nur zu lösen, sondern sie, bis es soweit ist, auch für sich zu nutzen: indem sie ein schlechtes Gefühl zulassen und ausführlich darüber reden, gewinnen sie Zeit. Männer lassen sich von Problemen überwältigen, bis es darauf nur noch eine Reaktion gibt, und für diese Reaktion nur noch einen Namen: schlechte Laune.

Die Frage ist: Warum können wir nicht auch so sein? Sind unser verkümmertes Y-Chromosom, unser Penis und schütterer Bartwuchs dafür verantwortlich, dass wir schneller, tiefer und mit mehr Hingabe schlechte Laune kriegen? Muss es einfach so sein, weil wir als Männer geboren wurden?

Theoretisch könnte Thomas sich mit neutralem Gesichtsausdruck an den herrlichen Frühstückstisch setzen, einmal seufzen und dann sagen: »Ach, habt ihr das schön gemacht. Schade, dass ich schon wieder so gestresst bin. Aber jetzt genieße ich erstmal das Frühstück und dass ihr alle so gut aufgelegt seid, und dann lasst uns mal darüber reden, wie wir das heute mit dem Einkauf regeln. Vielleicht haben wir ja auch noch genug Zeug im Kühlschrank.« Okay, das zu sagen wäre vielleicht etwas übertrieben, aber Thomas könnte es ja zumindest denken und ohne Worte ausdrücken. Man nennt diesen Vorgang »zuversichtlich lächeln«, Thomas hat davon gehört. Claudia würde das hinkriegen. Er nicht. Warum? Warum ist er stattdessen der gereizte Trauerkloß auf dem Sofa, die tickende Zeitbombe oder auch: zickende Teigbombe, mit genug Sprengkraft, um das ganze Wochenende in die Luft zu jagen?

Begrüßen wir einen alten Bekannten, als würden wir uns freuen, ihn zu sehen: Willkommen, männlicher Drang, alles mit sich selbst auszumachen! Tief in uns drin kämpft etwas, und das ist der Gedanke: Verdammt, ich werde mich doch nicht von einem lächerlichen Wochenende in die Knie zwingen lassen, ich schaff das irgendwie und ich schaff es alleine. Weil wir ein Bild von uns haben, dem wir um jeden Preis gerecht werden wollen: das Bild von einem Mann, der die Wochenendeinkäufe reibungslos abwickelt, ein guter Vater ist, ein liebender Ehemann, entspannt, zuverlässig, mit Zeit für interessante Hobbys, Freunde und Nichtstun, zehn Kilo leichter und mit etwas mehr Haaren (wobei die letzten beiden Punkte hier strenggenommen nichts zur Sache tun; Speck überm Gürtel und ein Haaransatz im geordneten Rückzug sind aber, wenn man sowieso schon schlechte Laune hat, »nicht hilfreich«, wie die Bundeskanzlerin sagen würde). Weil dieses Selbstbild so lächerlich übersteigert ist, möchten wir es eigentlich mit niemandem teilen. Und das müssten wir, wenn wir aussprechen würden, dass die Situation uns überfordert.

Verschärfend kommt eine andere Großgefühlslage hinzu. Männer haben Lust am Machen und ebenso große Lust am Kaputtmachen. Das eine ist die Schattenseite des anderen, beides gehört zusammen und erklärt zum Beispiel das männliche Interesse an Autoschrauberei einerseits und die männliche Begeisterung für Stefan Raabs Auto-Fußball, Demolition Derbys und Schrottpressen andererseits. Ein Teil von uns möchte den kaputten DVD-Rekorder reparieren können, der andere sehnt sich danach, ihn kaputtzuschlagen, bis die Relais aus dem Gehäuse springen. Und genauso ist es mit der schlechten Laune: Während Thomas gern der Macher wäre, der das ganze Leben und sich selbst im Griff hat, lässt er sich gleichzeitig genauso gern dazu verführen, alles kaputtzumachen: sich selbst und die gute Stimmung der anderen. Anfangs halten diese beiden Gefühle sich noch die Waage: die Frustration, nicht hinzukriegen, was man sich vorgenommen hat, und die Sehnsucht, sich selbst und die anderen in den Stimmungsabgrund zu reißen. Aber irgendwann schlägt der Zeiger in die dunkle Richtung aus, und das ist dann der Moment, ab dem Männer erst »diese Fresse« kriegen, dann rumschreien, zur Abwechslung offensiv düster brüten, Kindern ungerechte Vorwürfe machen, Frauen ungerechte Vorwürfe machen, sich selbst ungerechte Vorwürfe machen, insgesamt also eine Spur der Verwüstung hinterlassen. Und sich dabei auf seltsam schuldbewusste und doch lustvolle Weise innerlich die Hände reiben: Eben war nur ich mies drauf, jetzt sind es alle – wenigstens das habe ich geschafft! Und dann nehmen die Frauen die Kinder, gehen weg und machen mit ihnen was Schönes, und wir bleiben allein in der selbst gemachten Dunkelheit. Geschieht uns recht.

Habe ich gerade wirklich gesagt »Geschieht uns recht«? Ja, denn die bis zur letzten Konsequenz ausgelebte schlechte Laune ist eine Niederlage, die wir uns selbst zufügen. Im Grunde ist unsere schlechte Laune eine genauso unvernünftige Verhaltensweise, wie wir sie sonst Frauen vorwerfen: Es ist unsere ganz spezielle patentierte Art, uns auf die Gefühlsebene zu begeben und alle anderen zu zwingen, uns dahin zu folgen.

Versuchen wir also zur Abwechslung mal, über schlechte Laune auf der Sachebene zu reden. Ich bin davon überzeugt, dass es eine relativ einfache und sachliche Erklärung dafür gibt, dass so viele Männer zu schlechter Laune neigen, vor allem am Wochenende. Zum einen liegt es daran, dass wir bekloppt sind, zum anderen daran, dass wir eine geringe Frustrationstoleranz bei der Anpassung an eine neue Situation haben. Anders ausgedrückt: Männer können keine Übergänge.

Wenn wir schlechte Laune kriegen, dann immer in Übergangssituationen. Hier ein kurzer Blick auf die Top Ten von Situationen, in denen Männer schlechte Laune kriegen, erhoben in einer zweiundvierzig Jahre währenden Langzeitbeobachtung mit der Erhebungsgröße n = 1.

1. Am Samstagvormittag.
2. Beim Aufbruch in den Familienurlaub.
3. Morgens.
4. Abends.
5. Kurz bevor Gäste kommen.
6. Beim Aufbruch aus dem Familienurlaub.
7. Wenn bei technischen Geräten Probleme auftreten.
8. Heidi Klum.
9. In Warteschlangen.
10. Wenn unser Verein verliert.

All diese Situationen markieren Übergänge von einem Zustand in den anderen. Wir brauchen fünf Tage, um uns an die Arbeitswoche zu gewöhnen, und, zack, ist Wochenende. Schwierig. Du warst den ganzen Tag im Büro, und jetzt zögerst du, bevor du den Schlüssel in die Wohnungstür steckst, denn dahinter wartet eine ganz neue Welt. Bist du bereit für diese neue Welt, obwohl dir die alte noch in den Klamotten hängt? Kaum. Besser, du bleibst nächstes Mal noch ein wenig im Auto sitzen, vor der Haustür, und bereitest dich seelisch auf den Übergang vor.

Oder der Übergang vom Zustand der Hoffnung in den der Ernüchterung: Bis eben dachtest du, dein Verein würde es diesmal doch noch schaffen, Tabellenmittelfeld, es könnte schlimmer sein, viel schlimmer, und dann diese zwar verdiente, aber überflüssige Niederlage. Oder du dachtest, um die Menschheit stünde es vielleicht doch nicht so schlecht, neben all dem Bösen und Dummen hat es ja auch Fortschritt gegeben, Erkenntnis und Menschlichkeit gar; und dann fällt dein Blick auf Heidi Klum.

Und Eintrag 7 ist besonders bezeichnend: unsere Frustration beim unerklärlichen Versagen von Computern, Mobiltelefonen, Routern und Unterhaltungselektronik. Wenn bei Frauen so was nicht geht, rufen sie eine Hotline an, noch öfter sagen sie einem Mann, er möge sich bitte darum kümmern. Uns bleibt nur Ratlosigkeit: Bis eben waren wir im Zustand der Unschuld, wir dachten, wir hätten alles einigermaßen im Griff. Eine Fehleranzeige im Display des Festplattenrekorders später wissen wir: Wir verstehen nicht mal das läppische Gerät, mit Hilfe dessen unsere Kinder »Biene Maja« schauen wollen. Wirtschaftswissenschaftler nennen dieses Phänomen »Informationsasymmetrie auf den Konsumgütermärkten«, einfacher gesagt: Jeder kann den Mist kaufen, keiner kann ihn verstehen. Eine Videokassette konnten wir mit Hilfe eines Schraubenziehers und einer Rolle Tesafilm reparieren, beides sinnlos für Arbeiten am Panasonic DMR-EX72S. Jede Woche eine neue Welt, und zwar eine, die über die Werkzeuge lacht, mit der wir ihr zu Leibe rücken wollen.

Warum lachen wir nicht einfach zurück? Warum fällt es uns so schwer, uns an eine neue Situation zu gewöhnen, warum brauchen wir länger dafür als die Frauen in unserer Nähe, warum sind wir so frustriert? Ich glaube, es liegt daran, dass sich alle Erwartungen, die von außen an uns gerichtet werden, im Grunde auf einen einfachen Nenner bringen lassen: Sei der Fels in der Brandung. Das wollen die Kinder, das will die Frau, das will der Chef. Und wir kriegen das sogar immer wieder hin, mehr schlecht als recht zwar, aber es geht. Und nun? Ihr seid das weiche Wasser, wir der Stein. Wir sollen Felsen sein, also sind wir Felsen. Und Felsen sind *sehr, sehr langsam*. Fragt mal die Alpen.

Niemand ist gern der unsympathischste Mensch der Welt. Selbst Horst Seehofer hat Menschen, die ihn schätzen und die seine Nähe suchen. Wer aber schlechte Laune hat, ist wirklich und wahrhaftig abstoßend, für alles und jeden. Kein Hund nimmt ein Stück Brot von einem, selbst Spendensammler in der Fußgängerzone tun so, als würden sie einen nicht sehen. Nicht einmal Leute, die schlechte Laune haben, halten es aus mit anderen, die schlechte Laune haben. Wer schlechte Laune hat, lebt diesen Zustand in Isolation und im vollen Bewusstsein seiner Arschlochhaftigkeit.

Thomas möchte nicht der Mann sein, der die Stimmung killt und das Wochenende tötet. Wenn ihn jemand aus seiner schlechten Laune befreien würde, dann schlüge diese Person zwei lebensmüde Stubenfliegen mit einer Klappe: Erstens wäre Thomas befreit aus seiner Zerstörer- und Stinkstiefelrolle und zweitens könnten alle gemeinsam eine schöne Zeit – wer weiß? –, vermutlich sogar ein besseres Leben haben. Und es wäre gar nicht so schwierig, es wird nur selten gemacht. Schlechte Laune lebt davon, dass andere sie ernst nehmen. Indem sie darauf eingehen (»Du wieder mit deiner Scheißlaune, so eine Fresse hast du, ich sag's dir!«) oder vor ihr fliehen (»Sind im Park/bei meiner Mutter/in Skågen«). Im Umkehrschluss heißt das: Schlechte Laune vernichtet man, indem man sie nicht ernst nimmt. Besser noch, man tut etwas, was einem eigentlich widerstrebt, weil man gelernt hat, dass Gefühle ernst genommen werden wollen: Man macht sich über sie lustig. Hier reichen ganz einfache Mittel, niemand muss versuchen, bei der Bekämpfung der schlechten Laune einen Kleinkunstpreis zu gewinnen. Ein theatralisches »Oooch, geht's dir wieder schlecht, du Armer?« tut's für den Anfang voll und ganz, sofern man dabei so tut, als wische man sich Tränen des Mitleids aus den Augen. Einen Mann, der schlecht gelaunt ist, darf man auch einfach *auslachen*. Thomas ist nicht mehr richtig ausgelacht worden, seit er sich in der dritten Klasse auf dem Heimweg in die Hose gepullert hat, weil er die Entfernung in Relation zur Größe seiner Blase falsch berechnet hatte. Dies ist grundsätzlich ein zwischenmenschlicher Fortschritt, aber wenn wir schlecht gelaunt sind, dann wünschen wir uns vor allem das: Jemand möge uns auslachen. Jemand? Ach, eine Frau. Unsere Frau. Auslachen, schallend auslachen. Und die Kinder auch, ihre hellen Stimmchen sollen Hohn und Spott über uns läuten lassen wie fröhliche Morgenglocken. Wir möchten mitlachen. Wir würden mitlachen.

Oder, noch besser, und dies ist wirklich der letzte Trumpf, den ich habe, ein Rat, der niemals sonst in irgendeinem Zusammenhang in irgendeinem ratgeberähnlichen Sachbuch gestanden hat: kitzeln. Zwei Leute halten mich fest, einer kitzelt, ich schwöre, das kriegt ihr hin, und dann – dann ist alles wieder gut.

Kapitel 3
Plädoyer für eine Sendepause: Warum wir es satthaben, nur über Gefühle zu reden

Wollen Frauen wirklich, dass wir über unsere Gefühle reden? Glauben wir nicht. Ihr betrachtet Emotionen nämlich als euer Königreich, in dem ihr die Macht gar nicht teilen wollt, behauptet Stephan Bartels.

Als Till und ich unseren ersten wirklich zielgerichteten Kontakt mit Mädchen hatten, stand »Der Tod des Märchenprinzen« in jedem Mädchenzimmer im Regal, zerlesen, mit Eselsohren und Teetassenrändern auf dem Cover. Wir haben es auch gelesen, natürlich, und dadurch gelernt, dass Männer in erster Linie Schweine sind. Wir gingen mit unseren Freundinnen in Grönemeyer-Konzerte, lehnten alles Machomäßige ab, das es in unserer rückständigen Väter-Generation noch gab. Ich habe sogar angefangen, während des Gemeinschaftskunde-Unterrichts einen beigen Pullunder zu stricken (fand's auf halbem Weg aber doch albern und habe es ersatzlos gestrichen). Wir fanden es nur fair, den Frauen ohne Gemurre die Hälfte des Himmels zu überlassen, mindestens, kein Problem, waren ja die Achtziger, da waren alle Menschen so gleich wie nie zuvor, jedenfalls in unseren Augen. Ina Deter sang: »Neue Männer braucht das Land.« Wir nickten beifällig. *Wir* waren diese neuen Männer.

Teil des Deals war die Forderung, die Frauen spätestens seit dieser Zeit an diese »neuen Männer« stellen: Sprecht über Eure Gefühle. Männer, die ab Mitte der Sechziger geboren wurden, wuchsen deshalb in einem etwas seltsamen Zwitterprogramm auf: Viele hörten zu Hause immer noch Sätze wie »Ein Indianer kennt keinen Schmerz« oder – echt wahr – »Ein deutscher Junge weint nicht«. Auf der anderen Seite waren da die Mädchen, auf die wir scharf waren. Und die wollten plötzlich Blicke in die weichen Regionen unserer Seelen werfen, bevor wir einen Blick auf ihre Brüste werfen durften. Seltsam. Aber auch schön, auf 'ne Art. Wir wussten nämlich nicht so recht, was da drinnen eigentlich so abgeht, und wir waren wirklich gespannt darauf, was die Mädchen in uns sahen.

Heute, ein Vierteljahrhundert später, sind wir keine neuen Männer mehr. Wir sind eigentlich nur noch Männer, und ja, wir besetzen immer noch die meisten Aufsichtsräte, die meisten Konzernspitzen und regieren die meisten Länder dieser Erde. Aber das liegt nicht an uns Normalos. Nicht an der Generation der Vierzigjährigen. Keiner von uns findet es seltsam, eine Chef*in* zu haben, gar eine Bundeskanzlerin: nicht der Rede wert. Keiner von uns hinterfragt, dass wir uns genauso viel um die Kinder kümmern sollten wie unsere Frauen, und niemand bricht heute noch eine Diskussion vom Zaun, ob Wäscheaufhängen nicht vielleicht doch Frauensache ist. Wir sind die Generation fifty-fifty, das Teilen mit Frauen ist für uns fast eine Selbstverständlichkeit – zumindest ist das unser Selbstanspruch. Dass die Realität dem mitunter etwas hinterherhinkt, ist eine andere Geschichte. Aber wir Jungs versuchen uns an die Abmachung zu halten, und wenn es irgendwo immer noch hapert, dann geben wir uns wenigstens Mühe. Und wir finden, rein sachlich könnte man das auch anerkennen.

Der Haken ist bloß: »Sachlich« findet zu selten statt. Wir Männer werden nicht danach beurteilt, was wir tun. Oder wie wir es tun. Oder wie viel Geld wir dabei sparen. Oder wie viele Kalorien wir dabei verbrauchen. Frauen fragen uns hinterher bloß: »Wie fühlst du dich damit?« Was sie in Wahrheit damit meinen, ist: Wie fühle ich mich mit dem, was er fühlt? Denn die einzige Wahrheit, die Frauen gelten lassen, sind ihre eigenen Gefühle. Und darüber zu reden ist für sie der Inbegriff von Ehrlichkeit.

Als wir noch jung waren und leicht zu beeindrucken, fanden wir das großartig. Wir akzeptierten nichts hinterfragend, dass Frauen die Fachleute sind, wenn es um Emotionen geht, wir hörten ihnen fasziniert zu und freuten uns, dass sie uns dabeihaben wollten in dieser mystischen Welt, indem sie immer wieder und wieder fragten: »Und was fühlst du gerade?«

Frauen machen das noch immer. Aber nicht, damit sie uns Männer besser verstehen. Es hat ein bisschen gedauert, aber inzwischen hat sich in unsere Faszination ein Verdacht gemischt: Könnte es sein, dass die meisten Frauen gar nicht wirklich wissen wollen, was wir fühlen? Dass sie uns nur auf einem Gebiet gegenüberstehen möchten, das sie als ihr persönliches Hoheitsgebiet betrachten, auf freiem Feld, ohne Büsche, hinter denen wir uns verstecken können? Ein Gebiet, in dem sie sich überlegen fühlen? In dem sie die Spielregeln bestimmen – und die Kommunikationsrichtlinien?

Für Frauen sind Gefühle die einzig akzeptierte Gesprächsgrundlage. Frauen reagieren auf eine sachliche Mitteilung, indem sie über ihre Emotionen reden.

Nehmen wir ein alltägliches Beispiel, an dessen Beginn ein Mann einen Kurzurlaub plant und an dessen Ende er sich als Zerstörer einer Kleinfamilie und als Beziehungstöter fühlt. Der Mann sagt: »Du, stell dir vor: Torsten hat für die Woche vor Pfingsten ein Segelboot geliehen. Er will die dänische Ostküste hoch, und dann vor Schweden wieder runter.«

Die Frau antwortet: »Ach, wie nett.«

Der Mann sagt: »Es gibt vier Kojen. Wolli und Django sind dabei. Und Torsten hat mich gefragt, ob ich auch mitkommen will.«

Die Frau fragt: »Und was hast du gesagt?«

Der Mann sagt: »Ich habe ja gesagt. Aber ich habe auch gesagt, dass ich das erst mit dir besprechen will.«

Die Frau: »Und warum hast du das nicht?«

Der Mann: »Mache ich doch gerade.«

Die Frau: »Nein, du hast Torsten zugesagt. Und zwar, bevor wir gesprochen haben.«

Der Mann: »Mit meinem Ja wollte ich ihm erstmal signalisieren, dass ich Lust dazu habe. Mensch, ich weiß gar nicht, wie lange ich nicht mehr segeln war.«

Die Frau: »Du meinst doch etwas ganz anderes: Du weißt gar nicht, wie lange du schon nicht mehr allein unterwegs warst.«

Der Mann: »Wieso allein? Wir wären dann zu viert.«

Die Frau: »Ich meine: ohne mich. Und ohne die Kinder.«

Der Mann: »Das habe ich nicht gesagt.«

Die Frau: »Ich weiß, aber gemeint.«

Der Mann: »Das ist doch Quatsch jetzt.«

Die Frau: »Quatsch? Du meinst wirklich, ich rede Quatsch?«

Das Gespräch dreht noch ein paar Runden. Die Frau wird ihm sagen, dass er sich seit Jahren nicht so begeistert um ihre eigenen Urlaubspläne gekümmert hätte, dass sie es schön gefunden hätte, wenn er die Brückentage um Pfingsten für die Familie nutzen würde, sie würde schon so lang von diesem Ferienhaus am Bodensee reden, aber da hätte er wohl nicht so gut zugehört wie bei Torsten, aber bitte, wahrscheinlich ist ihm seine Familie gerade nicht so wichtig, und vielleicht nicht nur gerade, sondern überhaupt, von Zugewandtheit könne ja schon lange nicht mehr die Rede sein, miteinander geschlafen hätten sie vor zwei Monaten zuletzt, scheinbar sei ihm das auch nicht mehr so wichtig, und wenn er, der Mann, seine Prioritäten so setzt, wie es sich ihr gerade darstellt, dann müsse man ja überhaupt mal darüber nachdenken, ob das Ganze in dieser Form noch Sinn mache.

Der Mann ist verblüfft über diese Wendung. Ein bisschen Segeln mit ein paar Jungs, mehr war doch gar nicht gefragt. Und daraus wird jetzt eine Grundsatzdebatte über ihr gemeinsames Leben. Er wehrt sich, so sei das doch nicht, er hätte schließlich für den Sommer drei Wochen Sardinien gebucht, und überhaupt, eine Woche, verdammt!

Die Frau seufzt und schüttelt den Kopf, ganz so, als ob der Mann mal wieder nichts verstünde.

»Es geht nicht um die Woche«, sagt sie, »es geht um das, was dahintersteckt.«

Die Verblüffung des Mannes ist längst verschwunden. Er ist jetzt zornig, sehr zornig. Er hatte geahnt, dass dieses Gespräch kein Spaziergang werden würde, aber dass es ihm so entgleiten, dass seine Frau seinen Wunsch derart im Mixer pürieren, dass sie ihn durch ihre eigenen Gefühle so gefühlskalt dastehen lassen würde – das ärgert ihn. Und noch mehr, dass er offensichtlich nie gelernt hat, adäquat damit umzugehen. Argumentativ lässt sich die Nummer nicht mehr retten. Überzeugen kann er sie nicht. Denn für sie gibt es nur eine Realität: die ihrer Gefühle.

Der Mann sagt, dass er ihren Gedanken nicht folgen könne, dass er nicht einmal versteht, wie sie auf so etwas käme. Er klingt dabei aufrichtig angepisst. Auftritt weibliches Killer-Argument. Denn die Frau sagt: »So sehe ich die Sache eben. Ich bin doch nur ehrlich!«

Ah, Ehrlichkeit! Die Königin der Meinungsäußerung, wahrhaftig, nicht angreifbar, weil persönlich empfunden. Das ist der heilige Gral der Frauen. Der Mann ist sauer wie schon sehr lang nicht mehr. Und er fühlt sich komplett machtlos, denn er weiß: Alles, was er jetzt noch sagt, kann und wird gegen ihn verwendet werden. Das Recht zu schweigen hat er aber auch nicht. Er nimmt es sich trotzdem und verschwindet wortlos nach draußen in den Park. Und denkt dort weiter darüber nach, warum ihm diese Diktatur eines fremden Gefühls so zu schaffen macht.

Ehrlich sein, denkt er, was ist das? Ist Ehrlichkeit Realität? Nein. Ehrlichkeit basiert letztlich auch nur darauf, dass Empfindungen – so banal sie auch sein mögen – möglichst ungefiltert in die Umgebung eingespeist werden. Stefan Effenberg oder Mario Basler wurden zu ihren aktiven Zeiten von Fußballkommentatoren stets dafür gefeiert, dass sie »immer ehrlich ihre Meinung« gesagt haben und »authentisch« waren. Effenberg und Basler haben ganz authentisch nie auch nur einen klugen Satz abgesondert. Was bringt Ehrlichkeit bei solchen Typen? Und warum lässt man sie auch heute noch, lange nach ihrem Karriere-Ende, im Sportfernsehen als sogenannte »Experten« zu Wort kommen, wo sie »ehrlich« und »authentisch« Allgemeinplätze von sich geben? Weil Frauen es so wollen. Okay, nicht gerade namentlich den Mario und den Effe. Aber die beiden sind Kollateralschäden einer Entwicklung, die Frauen vorangetrieben haben. Dass Gefühle ehrlich und wahrhaftig sind, ist ja schön und gut. Dass sie deshalb das Maß aller Dinge, die Basis allen Handelns sind – das ist nicht schön, und auch nicht immer gut.

Aber ganz schön schlau. Gefühle können so leicht und locker instrumentalisiert werden. Sie sind eine Waffe, ein Hammer in der Werkzeugkiste, mit dem alles plattgemacht werden kann. Frauen wenden ihn gern in Diskussionen mit Männern an, die irgendwann nicht mehr verstehen, worum es bei dem Streit eben ging, weshalb ihnen die Argumente ausgehen und letztlich auch die Worte. Den Streit gewinnen die Frauen, ganz sicher. Aber der Preis dafür ist hoch, denn wir Unterlegenen bleiben frustriert und unverstanden zurück, und wir wissen: Bei nächster Gelegenheit geht alles wieder von vorne los.

Emotionen sind ein Machtfaktor. Frauen hören das nicht

gern, ja, es empört sie sogar, wenn man das behauptet, ich habe es mehrfach erfahren. Denn »Macht« ist für Frauen ein durch und durch negativ besetzter Begriff. »Macht« klingt nach Gewalt, nach Rücksichtslosigkeit, nach einsam ausgeübter Unterdrückung.

Stimmt.

Und Frauen üben durch Gefühle Macht aus. Wenn wir ihnen von unseren Gefühlen erzählen, ist gar nicht so wichtig, ob wir tatsächlich so empfinden, wie wir es behaupten. Wichtig ist: Passt das geschilderte Gefühl mit dem zusammen, was die Frau sieht? Was sie wahrnimmt? Was sie selbst fühlt?

»Echt, du bist traurig? Ehrlich gesagt, das sieht für mich nicht so aus. Wenn ich traurig bin, würde ich nicht ans Handy gehen, wenn es klingelt.«

»Ach, du liebst mich? Als du das gesagt hast, sind deine Augen für einen kleinen Moment abgeschweift, und deine Stimme ist am Ende runtergesackt. Nicht sehr überzeugend, mein Lieber.«

»Eigentlich wärst du doch lieber beim Fußball als hier mit mir, oder? Das spüre ich doch!«

Memo an alle Frauen: Nichts hassen wir so sehr wie euer ewiges Zwischen-den-Zeilen-lesen. Wir wollen, dass ihr unsere Informationen verarbeitet, nicht irgendwelche imaginären seismischen Schwingungen, die nur von euren feinen Antennen wahrgenommen werden können. Wir wollen, dass ihr uns einfach nur zuhört und das Gesagte nicht gleich in eure obskure Gefühlswelt übersetzt. Das macht uns erst wütend. Dann müde. Wir verstehen es nicht, es ermattet uns, macht uns verzweifelt und ratlos. Und irgendwann schalten wir ab.

Ja, stimmt: Das ist echt schwach von uns. Bloß, weil man etwas nicht versteht, heißt das noch lange nicht, dass man deshalb die Auseinandersetzung damit scheuen müsste, was viele von uns nachweislich tun. Manchmal haben wir richtig Angst vor euch und euren ehrlich empfundenen Gefühlen, weil wir diese Waffe einfach nicht haben. Wir haben nur das, was wir tun, und das, was wir empfinden, aber dafür keine Worte finden. Und wir haben den passiven Widerstand.

Habt ihr manchmal das Gefühl, dass Männer euch nicht für voll nehmen? Wenn ja, dann könnte es daran liegen, dass es euch anscheinend ein Grundbedürfnis ist, alles auf die Gefühlsebene zu zerren. Uns immer darauf einzulassen, würde uns wahnsinnig machen. Für uns sind eure Gefühle nämlich unkalkulierbar, unkontrollierbar, unzuverlässig.

Apropos Zuverlässigkeit: Ist das nicht eine der Eigenschaften, die Männer unbedingt im Repertoire haben sollten, wenn sie bei euch vorstellig werden? Könnt ihr haben. Sogar im sensiblen Bereich der Gefühle. Wir würden euch nur zu gern zuverlässig an unserem Innenleben teilhaben lassen. Ihr müsst eigentlich nur endlich damit aufhören, unsere Gefühle vor allem deshalb einzufordern, um sie in den unmöglichsten Situationen gegen uns zu verwenden. Sonst könnt ihr euch euren Gefühlsbrei schön selbst machen. Aber, und das sagen wir jetzt mal ganz ehrlich: Das wollen wir doch gar nicht. Wir haben doch nicht das Buch von Svende Merian gelesen, um von euch drei Jahrzehnte später nicht verstanden zu werden. Wir sind euch sehr weit entgegengekommen, und wir haben es gern gemacht.

Und echt jetzt: Wir würden uns wirklich freuen, wenn wir uns gefühlsmäßig auf halber Strecke treffen könnten. Wenn ihr uns die Hälfte der Macht abgebt, an die ihr euch so verzweifelt klammert und sie immer wieder gegen uns einsetzt. Oder noch besser: Keine Macht für niemanden! Nur zuhören, nicht interpretieren!

Das wäre unser Vorschlag.

Kapitel 4
Was wir denken, wenn wir nichts sagen:
Warum Männer schweigen

Oft wird uns vorgeworfen: Nie sagst du was. Du erzählst ja nichts. Du sagst nicht, was mit dir los ist. Das sehen wir anders. Wir reden ganz schön viel, aber aus Frauensicht schweigen wir immer im falschen Moment. Till »Schweiger« Raether erklärt, wann und weshalb wir nichts sagen und was uns dabei durch den Kopf geht.

Es gibt ein kleines Zeitfenster im Leben von Männern, da finden Frauen es interessant, wenn Männer schweigen. Dieses Zeitfenster öffnet sich kurz nach der Pubertät, und für eine Weile gilt es als geheimnisvoll und tiefsinnig, wenn man als junger Mann einfach nur dasitzt, melancholisch in die Gegend starrt und nichts sagt. Leider ist in diesem Alter unser Mitteilungsdrang besonders groß, weil sich in den Jahren, in denen wir mit uns selbst beschäftigt waren, viel angestaut hat. Also labern wir, was das Zeug hält, erwerben uns den Ruf, ein Schwätzer zu sein, und enttäuschen so Frauen, die sich nach mysteriösen Denkern sehnen.

Das Zeitfenster schließt sich, und es tritt der Normalzustand ein, der bis zum Lebensende der Beteiligten anhält:

Frauen wollen reden, Männer zwar auch, aber zu anderen Gelegenheiten und über andere Dinge. Zwischendurch schweigen sie, und das werfen ihnen Frauen dann vor. Woraufhin Männer noch mehr schweigen. Darauf folgen dann noch mehr Vorwürfe auf der einen, noch mehr Schweigen auf der anderen Seite – man könnte es Schweigespirale nennen.

Die landläufige Lesart ist: Männer schweigen, weil sie einfach keine Lust, kein Interesse oder nicht genug emotionale Intelligenz haben, um sich mit Frauen und ihren Gefühlen auseinanderzusetzen.

Frauen scheinen das männliche Schweigen als eine Art Naturgewalt zu sehen, die vom Himmel auf ihre mit den besten Absichten geführte Partnerschaft rieselt wie Schnee. So, wie aber die Eskimos der Legende nach viele verschiedene Worte für Schnee haben, weil sie differenzieren können und müssen zwischen all den verschiedenen Arten, die es davon gibt – genauso gibt es viele verschiedene Arten vom Männer-Schweigen. Und wenn man verstehen will, warum Männer schweigen und wie man sie womöglich aus der Reserve lockt, dann muss man lernen, den schweigenden Mann und die Gründe für sein Verstummen zu lesen wie der Eskimo den frisch gefallenen Schnee.

Wir schweigen, weil wir gerade mit etwas anderem beschäftigt sind

Es fängt ganz harmlos an. Wobei die ganze Problematik sich durch den in Neubauten verbreiteten offenen Küchenbereich verschärft hat, der ohne Tür in den kombinierten Wohn-Ess-Bereich übergeht. Aber dazu kommen wir gleich.

Thomas, ein Mann wie du und ich, beziehungsweise wie Stephan und ich, sitzt am Tisch und liest die Zeitung oder die Informationsbroschüre, mit der die Firma Aldi über ihre Angebote der kommenden Woche informiert. Ab Donnerstag gibt es LED-Einbauleuchten zu 22,95 Euro. Im Prinzip sind sie sehr hässlich, aber etwas an dem Wort »Einbauleuchten« fasziniert Thomas, und er überlegt, wo in der Wohnung er diese Leuchten einbauen könnte, so dass sie eine bisher zu dunkle Ecke erhellen, ihre Hässlichkeit aber nicht allzu sehr auffällt. Im Keller, über der Werk- und Bastelbank, wo er kaputte Spielzeugautos repariert und Fahrradreifen flickt, das wäre ideal. Das Problem ist, dass er gar keine Werk- und Bastelbank im Keller hat. Wären die LED-Einbauleuchten nicht ein guter Anfang, um diese Bank endlich zu installieren? Er hat zwar noch nie LED-Leuchten eingebaut, aber wenn die bei Aldi angeboten werden, kann sie offenbar jeder einbauen, warum also nicht er. »Mit dem eingebauten Infrarot-Schalter können die Leuchten durch Handbewegung berührungslos ein- und ausgeschaltet werden«, liest Thomas. Das hat er bisher übersehen. Ist es gut oder schlecht, Dinge durch das Fuchteln mit den Händen zu bedienen? Technisch zwar immer noch relativ verblüffend, aber definitiv auch immer noch albern. Und wäre es beim Reparieren von Spielzeugautos nicht störend, wenn bei jeder Handbewegung das Licht aus und wieder an …?

Thomas stutzt. Etwas hat sich verändert. Die Hintergrundgeräusche sind weg. Er merkt dies, so wie man nachts um drei in einem Hotelzimmer zur Straße hin aufwacht, weil das Verkehrsrauschen verstummt ist, an das man sich gerade gewöhnt hatte. Seine Frau Claudia hat aufgehört zu reden. Sie steht hinterm Küchentresen, isst ein Joghurt im Stehen, und schaut ihn erwartungsvoll an.

»Warum sagst du nichts?«, fragt sie.

»Ich lese«, sagt Thomas.

»Du liest … ›Aldi informiert‹?«

»Ja.«

»Hast du mir überhaupt zugehört?«

»Ich hab doch gesagt, ich lese.«

»Du findest die Aldi-Angebote interessanter als die Schulprobleme unseres Sohnes und die Frage, wer nächste Woche zum Elternabend geht?«

»Das eine hat doch mit dem anderen gar nichts zu tun«, sagt Thomas.

Und hier wird es schwierig. Und interessant. Denn aus Claudias Sicht hat das eine natürlich sehr viel mit dem anderen zu tun. Sie interpretiert faktisches Desinteresse als emotionales Desinteresse. Denn »Aldi informiert« hat für uns im beschriebenen Moment offenbar einen höheren Stellenwert als »Ehefrau informiert«. Ja, faktisch beschäftigen wir uns mit etwas anderem, aber das heißt noch lange nicht, dass wir uns emotional entziehen wollen, in kränkender Absicht.

Unglücklicherweise setzen Frauen körperliche Anwesenheit mit Erreichbarkeit gleich: »Mann ist anwesend« ist gleich »Mann ist ansprechbar«. Ein Trugschluss. Wir sind da, weil wir eure Nähe schätzen. Thomas liest die Aldi-Beilage lieber, während Claudia zwei Meter von ihm entfernt steht – nie fiele es ihm ein, sich zu diesem Zweck in sein Arbeitszimmer zurückzuziehen. Dies ist durchaus eine Botschaft von ihm, aber eine, die Claudia falsch interpretiert. Denn dass er in der Nähe ist und dass er die Nähe schätzt, heißt noch lange nicht, dass man mit ihm reden kann. Es heißt einfach nur, dass er sich in diesem Moment wohler fühlt, wenn seine Frau im gleichen Raum mit ihm ist.

Man könnte jetzt sagen: Männer können sich nicht mit mehreren Dingen zugleich beschäftigen, Männer sind mies im Multitasking. Man kann es aber auch positiv formulieren: Wir haben die Fähigkeit, uns wirklich auf etwas zu konzentrieren. Allerdings fällt diese Fähigkeit Frauen immer nur dann auf, wenn nicht *sie* es sind, auf die wir uns konzentrieren. Sondern der Fernseher, Rasierschaum, eine Werbebroschüre oder das exotische Kennzeichen des Autos vor uns im Stau. Die gute Nachricht ist, dass wir uns im Idealfall genauso bedingungslos auf euch konzentrieren können, Frauen.

Ja, um es noch liebevoller auszudrücken: Wir können genauso tief in euch und euren Mitteilungen versinken wie in der Aldi-Broschüre. Es ist möglich. Der Unterschied ist nur, dass wir uns auf andere Dinge auch ungeplant konzentrieren können: Dies zu tun, ist unsere Auszeit vom niemals abreißenden Informationsfluss und Informationsüberschuss des Lebens. Uns auf euch zu konzentrieren, erfordert ein wenig Planungsvorlauf. Sagt, dass ihr, wenn die Kinder im Bett sind, mit uns über die Schulprobleme und den Elternabend reden wollt und macht eine Flasche Wein auf, wenn es soweit ist.

Meine Schulfreundin Simone ruft an, während ich versuche, mich auf diesen Text zu konzentrieren. Ich gehe ran, und wir plaudern ein wenig über unsere Leben, und Simone erzählt, dass sie am Wochenende mit ihrem Mann zwei Tage nach Spiekeroog fährt, die Kinder sind bei den Schwiegereltern. »Um mal in Ruhe darüber zu reden, wie's so weitergeht dieses Jahr, ob wir doch noch mal umziehen und wie wir das hinkriegen, wenn ich wieder anfange zu arbeiten«, sagt Simone.

Ich finde, das ist eine sehr gute Idee. Es klingt aufwendig, aber: Niemand hat gesagt, dass es einfach werden würde, uns zum Reden zu bringen. Manchmal braucht es dafür eine relativ einsame Insel.

»Filzgleiter- und Keile-Set schützt Möbel, Fußböden, Türklinken, Wände usw. vor Kratzern und Dellen.« Die Wohnung ist zwar bereits sehr zerkratzt, aber vielleicht wäre jetzt der Zeitpunkt, dem Einhalt zu gebieten, und zwar für nur 99 Cent pro Set. Aber was sind »transparente PU-Schützer für Glasvitrinen«, und wer hat Glasvitrinen zu Hause? Leute, die Zinnsoldaten gießen. Seltsames Hobby, könnte man aber gut an dieser Werk- und Bastelbank im Keller machen. Wenn die Beleuchtung stimmt.

Ja? Wie bitte?

Ja, es stimmt, wir haben viel Zeit und Energie darauf verwandt, den Eindruck zu erwecken, als wüssten wir alles und hätten zu allem etwas zu sagen. Darum fragen wir auch nicht nach dem Weg, wenn wir uns verlaufen haben. Und geben Theorien zur Globalisierung, juristischen Fachfragen und der Personalpolitik des HSV zum Besten, die zwar keiner inhaltlichen Prüfung standhalten, uns aber Freude machen, während wir sie aussprechen. Viele Männer haben sich so den Ruf erworben, sie würden sich selbst gern reden hören, und umso größer ist die Überraschung, wenn sie plötzlich die Klappe halten.

Unterscheiden wir mal den Normalfall vom Ernstfall, also: den Alltag vom Streit. Im Normalfall sagt Claudia: »Wir sollten uns endlich mal mit den Meiers auf ein Glas Wein verabreden, das wollen wir doch schon so lange tun.« Thomas sagt dazu nichts. Vielleicht zuckt er gleichgültig mit den Schultern, wahrscheinlicher aber ist, dass er mit einem relativ hohlen Gesichtsausdruck in ihre Richtung schaut und die Mitteilung durch sich hindurchgehen lässt. Sie hat ausgesprochen, was ihr gerade durch den Kopf gegangen ist, aber: Ihm geht es gerade nicht durch den Kopf, und ihm fällt nichts dazu ein, was nicht schreiend offensichtlich wäre.

Sie wissen beide, dass sie sich schon lange mit den Meiers verabreden wollen, und zwar aus keinem zwingenden Grund, sondern einfach, weil man sich eben mal mit den Meiers verabreden könnte. Sie sind nicht besonders nett, sie sind nicht besonders doof, sie sind die Meiers. Und sie wissen ebenfalls beide, dass sie, weil es keinen zwingenden Grund dafür gibt, diese Verabredung niemals treffen werden. Warum also darüber reden?

Klar, Thomas könnte sagen: »Ja, ja, nee, nee – klar.« Oder: »Wenn du meinst.« Oder: »Hm-hm.« Aber muss das sein? Sein offizielles Leben (sein Job und all die unfreiwilligen Kontakte zu Behörden und Netzbetreiber-Hotlines) besteht aus so viel überflüssiger Kommunikation, dass es für ihn ein Gewinn ist, privat darauf zu verzichten. Deshalb schweigt er, wenn das, was Claudia ihm mitteilt, genauso gut für sich allein stehen kann.

Nicht selten kommt es dann vor, dass aus dem Normalfall der Ernstfall wird: Wenn nämlich Claudia sich durch sein Alltagsschweigen so gekränkt fühlt, dass daraus ein Streit wird. Eben war sie noch auf der Info-Ebene (»Wir sollten uns mal mit den Meiers verabreden«), jetzt wechselt sie fließend auf die Emo-Ebene.

»Weißt du, wie sehr mich das auf die Dauer nervt, dass *ich* unsere ganzen sozialen Kontakte organisieren muss? Bin ich unsere Außenministerin oder was?«

Thomas weiß nicht, was er dazu sagen soll. Vielleicht wäre Schweigen die passende Antwort, aber sie ist es eben gerade nicht, weil Claudia sie als Versuch, Zeit zu gewinnen, deuten würde, während sie aus seiner Sicht einfach signalisieren soll: Ich weiß nicht, was ich dazu sagen soll, und ich möchte nicht streiten. Es ist unmöglich, ihre rhetorischen Fragen zu beantworten, weil beide bereits mit einer Unterstellung arbeiten, die ihre Berechtigung allein aus Claudias Gefühlserleben bezieht: Sie kümmert sich um alles, er kümmere sich um nichts, und das nervt und überfordert sie.

Ihm fällt nicht ein, wie er all dies verständlich, liebevoll und abschließend formulieren könnte. Also sagt er nichts. Okay, vielleicht macht er den Fehler, zusätzlich erschöpft zu seufzen. Kommt auf seine Tagesform an.

Wir schweigen, weil das, was uns einfällt, eher unpassend wäre

Man kann, indem man den Handballen fest auf den Mund presst und dann langanhaltend und druckvoll Luft aus dem

Mund bläst, ein knatterndes, furzähnliches Geräusch erzeugen. Man kann auch, indem man Luft durch eine Anspannung der Halsmuskeln in seine Speiseröhre presst, ein gezieltes Aufstoßen bewirken, das sich akustisch kaum von einem spontanen Rülpser unterscheidet. Beides sind ablehnende Reaktionsweisen, die uns immer mal wieder einfallen, wenn wir konfrontiert werden mit Äußerungen wie »Wir sollten uns wirklich mal mit den Meiers verabreden«. Aber da ist dann diese Schere im Kopf, Selbstzensur, und wir denken: Nee, das wäre jetzt wirklich unpassend, da sag ich mal lieber gar nichts.

Wir schweigen, weil wir das, was uns einfällt, nicht in Worte fassen können

Jedem kleinen und großen Streit geht irgendwann die Luft aus, das heißt, er kommt an den Punkt, wo man ihn genauso gut beenden könnte. Jedenfalls aus unserer Sicht. Weil alle Positionen mehrfach ausgetauscht worden sind, alle Lautstärken und Stimmlagen durchgespielt, es ist alles gesagt. Wir würden jetzt gern aufhören zu streiten. Und zwar nicht, weil wir resigniert haben, nicht, weil wir finden, dass ihr sowieso zu blöd seid, uns zu verstehen, oder weil uns das Ganze einfach zu anstrengend geworden ist (wobei das, zugegeben, ein Faktor ist, vor allem, wenn der Streit erst gegen 22 Uhr angefangen hat. Es ist ganz seltsam: Frauen scheinen aus dem Streit eine unerschöpfliche, sich immer wieder neu aufladende Energie zu gewinnen; auf uns wirken Auseinandersetzungen wie Kryptonit auf Superman). Wir möchten aufhören, weil der Streit inhaltlich sinnlos geworden ist, und jetzt würden wir gerne uns und euch beweisen, dass wir zwar über Setzrisse in den Wänden und über klemmende Türen und Fenster reden, das Fundament unserer Beziehung aber intakt ist. Unsere Wut ist längst verraucht, und während ihr weiterfragt, was wir wirklich gemeint haben, als wir sagten, wir wollten uns im Urlaub nicht mit euren Freundinnen treffen, und wenn, dann nur einen Tag, oder unseretwegen ein Wochenende, aber doch nicht eine ganze Woche! Während ihr also redet und redet, erfüllt uns ein Gefühl, das wir jetzt gern in Worte fassen würden.

Dieses Gefühl geht so: Das ist doch alles nicht so wichtig, viel wichtiger ist doch, dass wir uns darauf freuen, mit euch in den Urlaub zu fahren. Und dass wir nicht eine Sekunde daran zweifeln, dass wir mit euch noch unseren Urlaub noch in fünfzig Jahren verbringen wollen, wenn er auf der Kurpromenade in Bad Nenndorf stattfindet und unsere Rollatoren sich ineinander verhaken, weil wir so nahe nebeneinander gehen. Wie aber sagt man das, ohne, dass es rüberkommt wie ein Ablenkungsmanöver, ein taktischer Zug, damit wir endlich unsere Ruhe haben?

Darüber denken wir nach, und während wir denken, schweigen wir. Wir hören auch gar nicht mehr zu, und gerade, als uns scheinbar die Ansätze einer passenden Formulierung eingefallen sind – irgendwas Rührendes mit Rollatoren oder so –, stellen wir fest, dass ihr uns herausfordernd anschaut. Mist, Faden verloren: Wo waren wir gerade?

»Dann sag's doch einfach.«

»Sag doch einfach was?«

»Es stimmt also, du kannst meine Freundinnen nicht ausstehen!«

Wer in so einer Situation zu seiner Frau etwas sagt, das den Vorwurf nicht entkräftet, kann sich auf einiges gefasst machen: Verlängerung und Wadenkrämpfe. Also schweigen wir. Obwohl wir euch eigentlich gern sagen würden, dass uns all das einfach nicht so sehr interessiert und beschäftigt wie die schlichte Tatsache, dass wir euch lieben.

Wir schweigen, weil wir wissen, dass alles, was wir sagen, gegen uns verwendet werden kann

Vor Gericht darf man die Aussage verweigern, wenn man Gefahr läuft, sich durch seine Äußerungen selbst zu belasten. Der Unterschied in einer Beziehung ist, dass wir auch dann von unserem Aussageverweigerungsrecht Gebrauch machen müssen, wenn wir unschuldig sind. Denn wenn ihr einmal für euch beschlossen habt, dass wir Mist gebaut haben, wird jede weitere unserer Mitteilungen von euch dazu benutzt, um die Anklage weiter auszubauen. Wenn wir unser Handeln begründen, hört ihr Ausflüchte. Wenn wir eure Vorwürfe inhaltlich widerlegen, seid ihr überzeugt, dass wir eure Gefühle nicht respektieren, denn diese Gefühle sind unabhängig von inhaltlichen Tatsachen. Und wenn wir einsehen, dass wir was falsch gemacht haben, und uns dafür entschuldigen, dann werft ihr uns vor, wir wollten es uns leicht machen: »Du meinst, damit ist die Sache erledigt?« Und dann geht wieder alles von vorne los. Also sagen wir lieber: nichts.

Stolz sind wir nicht darauf. Man kommt sich auf die Dauer ziemlich blöd vor, wenn man nur dasitzt und nichts sagt, während man von jemandem beschimpft oder mit kritischen Fragen bombardiert wird, die man nicht beantworten kann. Deshalb gehen wir in solchen Situationen irgendwann einfach weg. Das ist vielleicht feige, aber beides, das Schweigen und das Weggehen, sind in diesem Fall auch Zeichen von Kapitulation. Es kann sein, dass wir vor der Erkenntnis kapitulieren, dass ihr einfach recht habt. Es kann sein, dass wir vor der Erkenntnis kapitulieren, euch so sehr verletzt oder gekränkt zu haben, dass wir es im Moment nicht wiedergutmachen können, und schon gar nicht mit Worten. Es kann aber auch sein, dass wir einfach vor der Dauer und möglicherweise auch der Lautstärke eurer Mitteilungen kapitulieren.

Manchmal haben wir den Eindruck, dass es euch Spaß

macht, eine Auseinandersetzung schier endlos auszudehnen, einfach, weil ihr es könnt. Aber könnte es sein, dass ihr, indem ihr dies tut, die Chance verpasst, herauszufinden, ob wir möglicherweise längst verstanden haben, worum es euch geht?

Wir schweigen, weil wir Angst haben, die Wohnung zusammenzutreten. Oder in Tränen auszubrechen

Manchmal gibt es Auseinandersetzungen, die so grundsätzlich sind oder die so sehr aus dem Ruder laufen, dass es besonders unpassend erscheint, wenn wir ab einem gewissen Punkt einfach nur noch schweigen. Woraufhin die Auseinandersetzungen noch grundsätzlicher werden oder noch mehr aus dem Ruder laufen. Es ist aber möglicherweise auch so, dass wir schweigen, weil jedes Wort, das wir sagen könnten, der Anfang eines Gefühlsausbruchs wäre, in dessen Verlauf wir die Wohnung demolieren würden. Manchmal kommt da eine Wut hoch, die nur ganz indirekt mit dem aktuellen Streit zu tun hat; eine Wut, die ausgelöst wird durch das Gefühl, in diesem Moment nicht verstanden zu werden, woraus ganz schnell das Gefühl wird, von niemandem verstanden zu werden, woraus sich ein Gefühl von Ohnmacht und Hilflosigkeit entwickelt, eingesperrt und gefesselt zu sein. Klar, wir könnten jetzt bis zehn zählen und unsere Atemübungen machen, aber manchmal wissen wir genau: Wenn ich jetzt was sage, schlage ich am Ende alles kaputt. Oder ich fange an zu weinen. Weil ich es nicht mehr aushalte und weil ich noch nicht einmal weiß, was »es« eigentlich ist.

Im Grunde wäre das natürlich genau das Thema, über das wir dann mal reden müssten: Darüber, was wir nicht aushalten und was uns wütend macht. Aber weil wir Angst davor haben, schweigen wir.

Wir schweigen, weil wir darauf warten, endlich handeln zu können

Thomas sitzt auf dem Sofa und sieht fern. Er ist nicht gefesselt, aber der Fernseher flimmert ganz gefällig vor sich hin. Claudia setzt sich mit einer dieser großen Teetassen neben ihn und fängt an zu erzählen.

Eine alte Freundin von ihr war komisch am Telefon.

»Ach, echt?«, sagt Thomas.

Die beiden haben sich lange nicht gesehen, vielleicht verstehen sie sich nicht mehr so gut wie früher. Es kann aber auch sein, dass etwas, was Claudia in anderem Zusammenhang zu einer anderen Freundin gesagt hat, der ersten Freundin zugetragen wurde und sie verletzt hat, obwohl dazu eigentlich kein Grund besteht. Denn das, was Claudia gesagt hat, war nicht besonders verletzend. Sie kann aber die Freundin unmöglich darauf ansprechen, denn wenn es ihr nicht zugetragen wurde, wäre es doch besser, wenn sie es nie erführe.

Da hängt natürlich eine Menge dran, große Themen: Freundschaft, Vertrauen und so weiter. Aber Thomas hat auf Anhieb eine gute Idee, wie man Claudias Problem lösen könnte. Früher hätte er diese Idee sofort heraustrompetet, aber zu oft hat er den enttäuschten Blick seiner Frau gesehen, wenn er ihr den Grund genommen hat, ausführlich über ihr Problem zu reden. Heute lässt er sie fortfahren, in der Hoffnung, dass es irgendwann vorbei ist und er seinen Vorschlag zur Problemlösung machen kann. Das heißt: Er wartet, und zwar schweigend.

Ja, es ist ein Trugschluss, aber oft haben wir das Gefühl, dass wir euch einfach reden lassen müssen, bis ihr euch ausgequatscht habt, bis ihr genug gesagt habt. Denn erst dann, so glauben wir, seid ihr bereit, für das Problem, das euch beschäftigt, auch wirklich eine Lösung zu finden.

Thomas schweigt also, obwohl er weiß, dass ihm das als Teilnahmslosigkeit, Apathie oder Hartherzigkeit ausgelegt werden wird. Er kann nicht anders. Er schweigt, weil es ihm wie Heuchelei vorkäme, mit Claudia über ihr Problem zu diskutieren, obwohl er die Lösung längst kennt: Er weiß ja, dass sie, wenn sie nächsten Monat Urlaub in Süddeutschland machen, ihre Reiseroute nur um etwa 50 Kilometer nach Westen verschieben müssten, und dann könnten sie eine Nacht bei Claudias Freundin verbringen. Eine ideale Gelegenheit für die beiden, sich entweder wieder näherzukommen. Oder sich, wenn die Männer und Kinder im Bett sind, auszusprechen, falls doch was vorgefallen wäre. Oder im schlimmsten Fall endlich festzustellen, dass sich ihre Freundschaft einfach ausgeläppert hat. Ein super Plan, und das Beste daran: Man kann sofort handeln. Statt weiter das Problem zu wälzen, muss man nur aufstehen, zum Telefon greifen und alles verabreden.

Das heißt: Man könnte, aber man kann nicht, denn hier liegt ein grundsätzliches Missverständnis vor. Thomas hat immer noch nicht begriffen, dass es für Claudia ein Wert an sich ist, über Probleme zu reden. Sie versteht nicht, dass es für ihn wertvoller ist, Probleme zu lösen, statt sie zu besprechen.

Scheinbar kann man da nicht viel machen. Aber ich weiß seit zehn Jahren, dass das nicht stimmt. Damals unterhielt ich mich mit einer Kollegin über das frustrierende Kuddelmuddel, das entsteht, wenn Frauen reden und Männer handeln wollen. Sie, beziehungserfahrener als ich, erzählte mir, dass ihr Mann und sie einen Weg gefunden haben, damit klarzukommen.

»Eines Tages hat mein Mann angefangen, mich zu unterbrechen, sobald ich ihm erzählt habe, was mich bedrückt. Ich hatte kaum Luft geholt, da sagte er: ›Rotwein oder Blaumann?‹ Das ist seitdem unser Verständigungssignal. Wenn ich will, dass er was tut oder mir einen Rat gibt, dann sage ich: ›Blaumann.‹ Aber meistens sage ich: ›Rotwein.‹ Dann weiß er, dass ich einfach nur reden will, und dass mir egal ist, was am Ende dabei rauskommt.«

»Rotwein oder Blaumann«, das schreibe ich hier nicht zum ersten Mal: Es hat mich beeindruckt. Wie gesagt, schon vor zehn Jahren. Wenn's losgeht, will mir immer nicht einfallen, dieses Ritual auch bei mir zu Hause zu etablieren. Das heißt, ich schweige aus Bequemlichkeit, weil es schwer ist, was Neues anzufangen. Und weil es manchmal am abwegigsten scheint, die am nächsten liegende Frage zu stellen.

Dies ist das zweite Mal, dass wir Rotwein in einem Kapitel empfehlen. Aber nur wegen der Geselligkeit. Je nach Tageszeit und gesundheitlicher Verfassung eignen sich auch Kaffee, diverse Teesorten oder Softdrinks, aber nur, wenn sie nicht allzu harntreibend sind und in verantwortungsvollen Mengen genossen werden. Sonst heißt es, wenn ich mich zwischendurch entschuldige, um aufs Klo zu gehen: »Das interessiert dich wohl nicht, oder?«

Wir schweigen, weil Frauen nicht richtig zuhören können

Bisher haben wir uns hier mit dem reaktiven Schweigen beschäftigt, also: Frau sagt etwas, Mann sagt nichts. Interessant ist aber auch der Dauerkonflikt über das aktive Schweigen von Männern oder – um es im Fachjargon von Expertinnen auszudrücken: »Du hast ja heute wieder gar nichts von dir erzählt.« Ein paar Standardsituationen gefällig?

Ein Mann kommt von irgendwoher, aus dem Büro, aus der Kneipe, vom Klo oder aus einer Ausstellung mit holländischer Schiffsmalerei des 18. Jahrhunderts, und die Frau fragt: »Und, wie war's?« Die Antwort ist irgendwo im Niemandsland zwischen Grunzen, Stöhnen und trockenem Husten angesiedelt. Danach Abgang Bühne links. Beschämend? Ja, ja, aber dazu gleich mehr.

Oder: Bei einem Abendessen mit Freunden kreist das Tischgespräch um Musikunterricht für die Kinder und die Frage, wer früher welches Instrument gelernt hat, und plötzlich erzählt der Mann, dass er seit langem davon träumt, Ukulele zu spielen. Er kann es sich selbst nicht erklären, vielleicht hat es etwas mit dieser Hit-Version von »Somewhere Over The Rainbow« zu tun, vielleicht mit einer unerkannten Sehnsucht nach Hawaii, er weiß es nicht. Aber jetzt gibt er eine einigermaßen lustige Anekdote darüber zum Besten, wie er vorige Woche in einem Gitarrenladen über Ukulelen reden wollte und vom krankhaft coolen Fachpersonal grob an den Spielwarenfachhandel verwiesen wurde. Die Gäste sind amüsiert, die Frau sagt verblüfft und mit schlecht verhohlenem Vorwurf: »Davon hast du mir nie erzählt.«

Oder: Ein Mann geht zu Bett, ohne an diesem Abend viel geredet zu haben. Er will einfach nur schlafen. Nach einer Viertelstunde kommt seine Frau ins Schlafzimmer, setzt sich auf die Bettkante und wartet, bis er wieder aufgewacht ist. Dann sagt sie: »Warum erzählst du mir nicht, was mit dir los ist?«

Auch wenn die drei Beispielsituationen sehr unterschiedlich sind, haben sie eine strukturelle Gemeinsamkeit: Ja, es stimmt, wir erzählen euch wirklich oft Dinge lieber nicht. Im Grunde unverfängliches Zeug, das man scheinbar genauso gut erzählen könnte. Warum tun wir es dann nicht einfach? Warum verschweigen wir Alltägliches? Weil wir euch unter Verdacht haben: Wir glauben, dass ihr uns sowieso nicht richtig zuhört. Die Erfahrung hat uns gelehrt, dass ihr viel zu oft Dinge, die wir über Ukulelen oder unseren Tag erzählen, darauf abklopft, ob und was sie mit euch zu tun haben. Das heißt: Im Idealfall würden wir gern mal über uns reden, aber ihr hört nicht, was wir über uns sagen, sondern filtert unseren Vortrag nach Informationen, die ihr in Beziehung zu euch und euren Gefühlen setzen könnt.

Nehmen wir die scheinbar banalste Situation.

Feierabend, Mann kommt an, Frau: »Wie war's?« Angenommen, wir antworten darauf: »Ging so, ich bin bedrückt, weil ich diese verdammte Endabrechnung nicht fertig kriege.« Ihr denkt: Oha, der Mann wird also vermutlich am Wochenende schlechte Laune haben, weil er diese Dingens da im Büro nicht zu Ende gekriegt hat, und warum kriegt er eigentlich nie was zu Ende, wollte er nicht längst die Lampe im Bad anschrauben, die liegt immer noch im Flur, originalverpackt, und ist ihm eigentlich klar, wie ich mich dabei fühle, wenn ich ständig hinterher sein muss, dass das, worum ich ihn gebeten habe, auch gemacht wird?

Sehr oft werdet ihr auf eine solche unverblümte Mitteilung von uns, uns selbst betreffend, also antworten: »Wann bringst du eigentlich die Badezimmerleuchte an?« Denn ihr habt nicht richtig zugehört. Egal, für wie feinfühlig ihr euch haltet: Ihr seid besser im Senden als im Empfangen. Achtet bitte selbst mal drauf, wenn ihr uns das nächste Mal sagen hört: »Ich glaub, ich kauf' mir eine Ukulele.«

Wir schweigen, weil wir uns ungern wiederholen

Nichts anderes verbirgt sich dahinter, wenn wir so selten sagen »Ich liebe dich« oder »Du bist schön«: Wir haben es doch schon gesagt. Und diese Mitteilungen haben kein Verfallsdatum: So lange sie nicht ausdrücklich widerrufen werden, gelten sie unbefristet. Wir gehen davon aus, dass ihr das wisst, denn ihr wisst doch so viel.

Ihr wollt das trotzdem häufiger hören? Hm. Kleine Zwischenfrage: Wann habt ihr eigentlich zuletzt Vergleichbares gesagt? Waren wir da zu sehr in »Aldi informiert« vertieft oder kann es sein, dass das einfach auch schon ziemlich lange her ist?

Kapitel 5
Hacki, Überraschungsei und Neid-Sex:
25 Sex-Stellungen, die jede Frau kennen sollte

Vergessen Sie bitte mal für einen Moment das Kamasutra, Ihren letzten Tantra-Kurs und die Petersburger Schlittenfahrt ohne Glöckchen. Wenn es um Gefühle beim Sex geht, dann sind in Wahrheit diese Stellungen hier die, die Männern am vertrautesten sind.

Stabile Seitenlage

Kein Sex, weil mal wieder was dazwischengekommen ist oder einer oder beide keine Lust haben.

Kaputte Lampe

Einer liegt auf dem Rücken, ist aber nicht so ganz bei der Sache und registriert währenddessen, was an der Decke und anderswo im Schlafzimmer bei Gelegenheit alles gemacht werden müsste.

Tor in der Nachspielzeit

Man hat mehr oder weniger unbeteiligt angefangen, irgendwie hat es sich so ergeben, das mit dem Sex, ist ja auch eine gute Sache. Und plötzlich, als man sich fragt, ob die Partie 0:0 ausgehen wird, fährt ein Funke ins Spiel und entflammt die Teilnehmer, und auf den letzten Metern wird's so richtig leidenschaftlich, und dann liegen beide da und fragen sich freudig erschöpft: »Was war das denn?«

Kleine Baustelle

Einer arbeitet, die andere schaut zu. Oder: eine arbeitet, und der andere schaut zu.

Große Baustelle

Anhaltender ein- oder beidseitiger Libidoverlust beziehungsweise fortgesetzte Missverständnisse vor oder während der Versuche, körperliche Nähe und Leidenschaft zu empfinden oder herzustellen. Man sich statt im Bett im Sprechzimmer eines Paartherapeuten trifft und sich sagen hört: »Also, im Bett klappt's auch nicht mehr so richtig.«

Casual Friday

Wenn an diesem Tag eigentlich kein Sex vorgesehen war, weil einem »am Freitagabend immer die Woche so in den Knochen steckt« und man eigentlich nur möglichst schnell einschlafen will, und plötzlich wird, ganz ohne Mühen, doch ein Schuh beziehungsweise eine schöne halbe Stunde daraus.

Murmeltier

Wie in »Und täglich grüßt das Murmeltier«. Jene Art von partnerschaftlichem Sex, die je nach Stimmung beruhigend, tröstlich, wunderbar und genau richtig sein kann, oder deprimierend, abtörnend und so, dass man mit dem Gefühl zurückbleibt, dies könne doch nicht alles gewesen sein. Weil der Sex genauso war wie die vorigen dreihundert Male. Und die nächsten dreihundert Male.

Herbert Wimmer

Ein gängiges Klischee besagt, dass Männer beim Sex über möglichst obskure oder komplizierte Dinge nachdenken, um ihren Orgasmus hinauszuzögern. Zum Beispiel, indem sie versuchen, sich an die Namen möglichst vieler Spieler der Mannschaft von Borussia Mönchengladbach aus jener Zeit zu erinnern, als die legendäre »Fohlenelf« von Hennes Weisweiler trainiert wurde. Daher nennen wir diese Art von Sex »Herbert Wimmer«, nach einem Spieler aus eben jener Elf, der einem nicht ganz so schnell einfällt wie Günter Netzer. Dieses Klischee ist nicht unzutreffend, allerdings wird der Herbert Wimmer – sein Spitzname war übrigens »Hacki« – vor allem in Frühphasen von Beziehungen angewendet; beim sogenannten »Murmeltier« oder am »Casual Friday« hat er sich als weitgehend unnötig erwiesen.

Es gibt Männer, die durchaus auch mit drastischeren Praktiken zur Orgasmusverzögerung gearbeitet haben, darunter:

Visualierung der acht verschiedenen Schubladen, in denen sich (möglicherweise) die Unterlagen für die überfällige Steuererklärung befinden. Spekulationen darüber, ob nach dem Tod eine Art ewiges Leben oder eher ein ewiges Nichts auf einen warten. Oder Visualierung von Horst Seehofer. Einschlägig Erfahrene berichten als Folge hiervon allerdings von Erektionsverlust und leichten bis mittelschweren depressiven Verstimmungen, zwei Phänomene, die im vorliegenden Kontext durch den Satz »Das hat nichts mit dir zu tun, ich musste nur gerade an den Tod beziehungsweise Horst Seehofer denken« nicht restlos aus der Welt zu räumen waren.

Gleichgewicht des Schleckens

Bezeichnet jenen Zustand, der eintritt, wenn zwei Partner sich in jahrelanger Beziehung jeweils eine Oralsex-Technik angewöhnt haben, die dem anderen Partner im Grunde nicht gefällt, weil sie mehr schlecht als recht befriedigt. Aber beide haben irgendwie den Zeitpunkt verpasst, wertvolle Hinweise zu geben und konstruktive Kritik zu üben, und jetzt ist es zu spät, denn man kann ja nicht nach sieben Jahren plötzlich sagen: »Übrigens, das da ist ein primäres Geschlechtsteil und keine Eistüte! Gibt es vielleicht Alternativen zur bisherigen Verfahrensweise?«

Das Faszinierende an diesem Zustand ist, dass jeder der beiden Partner glaubt, seine eigene Technik wäre perfekt, und sich außerdem in dem Gefühl gefällt, es wäre rücksichtsvoll, den anderen einfach mal so weitermachen zu lassen, denn: Er kann es halt nicht besser. Weshalb dieser Zustand zwar sexuell mangelhaft, aber keineswegs so frustrierend ist, dass man irgendwas daran ändern müsste.

Dabei wäre es natürlich am besten, eine derartige Situation erst gar nicht entstehen zu lassen. Und zwar, indem man in der Beziehung – und genauer gesagt im Bett – das tut, was man tausendfach als Floskel verwendet, wenn es um Menschen geht, die weniger wichtig sind als die, die man liebt: miteinander im Gespräch bleiben. Und wenn man das versäumt hat: Miteinander ins Bett gehen und sich vornehmen, dass heute Abend mal beide ehrlich sagen, was ihnen in den letzten Jahren gefehlt hat und worauf sie gut verzichten könnten. Das wird spannend, aber vielleicht geht der Spaß dann erst richtig los.

Wer hat mein Glied so zerstört?

Das Gefühl positiv empfundenen Penis-Schmerzes nach einem besonders wilden, ausdauernden, an die Grenzen der schwellkörperlichen Belastung gehenden Beischlafs. Ein noch Stunden später in der Hose schmerzendes Glied hat für Männer über dreißig in etwa den Wert, den ein Knutschfleck für Teenager am Anfang der Pubertät hat. Nicht allerdings zu verwechseln mit dem Gefühl, das unter Umständen durch sexuell übertragbare Krankheiten verursacht wird.

Überraschungseier

Durchaus positive Empfindung, die Männer haben, wenn ihnen die Partnerin nach längerer, sexloser Zeit relativ unvermittelt in den Schritt fasst, und plötzlich wird einem klar: Huch, stimmt ja, dieses Körperteil habe ich ja auch noch. Und dass man noch andere Dinge damit tun kann, als ihn sich beim Radfahren abzuklemmen. Und es gibt sogar noch andere Leute, die sich an diese anderen Dinge erinnern. Und dann fragt man sich, warum man verdammt noch mal wochenlang zu müde, zu genervt, zu gestresst war, um diesen

Körperteil selbst wahrzunehmen und im Rahmen seiner Möglichkeiten einzusetzen.

Luksuskringel

Dänisches Plundergebäck mit Marzipan-Pudding-Füllung.

Tonausfall

Bei Eltern verbreitete Sexpraktik, die dadurch gekennzeichnet ist, Leidenschaft und Erregung möglichst lautlos ausdrücken und erleben zu wollen. Um die Kinder entweder nicht zu wecken oder nicht durch verdächtige Geräusche aus dem Schlafzimmer zu neugierigen Fragen oder Notfallmaßnahmen zu animieren: »Mama, so kriegt Papa doch gar keine Luft!« Ältere Kinder, die bereits wissen, was Sache ist, möchte man natürlich nicht in Verlegenheit bringen. Also: keinen Mucks. Was sehr anregend oder sehr komisch sein kann. Wenn es gelingt, fühlt man sich danach doppelt gut. Allerdings funktioniert das nur, wenn beide sich einig sind. Wenn einer der Partner sorglos davon überzeugt ist, dass die Kinder einen festen Schlaf haben, der andere aber die ganze Zeit durch lärmdämmende Maßnahmen das Geschehen unterbricht, wird dies in den meisten Fällen damit enden, dass beide ein mehr oder weniger gutes Buch lesen.

Vollbremsung

Eine Vollbremsung beschreibt den abgebrochenen elterlichen Geschlechtsverkehr, wenn sich die Schlafzimmertür öffnet und ein piepsiges Stimmchen sagt: »Ich hatte einen schlechten Traum. Was macht ihr da?«

Plan A

Mit diesem Begriff bezeichnet man den geplanten Sex. Es geht also darum, dass Sex in der Partnerschaft in den meisten Fällen geplant werden muss, und darum, wie Paare und insbesondere Männer dies tun. Und dafür müssen wir ein bisschen weiter ausholen.

Ein nackter Mann steht im Umkleideraum eines Schwimmbades. Er ist gerade aus der Dusche gekommen und trocknet sich ab. Dabei telefoniert er, über seine offene Sporttasche gebeugt, mit seiner Frau. Es geht um die Einkäufe, um das bevorstehende Wochenende – Alltagsplanung. Offenbar wähnt der nackte Mann sich allein oder er unterschätzt die schallverstärkende Wirkung von Kacheln und Fliesen. Jedenfalls hören wir deutlich, wie er, nachdem alles andere geregelt ist, mit leicht neckischem Tonfall in der Stimme in sein Handy sagt: »Und, bist du nachher ein bisschen lieb zu mir?« Er frottiert sich mit seinem Badetuch im Schrittbereich und fügt hinzu: »Ich bin auch ganz sauber.« Und nach einer kurzen Pause – die Antwort ist nicht zu hören – beendet er das Telefonat mit den Worten: »Alles klar, bis gleich!«

Indem wir dieses Teiltelefonat vor ein paar Wochen mit anhörten, wurden wir Zeugen eines Kommunikationsaktes, der normalerweise unter Ausschluss der Öffentlichkeit stattfindet: die Verabredung zum Sex. Was wissen wir über die Verabredung zum Sex? Nur so viel: Paare, die ein bisschen länger zusammen sind, vielleicht Kinder, womöglich sogar Hobbys beziehungsweise eigene Interessen haben und berufstätig sind, verwenden einen Großteil ihrer Kommunikation darauf, den gemeinsamen Alltag zu planen: Wer kauft was ein? Wer bringt das Auto in die Werkstatt? Wer ist wann wo? Und so weiter. Wenn sie zusammen ins Kino gehen möchten, verabreden sie sich, ins Kino zu gehen. Wenn sie zusammen Sex haben wollen, verabreden sie sich, Sex zu haben.

Es ist ausführlich erforscht, wie Paare während und nach dem Sex miteinander reden. Das Ergebnis ist eigentlich immer das gleiche: zu wenig. Der Heidelberger Paartherapeut Ulrich Clement sagt, dass beide Partner sich ganz zu Anfang einer Beziehung sexuell auf den kleinsten gemeinsamen Nenner einigen, das heißt: Beide könnten sich eigentlich noch mehr, noch etwas anderes, Besseres vorstellen, sind aber zu gehemmt, um offen darüber zu reden. Die Tipps, um dieser Misere abzuhelfen, reichen von gut gemeint, aber banal (Sex-Forscher Oswalt Kolle: »Reden Sie nicht erst im Bett über Ihre Wünsche, sondern zum Beispiel bei einem romantischen Essen oder einem Spaziergang.«) bis zu völlig hirnverbumst: »1. Zwanzig Worte für Sex aufschreiben und im Bett darauf achten, auf welche Worte sie besonders anspringt. Merken. 2. Erotik-Schinken lesen und die guten Passagen auswendig lernen.« Einschlägige Umfragen ergeben Statistiken, die widersprüchlich bis unsinnig sind: Drei Viertel aller Deutschen finden es gut, wenn der Partner seine sexuellen Wünsche äußert, deutliche Worte lehnen aber zwei Drittel der Befragten in der gleichen Untersuchung ab. Eine Studie ergibt, dass Frauen mehr über Sex reden als Männer; eine andere, dass die Testosteron-Ausschüttung Männer besonders gesprächig macht. Trotzdem, sagt eine dritte, reden deutsche Ehepaare nur acht Minuten am Tag miteinander, haben also statistisch kaum Zeit für »Bettgeflüster« (»Bild«). Der bayrische Dialekt gilt als besonders erotisch, das Pfälzische steht ganz unten auf der Liste (Durchschnittswerte für Gesamtdeutschland; beim Sex zwischen Pfälzern sieht die Sache mutmaßlich anders aus). Männer und Frauen hören zu über 90 Prozent im Bett am liebsten Komplimente und eher nicht so gern Sätze wie »Wird das heute noch was?«. Und die erste Studie zur Sexualsprache der Deutschen förderte vor fünfzehn Jahren unter anderem zutage, dass in der DDR sozialisierte Männer und Frauen das männliche beziehungsweise das weibliche Geschlechtsteil auch als »Bobik« und »Mizinka« bezeichnen. Und alle sind sich einig, dass eine kritische Aufbereitung des eben Erlebten zwar grundsätzlich gut, aber schwer hinzukriegen ist und unter gar keinen Umständen, auch oder erst recht nicht im Scherz mit den Worten »Und, wie war ich?« eingeleitet werden darf.

Das Dabei und das Danach sind also mehr oder weniger erschöpfend bearbeitet, nichts aber erfährt man über das Davor: die Verabredung zum Sex. Der Roman »Little Children« des amerikanischen Autors Tom Perotta, hervorragend verfilmt mit Kate Winslet, handelt von Eltern, die das ebenso eintönige wie chaotische Leben mit Dreijährigen zu meistern versuchen. In einer Szene gleich zu Beginn unterhalten sich die Mütter auf dem Spielplatz darüber, wie wenig Sex sie nur noch haben, und wie schnell man das Thema Sex ganz aus dem Auge verliert, wenn man sich nicht ein bisschen darum kümmert. Mary-Ann, eine überkorrekte, unsympathische Super-Mama, hat wie für alle Probleme auch für dieses eine ebenso praktische wie unspontane Lösung: Sie und ihr Mann haben jeden Dienstagabend eine stehende Verabredung zum Geschlechtsverkehr.

Diese pragmatische Variante der Sex-Verabredung hat den klaren Vorteil, dass man nur ein einziges Mal über das Thema reden muss, und dann nie wieder. So, wie völlig klar ist, dass am Mittwoch Volleyball ist, findet am Dienstag Sex statt. Vermutlich ist dies nicht einmal besonders unerotisch; Volleyball wird ja auch nicht dadurch unsportlich, dass er jeden

Mittwoch stattfindet. Es ist aber nie ganz unproblematisch, sich die Woche mit Terminen zuzupflastern, vor allem den Dienstag, wenn traditionell die guten Fernsehserien laufen. Und wenn dann jemand anderes am designierten Sex-Abend was Unsexuelles mit einem unternehmen möchte, muss man immer irgendeine Ausrede erfinden.

Eine Zeitlang wohnte einer von uns in Berlin Wand an Wand mit einem, wie wir damals gesagt hätten, älteren Ehepaar (etwa Mitte Dreißig), das eine sehr reduzierte Form gefunden hatte, über Sex zu kommunizieren. Alle paar Tage war zu hören, wie die Frau, nachdem die normalen Alltagsgeräusche verklungen waren, Musik anmachte und dann nach einer kurzen Weile rief: »Komm mal he-heer!« Dann hörte man Schritte, wenig später reguläre Sex-Geräusche.

Einmal haben wir so etwas wie die halb-öffentliche Variante erlebt. Wir waren mit einem befreundeten Paar übers Wochenende in einer Ferienwohnung am Meer. Nach dem Abendessen tranken wir eine Flasche Wein. Irgendwann stand die Freundin auf und sagte, sie würde jetzt ins Bett gehen, sie wolle noch ein bisschen lesen. »Ich bleib noch einen Augenblick hier sitzen«, sagte ihr Freund und schenkte sich und uns nach. Sie stand schon, lächelte und sagte mit einer Art unsichtbarem Augenzwinkern: »Sehen wir uns denn nachher noch?« Ihr Freund stellte die Flasche ab und sagte im gleichen verschwörerischen Tonfall: »Oh ja, wir sehen uns nachher noch …« Man hätte die drei Pünktchen aus der Luft pflücken können, so deutlich waren sie mitgesprochen.

Womit wir wieder beim nackten Mann in der Umkleidekabine wären. Nach der uns zur Verfügung stehenden Datenlage gibt es drei Varianten der Verabredung zum Sex: die eher langfristig angelegte Kalender-Variante (immer dienstags), die eher kurzfristig ausgerichtete Zuruf-Variante (»Kommst du mal he-heer?«) und die komplizierte, aber weit verbreitete Paarsprech-Variante. In diese letzte Kategorie fallen sowohl der nackte Mann in der Umkleidekabine als auch das Paar in der Ferienwohnung. Vom ersten Augenblick ihres Zusammenseins an entwickeln Paare eine gemeinsame Sprache: Redewendungen, die für beide einen besonderen Reiz haben, für den Rest der Welt aber völlig glanzlos sind. Worte, die aus Gründen, die keiner mehr weiß, von beiden eigenwillig ausgesprochen werden. Spezialausdrücke für besondere Sachverhalte, zum Beispiel eben Sex. »Nachher lieb zu jemandem sein« klingt in unseren Ohren überaus unerotisch und lächerlich, aber diese Worte waren ja auch »Paarsprech«: gerichtet nur an eine einzige Adressatin auf der Welt. Unsere Vermutung ist, dass Paarsprech, wenn es um Sex geht, immer eine leicht ironische Komponente hat. Es gibt keine klischeefreie, frische Sprache über Sex, alles ist abertausendmal gesagt, gestöhnt und parodiert worden. Also muss man sich aus dem vorhandenen Material etwas halbwegs Eigenes zusammenbasteln, immer im Wissen, dass das, was man dann vorträgt, tendenziell abgegriffen und potentiell unfreiwillig komisch klingt. Das heißt: Statt in wortlosem Einverständnis übereinander herzufallen, müssen Menschen sich irgendwann nicht nur zum Sex verabreden; sie tun es auch noch mit leicht ironischem Unterton, in unsichtbaren Gänsefüßchen. Ist das nicht deprimierend, weil pragmatisch, verkopft, leidenschaftslos? Es kommt uns nicht so vor. Denn wenn es stimmt, was der Paartherapeut Clement über den kleinsten gemeinsamen Nenner sagt, auf den Paare sich von Anfang an beim Sex einigen, dann kann es dagegen ja nur zwei Mittel geben: miteinander reden und mutiger werden. Das Gute ist, dass die Verabredung zum Sex beides leichter macht. Jemand muss die Frage »Wann tun wir es?« auf irgendeine Art und Weise irgendwann stellen, und jemand anderes muss darauf antworten; und das ist dann schon fast ein Gespräch über Sex. Und indem das Ganze leicht ironisch behandelt wird, schafft man sich eine Art Schutzpolster, nicht nur gegen die Lächerlichkeit der zur Verfügung stehenden Worte und Redewendungen, sondern möglicherweise sogar gegen kleinere bis mittlere Verletzungen. Es ist vermutlich leichter, auf eine tendentiell alberne Frage wie »Bist du nachher ein bisschen lieb zu mir? Ich bin auch ganz sauber« ein »Nein« als Antwort zu bekommen, als bei einem wortlosen, aber leidenschaftlichen Umarmungsversuch wort- und leidenschaftslos weggeschoben zu werden.

Plan B

Tritt dann in Kraft, wenn Plan A, also die Verabredung zum Sex, aus technischen, logistischen oder gesundheitlichen Gründen nicht eingehalten werden kann. Der Sex verschiebt sich dann auf einen noch festzulegenden Zeitpunkt, in etwa 90 Prozent aller Fälle wird er aber sowieso nicht nachgeholt.

Elke Heidenreich

Alternativ auch bekannt als »literarisches Geknusper«: Diese Praktik wenden – in Maßen – Paare an, die abends vor dem Schlafen im Bett rituell noch ein halbes Stündchen lesen. Da man dabei auch ab und zu seine Position im Bett verändert, sich von der linken auf die rechte Seite dreht und wieder zurück, berührt man dabei manchmal den Partner. Wenn die Hand/das Bein dabei auf dem Körper des anderen liegen bleibt, beginnt man – nicht immer, aber an guten Tagen – nach kurzer Zeit mit leichten Streichelbewegungen, die beim Partner durchaus zu körperlicher Erregung führen können, während er noch im neuen Jonathan Franzen liest. Und plötzlich schläft man dann miteinander. Das Beste aus zwei Welten.

Der Stau-Sex

Nein, hier hat niemand Sex im Stau. Der Stau-Sex geht so: Der Mann ist morgens gut und zeitig aus dem Bett gekommen, seine Frau, die später zur Arbeit muss, hat ihm einen Kaffee gemacht, sie haben zusammen den friedlichen Tagesbeginn genossen. Beim Abschied an der Tür nimmt er sie in den Arm, küsst sie, mehr neckisch als lüstern lässt er seine Hand hinten in ihre Schlafanzughose gleiten und streichelt ihren nackten Po. Daraus wird plötzlich mehr, und die entstandene Verspätung erklärt der Mann bei der Arbeit damit, dass er eine halbe Stunde im Stau gesteckt hat.

Der Neid-Sex

Findet oft in Hotelzimmern oder Wohnhäusern mit relativ dünnen Wänden statt: Man liegt im Bett und hört durch die Wand, wie ein Paar nebenan ausdauernd vögelt – und zwar in einer beneidenswerten Art, wie man es selbst schon lange nicht mehr gemacht hat. Darauf gibt es zwei typische Reaktionen, je nach eigener Verfassung: Entweder ist man tierisch genervt, bekommt wahnsinnig schlechte Laune und wendet sich voneinander ab. Oder man kichert eine Weile teenagerhaft herum und beginnt dann, selbst aneinander herumzufummeln.

Der Vermeidungs-Sex

Findet dann statt, wenn man noch morgens im Bett liegt und überhaupt keine Lust hat. Keine Lust darauf, die Steuererklärung zu machen, die Fenster zu putzen, die Fahrräder zu reparieren – die einzige Möglichkeit, all diese Tagesordnungspunkte nicht anzugehen und trotzdem vor sich selbst nicht als faule Sau dazustehen, ist: vertrauter Wochenend-morgen-Sex.

Lotto-Sechser

Wenn man nach einem überraschend eintretenden großen Erfolgs- oder Glückserlebnis (sechs Richtige im Lotto, end-lich die lange überfällige Anerkennung im Job, Karl-Theodor zu Guttenberg tritt zurück, Freunde bitten einen, ihre Woh-nung in New York zu hüten) so aufgekratzt und überdreht ist, dass man gar nicht weiß, wohin mit seiner Freude. Und dann fällt es einem ein: ins Bett, und zwar nicht allein!

Memory-Sex

Die Frau sortiert ihren Wäscheschrank aus, findet, völlig zer-schlissen, verformt und sehr lang nicht getragen, den Slip und den BH, den sie vor sehr, sehr langer Zeit in der ers-ten gemeinsamen Nacht getragen hat. Sie nimmt die Teile, geht damit ins Wohnzimmer, wo der Mann gerade ein neues Sideboard zusammenschraubt. Sie sagt: »Guck mal, weißt du noch?« Oh ja, und ob er noch weiß, nie würde er diese Un-terwäsche vergessen, er grinst, die beiden schauen sich tief in die Augen, kichern ein bisschen – der Rest kommt von allein.

Bob

Das seltsame, verwirrende und aufregende Gefühl, mit einer relativ fremden Frau ins Bett zu gehen. Entsteht, wenn die

Frau beim Friseur war und einen typverändernden neuen Schnitt trägt, der sich deutlich von ihrer bisherigen Frisur unterscheidet.

Slapstick

Beschreibt folgende Situation: Der Mann betritt beim Vorspiel plötzlich komplett neues Terrain, weil er seine Frau a) anders und b) an einer anderen Stelle als in all den Jahren zuvor streichelt. Was sie eigentlich erregen soll, verwirrt sie nur. Verblüfft schaut sie ihn an und fragt: »Wo hast du das denn her?« Der Mann wird verlegen und will keinesfalls zugeben, dass er diese Praktik in einem Porno im Internet gesehen hat. Wie er versucht, sich aus der Nummer herauszureden und seine misstrauische Frau zu beschwichtigen – das ist Slapstick.

Der Shrek

Der Moment, wenn man als Mann nach dem Sex nackt in die Küche geht, um was zu essen zu holen, und auf dem Weg sieht man sich zufällig im Spiegel und erschrickt, weil man während des Sexes irgendwie dachte, ein deutlich attraktiverer Mann hätte ihn gerade gehabt.

Kapitel 6
Der große Partnertest: Bitte zweimal ausfüllen mit Gefühl

Wie läuft's denn so mit dem gegenseitigen Verständnis? Und wo stehen Sie, liebe Leserin und lieber Leser, eigentlich bei all dem, was wir bis hierhin besprochen haben? Testen Sie's. Und zwar getrennt: Liebe Frauen, bitte vorblättern zu Seite 98!

Für Männer: Fühlen Sie sich von Ihrer Frau verstanden?

1.) Irgendetwas beschäftigt Sie. Sie sind unruhig, unentspannt, die Woche ist nicht gut gelaufen bisher. Also beschließen Sie, am Donnerstagnachmittag mit dem Auto durch die Waschstraße zu fahren und danach mal ganz in Ruhe durchzusaugen. Um diese perfekte Situation zu genießen, in der man sich dadurch ablenkt, weil man was zu tun hat, und nach einer Weile ganz von alleine anfängt, darüber nachzudenken, was eigentlich los ist. Wahrscheinlich nichts Schlimmes, aber etwas bedrückt Sie. Sonst würden Sie ja nicht so auffällig aus Ihrer Routine ausbrechen, denn normalerweise waschen und saugen Sie das Auto am Samstagvormittag. Und das auch nur zwei-, dreimal im Jahr. Wie reagiert Ihre Frau?

a) Als Sie früher von der Arbeit kommen und sagen, Sie würden jetzt mal eben in die Waschstraße fahren, sagt sie: »Wieso? Das Auto ist doch gar nicht so schmutzig!« und schaut Ihnen misstrauisch hinterher. (2 Punkte)
b) Sie sagt gar nichts. (2 Punkte)
c) Sie ist genervt, weil sie das Auto braucht, um zum Schwimmen zu fahren. (0 Punkte)
d) Sie sagt: »Das machst du doch sonst immer nur am Samstag. Ist irgendwas?« (5 Punkte)

2.) Samstag, 18.25 Uhr. Sie sind gerade im Stadion gewesen und haben den knappen und so nicht erwarteten Heimsieg des Bundesligateams Ihres Herzens live miterlebt. Es scheint doch noch zu klappen mit dem Klassenerhalt in dieser Saison. Wer hätte das vor vier Wochen gedacht? Völlig euphorisiert werfen Sie Ihren Parka in die Ecke, schmieren sich im Vorbeigehen eine Stulle mit Käse in der Küche und greifen sich eine Literflasche Cola, werfen sich im Wohnzimmer auf das Sofa und schnappen sich die Fernbedienung. Schließlich hat die »Sportschau« schon angefangen und keinesfalls wollen Sie die Berichterstattung über das soeben Gesehene verpassen. Also schalten Sie DasErste ein und sehen Gerhard Delling bei der Anmoderation zu eben diesem Spiel. Und dann sehen Sie Ihre Frau, die sich von Ihnen unbemerkt neben das Sofa gestellt hat. Was sagt sie?

a) »Nix da, Freundchen. Samstag, 18.30 Uhr: Leute heute im ZDF. Her mit der Fernbedienung!« (3 Punkte)
b) »Äh … hallo? Verstehe ich das richtig? Du kommst aus dem Stadion, um Dir ein Spiel, das du da schon gesehen hast, noch mal anzuschauen? Hackt es jetzt oder was?« (0 Punkte)

c) »Rück mal'n Stück. Aber wehe, du verrätst, wie es ausgegangen ist!« (9 Punkte)
d) Sie sagt nichts. (5 Punkte)
e) Sie sagt: »Scheiß-Fußball«, zieht ihre Jacke an und besucht
sehr spontan eine Freundin. (4 Punkte)

3.) Ihre Frau ist gegen halb elf ins Bett gegangen. Sie haben
gesagt: »Ich komm gleich nach«, sind danach aber irgendwie
versackt. Erst vor dem Fernseher, dann im Internet, dann
haben Sie angefangen, die alte Gitarre zu stimmen, und als
Sie damit fertig waren, haben Sie Hunger bekommen und
sich noch was im Ofen überbacken. Und plötzlich war es
halb zwei. Und auch wenn Sie in fünf Stunden wieder raus
müssen: Macht nichts, es war ein schöner Abend. Als Sie ins
Bett kommen, wacht Ihre Frau auf. Wie reagiert sie?

a) Sie setzt sich auf und fragt alarmiert und dabei durchaus
vorwurfsvoll, ob Sie eigentlich irgendeine Ahnung haben,
wie spät es ist. (1 Punkt)
b) Sie sagt gar nichts und schläft weiter, nachdem sie einladend die Bettdecke zurückgeschlagen hat. (8 Punkte)
c) Sie will wissen, was Sie beschäftigt und bedrückt. Weil
sie sich nicht vorstellen kann, dass es eine andere Erklärung
für langes Aufbleiben geben kann als Sorgen oder Arbeit. (0
Punkte)
d) Sie sagt: »Jetzt hast du's geschafft, jetzt kann ich auch nicht
mehr schlafen«, nimmt ihr Bettzeug und verschwindet auf
das Wohnzimmersofa. (1 Punkt)
e) Sie nutzt die Gelegenheit, um mit Ihnen Sex zu haben. (3
Punkte)

4.) Sie sind bei einer Party von Kollegen Ihrer Frau eingela-
den. Und ganz ehrlich: Sie haben überhaupt keine Lust, da

hinzugehen. Erst konnten Sie den Termin noch verdrängen, aber je näher er rückt, desto schlechtere Laune bekommen Sie. Schließlich fangen Sie an, Ausreden zu erfinden. Und als die nicht ziehen, sagen Sie offen und ein bisschen selbstmitleidig, dass Ihnen heute »einfach nicht danach« ist. Wie reagiert Ihre Frau?

a) Sie sagt: »Ach, schade, aber ich will dich ja nicht zwingen.« Dabei wirkt sie fast ein bisschen erleichtert und macht sich viel schneller fertig als sonst. (0 Punkte)

b) Sie sagt: »Glaubst du, ich hab die letzten vierhundert Male Lust auf einen Abend mit deinen Kollegen gehabt? Und ich hab mich trotzdem zusammengerissen!« (2 Punkte)

c) Sie sagt gar nichts. (3 Punkte)

d) Sie sagt: »Bitte komm mit, dann weißt du in Zukunft, von wem die Rede ist, wenn ich über die Kollegen lästere. Und wenn's dir wirklich überhaupt nicht gefällt, tun wir nach einer Stunde so, als hätte der Babysitter angerufen, und du müsstest dringend nach Hause. Oder meinetwegen auch nach einer halben.« (8 Punkte)

5.) Die gleiche Situation, die gleiche Einladung: Sie haben genauso wenig Lust, aber in diesem Fall kommen Sie ohne Zögern mit. Aus Pflichtgefühl, aber deutlich schlecht gelaunt: Sie lassen Ihre Frau spüren, wie genervt Sie sind und wie groß das Opfer ist, das Sie bringen. Die Party ist dann wider Erwarten auf Anhieb wahnsinnig nett, Sie amüsieren sich bestens, würden am liebsten bis morgens bleiben und tanzen sogar zwischendurch. Wie reagiert Ihre Frau?

a) Sie bekommt schlechte Laune und behauptet irgendwann, der Babysitter habe angerufen und Sie müssten jetzt sofort los. (1 Punkt)

b) Sie sagt gar nichts. (5 Punkte)

c) Als Sie miteinander tanzen, zieht sie Sie an sich und brüllt Ihnen ins Ohr: »Siehst du, man weiß vorher nie, wie nett das werden kann! Echt kein Grund, immer so schlecht gelaunt zu sein.« (10 Punkte)

d) Es interessiert sie nicht, weil sie nach einer halben Stunde gegangen ist. (2 Punkte)

e) Sie fängt irgendeinen sinnlosen Streit an, weil sie Ihre aufgeräumte Stimmung nicht ertragen kann. (0 Punkte)

6.) Seit einer Woche haben Sie eine neue Kollegin. Sie finden Sie attraktiv. Nicht, dass Sie eine Versuchung für Sie wäre, aber Sie freuen sich, dass sie da ist, Sie gehen jetzt morgens ein klein bisschen lieber zur Arbeit. Na ja, unter anderen Umständen könnten Sie sich schon vorstellen, dass diese Frau etwas für Sie wäre, aber so sind die Umstände nun einmal nicht. Weil also Ihre Frau von dieser Kollegin nichts zu befürchten hat, sind Sie zu Hause ganz offen und erzählen von ihr – das, so denken Sie, sei eine gute Idee, weil Ihre Frau so nicht auf den Gedanken kommt, Sie würden ihr etwas im Zusammenhang mit dieser Kollegin verheimlichen. Was Sie Ihrer Frau bislang nicht erzählt haben: dass die Neue sehr hübsch ist. Das will Ihre Frau aber wissen, und fragt, ob Sie Ihre Kollegin eigentlich scharf finden. Sie tun so, als müssten Sie überlegen und sagen: »Puh … die sieht schon gut aus …, aber scharf … nö, das nun wirklich nicht.« Ihre Frau sieht Sie an und weiß sofort: Klar finden Sie die scharf. Wie reagiert sie?

a) Sie sagt gar nichts und grinst sich eins. (6 Punkte)

b) Sie sagt: »Tja, Schatzi, da gilt die alte Regel: Appetit kannst du dir draußen holen, aber gegessen wird zu Hause.« (7 Punkte, obwohl man das auch netter formulieren könnte)

c) Sie zwingt Sie, am nächsten Tag zu kündigen. (0 Punkte)

d) Sie schlägt vor, die neue Kollegin und ihren Mann doch

mal zum Grillen einzuladen: »Die hat doch einen Mann, oder?« (3 Punkte)

e) Sie sagt gar nichts und lässt Sie in der kommenden Nacht auf dem Sofa schlafen. (1 Punkt)

7.) Sie haben das Ferienhaus in Dänemark aus Versehen für die falsche Woche gebucht. Das Geld ist futsch, und jetzt sind keine Häuser mehr frei. Wie reagiert Ihre Frau?

a) »Ach Schatz, ist doch nicht so schlimm. Wenn du pro Woche eine Flasche Wein weniger trinkst, haben wir das in einem Jahr wieder raus.« (0 Punkte)

b) »Bist du bescheuert? Das Golfwochenende mit deinen Freunden in Fleesensee ist ersatzlos gestrichen.« (1 Punkt)

c) Ihre Frau sagt gar nichts. (3 Punkte)

d) Sie sagt »Shit happens« und fordert Sie auf, den Fehler wiedergutzumachen, indem Sie irgendeine Alternative finden. (7 Punkte)

e) Sie sagt »Shit happens« und fordert Sie auf, bis auf weiteres die Finger von Online-Buchungen zu lassen. Dann setzt sie sich selbst an den Computer und findet eine Alternative. (6 Punkte)

8.) Seit Wochen fühlen Sie sich abgeschlagen, ausgeknockt, Sie husten und röcheln in einer Tour – man könnte fast sagen, es geht Ihnen nicht besonders gut. Sie sind auch schon beinahe so weit, sich das selbst einzugestehen. Aber nur beinahe. Und deswegen zum Arzt? Ach was. Stundenlang im Wartezimmer herumsitzen, das ist nichts für Sie, schon gar nicht wegen so einem Kleinkram. Das sagen Sie auch Ihrer Frau, die Sie drängt, endlich professionellen medizinischen Rat einzuholen. Wie reagiert sie auf Ihre ablehnende Haltung?

a) Sie sagt schnippisch: »Selbst Schuld. Aber erwarte nicht, dass ich dich wieder aufpäppele, wenn du übermorgen richtig flach liegst.« (1 Punkt)

b) Sie sagt nichts. (3 Punkte)

c) Sie streichelt seufzend Ihr Haupthaar und sagt: »Weißt du was? Jetzt legst du dich erstmal hin, ich mache dir eine schöne Hühnersuppe, und morgen ist alles wieder gut.« (5 Punkte)

d) Sie sagt: »Na gut. Du bist ja erwachsen, du musst selbst wissen, was du tust. Aber wenn es übermorgen nicht besser ist, fahre ich dich persönlich zum Arzt. Verstanden?« (7 Punkte)

e) Sie schüttelt den Kopf und sagt: »Typisch Mann.« (0 Punkte)

9.) Es ist mitten in der Nacht. Ihre Frau liegt neben Ihnen und atmet auf jene ruhige und gleichmäßige Art, die auf einen gesegneten Tiefschlaf schließen lässt. Sie dagegen sind hellwach. Sie liegen auf dem Rücken und starren an die Decke. Sie können den warmen, schweren Bettgeruch Ihrer Frau wahrnehmen, sie riecht gut, ihre nackte Schulter schimmert im kurzen Trägernachthemd verlockend, das rechte Bein, das auf ihrer Bettdecke liegt, auch, die hochgerutschte Nachtwäsche legt ihren Slip frei. Sie würden jetzt sehr gern mit ihr schlafen, aber eine Frau um 2.24 Uhr mitten in der Arbeitswoche zu wecken, um sie um Sex zu bitten – das ist eine bedingt gute Idee. Langsam, eigentlich nur, um zu probieren, wie es sich anfühlt, beginnen Sie, an sich herumzuspielen. Sie wollen gar nicht, dass es bis zum Äußersten kommt, können aber auch nicht aufhören. Irgendwann lässt es sich nicht mehr leugnen: Sie masturbieren, flach atmend und auf minimale Bewegungen bedacht, und das direkt neben Ihrer schlafenden Frau. Bis zu dem Moment, wo sie ruckartig den

Kopf hebt und ihn in Ihre Richtung dreht. Sie merkt genau, was vor sich geht. Aber was sagt sie?

a) Sie sagt nichts, dreht sich wieder um und tut so, als würde sie einfach weiterschlafen. (4 Punkte)

b) Sie sagt: »Sag mal, holst du dir hier gerade einen runter? Weißt du eigentlich, wie eklig das ist?« und schickt Sie für den Rest der Nacht aufs Sofa. (0 Punkte)

c) Sie sagt nichts und verschwindet selbst mit ihrem Bettzeug aufs Sofa. (2 Punkte)

d) Sie sagt: »Ich hoffe, du hast dabei wenigstens an mich gedacht.« (7 Punkte)

e) Sie sagt nichts, dreht sich ganz zu Ihnen um, kuschelt sich an Sie und geht Ihnen zur Hand. (9 Punkte)

f) Sie sagt: »Schon okay, das muss dir nicht peinlich sein. Aber könntest du vielleicht im Badezimmer weitermachen? Ich muss morgen früh raus.« (3 Punkte)

10.) Ein schöner Sommerabend. Nach dem Abendbrot gehen Sie mit den Kindern noch mal kurz raus in den Park. Auf dem Rückweg kommen Sie an einer Eisdiele vorbei, und natürlich wollen die Kinder ein Eis. Dabei hatten sie schon Nachtisch. Sie denken: Ach, verdammt, warum nicht? Und zu ihrer großen Freude und Verblüffung bekommen die Kinder ein ganz schön großes Eis. Das noch lange nicht aufgeschleckt ist, als Sie wieder zu Hause eintreffen. Wie reagiert Ihre Frau?

a) Sie sagt gar nichts. (8 Punkte)

b) Sie sagt: »Ach, das finde ich schön, dass du auch mal fünfe gerade sein lassen kannst. Mir fällt das immer so schwer. Ich frage mich, ob ich da manchmal nicht vielleicht zu streng bin.« (4 Punkte)

c) Sie sagt: »Kein Wunder, dass die Kinder dich lieber haben als mich.« (0 Punkte)

d) Sie fragt: »Und wo ist *mein* Eis?« (10 Punkte)

e) Sie sagt: »Typisch: Den ganzen Tag erziehe ich die Kinder, und abends kommst du und machst alles zunichte.« (0 Punkte)

Zählen Sie nun bitte Ihre erreichten Punkte zusammen. Wie gut Sie sich von Ihrer Frau verstanden fühlen, entnehmen Sie der Auswertung:

0 bis 27 Punkte

Lassen Sie es uns vorsichtig ausdrücken: Falls Sie diese Testfragen ehrlich beantwortet haben, dann, ja, äh, dann sind Sie entweder mit einer wirklich schwierigen Frau zusammen oder Sie sind ein so schwieriger Typ, dass man bei Ihnen einfach nur auf Durchzug schalten oder auf Konfrontation gehen kann. Vielleicht haben Sie aber auch geschummelt, um sich interessant zu machen.

Nach der Auswertung der Punkte fühlen Sie sich von Ihrer Frau jedenfalls nicht oder definitiv wenig verstanden. Zu wenig. Vermutlich fühlen Sie sich regelrecht terrorisiert und unterdrückt. Denn egal, um welchen Lebensbereich es geht, Alltagsmissgeschicke, melancholische Zustände, Erziehungsaussetzer oder was auch immer: Das Gefühl, nichts richtig machen zu können, dürfte Ihnen vertraut sein. Vermutlich finden Sie sich immer wieder in Diskussionen und Streitgesprächen wieder, in denen alles, was Sie sagen, gegen Sie verwendet wird, und in denen sich jede vernünftige Argumentation durch den scharfen Blick Ihrer Frau in Treibsand verwandelt.

Vielleicht brauchen Sie einen Neustart. Wie bitte? Mit einer anderen Frau? Das haben *Sie* jetzt gesagt. Wir dachten eher an so was altmodisch Unverfängliches wie eine Paartherapie. Vermutlich hätten Sie das Überraschungsmoment auf Ihrer Seite, wenn Sie eine vorschlügen. Und der klare Vorteil ist, dass ein neutraler Beobachter und Moderator Ihnen helfen kann, die unter all der Verständnislosigkeit verschütteten Gemeinsamkeiten wiederzufinden. Deshalb sollten Sie darauf achten, dass der Paartherapeut nicht aus dem Freundeskreis Ihrer Frau kommt.

28 bis 57 Punkte

Herzlichen Glückwunsch, ein mittleres Ergebnis! Haben Sie das öfter? Dreier-Abi, Mittelklasse-Wagen, mittleres Einkommen, und im Flugzeug gehören Sie auch immer zu den Leuten, die keinen Platz am Fenster oder am Gang kriegen, sondern nur noch einen in der Mitte? Oder, Moment: Bitten Sie möglicherweise beim Einchecken ausdrücklich um einen Platz in der Mitte, obwohl durchaus noch andere frei wären? Einfach, weil Sie sich in der Mitte am wohlsten fühlen? Oder aus Selbsthass? Denken Sie mal drüber nach. Aber nicht jetzt, denn wir sind noch nicht fertig.

Der Glückwunsch war jedenfalls ernst gemeint, denn es ist immer schön, noch Potential nach oben zu haben. Sie fühlen sich von Ihrer Frau oft verstanden, aber nicht in jeder Lebenslage, und nicht bis zur letzten Konsequenz. Vermutlich hat Ihre Frau sich an Sie gewöhnt und im Laufe der Beziehung gelernt, dass bestimmte verständnisvolle Verhaltensweisen ihr das Leben mit Ihnen einfacher machen. Das ist absolut vernünftig und muss für Sie kein Nachteil sein: Zum Beispiel ist einfach mal nichts sagen ein Konfliktvermeidungsritual, das, situativ angepasst, genauso gut funktioniert wie echtes, tief empfundenes Verständnis.

Aber Sie spüren vermutlich: Da wäre noch mehr drin. Und vielleicht betrachten Sie dieses Testergebnis als Einladung, sich innerlich darüber zu beklagen, dass Ihre Frau Sie nur etwa zur Hälfte versteht. Damit kann man sich entweder abfinden oder man kann es düster sehen und sich in Krisensituationen mit dem Satz »Du verstehst mich einfach nicht!« beschweren. Sie könnten aber auch was tun.

Zum Beispiel: sich selbst eine Frage stellen. Und zwar dieselbe Frage, die Sie von Ihrer Frau hin und wieder in der Endphase eines Streits zu hören kriegen. Dann, wenn der Konflikt eigentlich schon fast beigelegt ist, wenn Sie erklärt haben, warum Sie sich verhalten haben, wie Sie sich verhalten haben. Wenn es also soweit ist, wird Ihre Frau im günstigen Fall fragen: »Woher soll ich das denn wissen?« Weil ihr im Laufe des Streitgesprächs klargeworden ist, dass Sie nicht aus Gleichgültigkeit, sondern wegen des Stresses und der Überforderung vergessen haben, die Waschmaschine anzustellen. Aber sie versteht nicht, warum Sie das nicht gleich erklärt haben. Meistens reagieren Sie auf diese Frage mit einem Achselzucken, denn jetzt ist ja schon fast alles wieder gut. Aber es lohnt sich, sich genau die gleiche Frage zu stellen, bevor es zum Streit kommt, immer dann, wenn man sich unverstanden fühlt: Woher soll sie das denn wissen? Woher soll sie wissen, warum es mir wichtig ist, ein Fußballspiel zweimal zu sehen, die halbe Nacht grundlos aufzubleiben, den Kindern ein pädagogisch und ökotrophologisch betrachtet unsinniges Eis zu spendieren? Ja, woher eigentlich? Haben Sie es wirklich mal gesagt? Oder haben Sie es immer nur irgendwie ausgestrahlt oder mitschwingen lassen?

Wie gesagt: Das könnte man machen. Es sei denn, Sie fühlen sich einfach wohl auf dem mittleren Platz. Dann lassen Sie um Gottes willen alles, wie es ist.

58 bis 80 Punkte

Herzlichen Glückwunsch, Sie haben eine verständnisvolle Frau. Und zwar eine, die nicht nur einfach Verständnis hat. Verständnis haben, das klingt immer leicht entschuldigend, so, als würde man die Macken und Eigenheiten des anderen ein wenig gönnerhaft tolerieren. Und wenn jemand für etwas »vollstes Verständnis« hat, ist das in den meisten Fällen ein Indiz für Ratlosigkeit, Desinteresse oder mühsam unterdrückte Ablehnung. Nein, vermutlich haben Sie eine Frau, die Sie wirklich versteht: eine, die begreift, wie es Ihnen geht, und die weiß, wann Sie in Ruhe gelassen werden möchten und wann Sie darauf angewiesen sind, dass jemand Sie aus der Reserve beziehungsweise aus Ihrer leichten Verstocktheit lockt.

Vermutlich gibt es Männer, die Sie um Ihre Frau beneiden. Darunter sicher nicht wenige, die sich fragen, womit ein Typ wie Sie eine so tolle Frau verdient hat. Ganz ehrlich: Die Frage sollten Sie sich auch hin und wieder stellen. Die Versuchung ist nämlich groß, einer Frau, die einen versteht, mehr zuzumuten als einer, die einen nicht versteht: Manchmal ist es nur ein kleiner Schritt vom Sich-verstanden-fühlen zum Sich-gehen-lassen, nach dem Motto: Ist jetzt nicht so toll, was ich mir da leiste, aber sie versteht mich schon, so bin ich eben, und sie nimmt mich, wie ich bin.

Also: Statt sich im Ergebnis dieses Psycho-Tests zu sonnen, sollten Sie sich darüber im Klaren sein, dass Arbeit auf Sie wartet. Das beginnt mit der Frage, ob Sie Ihre Frau eigentlich genauso gut verstehen, wie Sie sich von ihr verstanden fühlen. Möglicherweise leben Sie auch in einer dieser seltsamen Beziehungen, wo der eine Partner viel Verständnis für den anderen hat, der andere sich aber im Grunde nur für sich selbst interessiert. Ganz im Ernst: Auf uns wirken Sie wie ein Typ, auf den das zutreffen könnte. Aber vielleicht sind wir auch nur neidisch.

Für Frauen: Verstehen Sie Ihren Mann?

1.) Am Donnerstagnachmittag kommt Ihr Mann früher von der Arbeit nach Hause und murmelt nur irgendwas in Richtung, er müsse jetzt mal das Auto waschen. Wie reagieren Sie?

a) Sie sagen: »Wieso? Das Auto ist doch gar nicht so schmutzig!« und durchsuchen später seine Jacke unauffällig nach der Quittung von der Waschstraße, denn Sie sind ja nicht blöd: Wer weiß, was der in Wahrheit am Donnerstagnachmittag macht und mit wem! (0 Punkte)

b) Sie sagen gar nichts, nehmen sich aber vor, ihn am Abend oder am nächsten Morgen mal in aller Ruhe in ein Gespräch zu verwickeln. Denn eigentlich wäscht er das Auto, wenn überhaupt, samstags. Irgendwas ist also mit ihm. Und wer weiß, wenn die Situation stimmt, erzählt er vielleicht sogar, was ihn bedrückt. (8 Punkte)

c) Sie sind genervt: Eigentlich wollten Sie mit dem Auto jetzt zum Schwimmen fahren, denn mit nassen Haaren sitzen Sie nicht gern auf dem Fahrrad. (0 Punkte)

d) Sie sagen: »Das machst du doch sonst immer nur am Samstag. Ist irgendwas?« Und ärgern sich ein bisschen, weil Sie darauf nur ein Brummeln zur Antwort erhalten. (4 Punkte)

2.) Samstag, 18.25 Uhr. Sie hören, wie sich der Schlüssel im Türschloss dreht. Ihr Mann kommt nach Hause. Er war im Fußball-Stadion bei einem Spiel seines Lieblingsvereins, hat er schon lange nicht mehr gemacht, das freut Sie auch für ihn – abgesehen davon, dass Sie dadurch ganz nebenbei für sich mal einen netten, freien Nachmittag hatten. Sie hören, wie er in der Küche klappert, ein paar Sekunden später geht der Fernseher an. Seine grußlose Ankunft verwirrt Sie, Sie machen sich auf den Weg ins Wohnzimmer. Als Sie dort eintreffen, sehen Sie auf dem Bildschirm, wie Gerhard Delling in der Sportschau gerade das Spiel ansagt, das Ihr Mann soeben live im Stadion angesehen hatte. Wie reagieren Sie?

a) Sie sind total verblüfft. Sie haben sich ja auch schon mal Filme doppelt angeschaut – aber dasselbe Programm innerhalb von zwei Stunden noch einmal? Das befremdet Sie und Sie sagen das auch. (1 Punkt)

b) Fußball ist ohnehin nicht so Ihr Ding. Und wenn der feine Herr jetzt immer noch keine Zeit hat, sich mit Ihnen zu beschäftigen – was sollen Sie dann hier? Sie schnappen sich Ihre Jacke vom Garderobenhaken und besuchen spontan eine Freundin. (2 Punkte)

c) Sie wissen zwar nicht so genau, warum man sich das Ganze jetzt noch mal im Fernsehen anschauen muss, aber seine ungewohnte Begeisterungsfähigkeit fasziniert Sie. Sie sagen »Rück mal'n Stück. Aber wehe, du verrätst, wie es ausgegangen ist« und setzen sich neben ihn. (9 Punkte)

d) So geht das nicht. Er hatte seinen Spaß, aber irgendwann ist ja auch mal genug. Sie fordern die Fernbedienung ein und schalten auf eine Klatschsendung um. (0 Punkte)

e) Sie sagen nichts. (3 Punkte)

3.) Sie sind gegen halb elf ins Bett gegangen. Ihr Mann hat gesagt: »Ich komm gleich nach«, was meistens heißt: Er kommt in etwa einer Stunde, und es kommt selten vor, dass *Sie* dann noch wach sind. Hin und wieder wird es noch später, zum Beispiel dieses Mal: Als er ins Schlafzimmer kommt, wachen Sie auf und sehen aus dem Augenwinkel, dass der Wecker halb zwei zeigt. Wie reagieren Sie?

a) Sie setzen sich auf und fragen gespielt alarmiert und dabei so vorwurfsvoll wie möglich, ob er eigentlich irgendeine Ahnung hat, wie spät es ist. (1 Punkt)

b) Sie sagen gar nichts und tun so, als würden Sie weiterschlafen, nachdem Sie einladend die Bettdecke zurückgeschlagen haben. Insgeheim nehmen Sie sich vor, in Zukunft mal wieder häufiger gemeinsam ins Bett zu gehen. (8 Punkte)

c) Sie fragen ihn, was ihn beschäftigt und bedrückt. Denn, ganz im Ernst: Der Kerl muss in fünf Stunden wieder raus, und wenn er seinen Nachtschlaf nicht zu schätzen weiß, dann hat er entweder viel zu viel Arbeit oder Sorgen. Vielleicht stimmt was mit den Konten nicht. Oder er hat Depressionen. Irgendwas ist da, und Sie werden es herausfinden. (0 Punkte)

d) Sie sind echt sauer und sagen: »Jetzt hast du's geschafft, jetzt kann ich auch nicht mehr schlafen«, nehmen ihr Bettzeug und verschwinden auf das Wohnzimmersofa. (1 Punkt)

e) Weil Sie bereits drei Stunden Schlaf hinter sich haben, fühlen Sie sich ausgeruht und erfrischt, und weil er süß aussieht, wie er da mit seiner Hose in der Hand ins Zimmer geschlichen kommt, entscheiden Sie sich für späten Sex und fangen an, ihn zu verführen. Und wundern sich dann allerdings darüber, dass er darauf verhalten reagiert. (3 Punkte)

4.) Seit Wochen freuen Sie sich auf die Party bei Ihren Kollegen, und Sie haben Ihren Mann oft genug daran erinnert, wann der Termin ist. Jetzt tut er so, als hätte er heute Abend schon was anderes vor, und als das nicht zieht, kann er seine schlechte Laune endgültig nicht mehr verbergen: Er hat offenbar überhaupt keine Lust, mit Ihnen auf die Party zu gehen. Schließlich sagt er selbstmitleidig, ihm sei »heute nicht danach«. Wie reagieren Sie?

a) Ganz im Ernst: Diese Kollegenparty wird definitiv lustiger ohne griesgrämigen Lebensgefährten. Sie sagen daher großzügig: »Ach, schade, aber ich will dich ja nicht zwingen.« Und dann nichts wie weg und hoch die Tassen! (5 Punkte)

b) Sie sagen: »Glaubst du, ich hab die letzten vierhundert Male Lust auf einen Abend mit deinen Kollegen gehabt? Und ich hab mich trotzdem zusammengerissen!« Dabei fanden Sie die Partys, auf die Sie anspielen, eigentlich gar nicht so schlimm, und es waren auch höchstens drei oder vier. (0 Punkte)

c) Sie sagen gar nichts. Wie sollte man dieses kindische Verhalten auch kommentieren? (3 Punkte)

d) Sie sagen: »Bitte komm mit, dann weißt du in Zukunft, von wem die Rede ist, wenn ich über die Kollegen lästere. Und wenn's dir wirklich überhaupt nicht gefällt, tun wir nach einer Stunde so, als hätte der Babysitter angerufen, und du müsstest dringend nach Hause.« Als Sie sehen, dass seine Stimmung sich aufhellt, aber noch nicht genügend, fügen Sie hinzu: »Oder meinetwegen auch nach einer halben.« (8 Punkte)

5.) Die gleiche Situation, die gleiche Einladung: Ihr Mann hat genauso wenig Lust, aber in diesem Fall kommt er ohne Zögern mit. Aus Pflichtgefühl, aber deutlich schlecht gelaunt: Er lässt Sie so richtig spüren, wie genervt er ist und was für ein großes Opfer er bringt. Einmal auf der Party angekommen, passiert Erstaunliches: Ihr Mann amüsiert sich wie Bolle, ignoriert alle Aufbruchversuche und tanzt sogar. Wie reagieren Sie?

a) Sie bekommen schlechte Laune und sind regelrecht erleichtert, als der Babysitter anruft und darum bittet, dass Sie nach Hause kommen sollen. (1 Punkt)

b) Sie sagen gar nichts. (5 Punkte)

c) Als Sie miteinander tanzen, ziehen Sie ihn an sich und brüllen ihm ins Ohr: »Siehst du, man weiß vorher nie, wie nett das werden kann! Echt kein Grund, immer so schlecht gelaunt zu sein.« Das muss einfach mal gesagt werden. (10 Punkte)

d) Es interessiert Sie nicht, weil Sie nach einer halben Stunde ins dunkle Treppenhaus gegangen sind, um vor der Dachbodentür mit dem Kollegen aus dem Vertrieb erst zu rauchen und dann zu knutschen. (2,5 Punkte)

e) Sie fangen einen Streit an, dessen Thema Sie seit langem bewegt, und auf den Sie sich akribisch vorbereitet haben, weil Sie seine aufgeräumte Stimmung nicht ertragen können. (0 Punkte)

6.) Neuerdings geht Ihr Mann morgens wieder pünktlich zur Arbeit. Und das auch noch gut gelaunt. Und abends erzählt er Ihnen dann ziemlich viel von dieser neuen Kollegin, allerdings betont beiläufig – ganz so wie jemand, der unbedingt zeigen möchte, dass er nichts zu verbergen hat. Sie warten darauf, dass er etwas über die körperlichen Attribute der Dame sagt. Das tut er nicht, also fragen Sie: »Findest du sie eigentlich scharf?« Er tut so, als müsse er überlegen und sagt: »Puh … die sieht schon gut aus …, aber scharf … nö, das nun wirklich nicht.« Sie wissen sofort: Klar findet er sie scharf. Wie reagieren Sie?

a) Sie wittern Gefahr. Und Sie wissen: In Gefahrensituationen ist es wichtig, die Kontrolle zu behalten. Das geht nur, wenn Sie sich die Gefahrenquelle mal aus der Nähe anschauen und analysieren können. Deshalb sagen Sie: »Klingt nett. Lade sie mit ihrem Mann doch nächste Woche mal zum Grillen ein. Sie hat doch einen Mann, oder?« (4 Punkte)
b) Sie sagen nichts. War was? (7 Punkte)
c) Sie sind verletzt. Wenn er andere Frauen attraktiv findet, verlässt er eindeutig das gemeinschaftlich abgesteckte Terrain. Sie wollen ihn heute nicht mehr sehen und bitten ihn, auf dem Sofa zu schlafen. (1 Punkt)
d) Sie sagen gar nichts und grinsen sich eins. Schließlich sind Sie erwachsen und wissen: Auch andere Mütter haben schöne Töchter. Und andere Väter scharfe Söhne, was Ihr Nachbar beweist. Gucken wird ja wohl mal erlaubt sein. (6 Punkte)
e) Sie bitten ihn freundlich, morgen zu kündigen. Anderenfalls würden Sie die Scheidung einreichen. (0 Punkte)

7.) Ihr Mann hat das Ferienhaus in Dänemark aus Versehen für die falsche Woche gebucht. Das Geld ist futsch, und jetzt sind keine Häuser mehr frei. Wie reagieren Sie?

a) Mit Sarkasmus: »Ach, Schatz, ist doch nicht so schlimm. Wenn du pro Woche eine Flasche Wein weniger trinkst, haben wir das in einem Jahr wieder raus.« (0 Punkte)

b) Einfach nur wütend: »Bist du bescheuert? Das Golfwochenende mit deinen Freunden in Fleesensee ist gestrichen.« (1 Punkt)

c) Sie sagen gar nichts. (3 Punkte)

d) Sie sagen »Shit happens« und fordern ihn auf, den Fehler wiedergutzumachen, indem er irgendeine Alternative findet. Dann drücken Sie die Daumen, dass er diesmal die Online-Formulare richtig ausfüllt. (7 Punkte)

e) Sie sagen »Shit happens« und fordern ihn auf, bis auf weiteres die Finger von Online-Buchungen zu lassen. Dann setzen Sie sich selbst an den Computer und finden eine Alternative, die zwar doppelt so teuer, aber dafür auch viel schöner ist. (6 Punkte)

8.) Sie können es fast nicht mehr mit anschauen. Ihr Mann ist alles andere als auf dem Damm. Er quält sich seit geraumer Zeit durch den Alltag, hustet Ihnen die Bude voll und sieht so aus, als könnte er eine sechswöchige Schlafkur an der Nordsee ganz gut gebrauchen. Macht er aber nicht. Er meldet sich ja nicht mal krank, als ob die Firma ohne ihn Insolvenz anmelden müsste. Und behauptet, da sei ja nichts, »pah, das bisschen Erkältung«. Sie aber sind sich sicher: Der Mann braucht einen Arzt. Was sagen Sie zu ihm?

a) Nichts. (3 Punkte)

b) Sie sagen zärtlich: »Typisch Mann.« (0 Punkte)

c) Sie sagen: »Okay, du bist ja erwachsen. Du wirst ja selbst am besten wissen, was gut für dich ist.« Und genau das denken Sie auch, Sie haben ihn ja auch wegen seines starken Charakters geheiratet. (6 Punkte)

d) Sie sagen: »Okay, du bist ja erwachsen. Du wirst ja selbst am besten wissen, was gut für dich ist.« Aber Sie denken: Was für ein bescheuerter Kindskopf. Der soll nicht denken, dass ich ihn wieder aufpäppele, wenn er in zwei Tagen richtig flachliegt. (2 Punkte)

e) Sie streicheln ihm seufzend sein Haupthaar und sagen: »Weißt du was? Jetzt legst du dich erstmal hin, ich mache dir eine schöne Hühnersuppe, und morgen ist alles wieder gut.« Denn Sie wissen: Er kann sich einfach nicht eingestehen, wenn er Hilfe braucht. Dann muss man sie ihm eben so zukommen lassen. Sie brauchen ihn ja schließlich noch. (4 Punkte)

f) Sie sagen: »Morgen gehst du zum Arzt. Basta.« (7 Punkte)

9.) Es ist mitten in der Nacht. Sie schlafen tief und fest – bis Sie durch etwas geweckt werden, das Sie im ersten Moment nicht so recht deuten können. Der Wecker neben Ihrem Bett zeigt 2.29 Uhr, und die Matratze vibriert leicht. Ein Erdbeben? Eher nicht. Sie lauschen auf Geräusche, da ist nichts – doch, Moment: Sie hören, wie Ihr Mann schnell, aber flach und unterdrückt atmet. Und plötzlich wird Ihnen klar, was da hinter Ihrem Rücken vor sich geht: Ihr Mann befriedigt sich selbst. Wie reagieren Sie?

a) Sie tun so, als würden sie nichts merken, hören zu, bis er fertig ist, und versuchen dann, weiterzuschlafen. (5 Punkte)

b) Sie haben ja kein Problem damit, dass er masturbiert, aber dabei sein wollen Sie auch nicht. Deshalb stehen Sie wortlos auf, schnappen sich Ihr Bettzeug und ziehen auf die Couch im Wohnzimmer um. (2 Punkte)

c) Sie sind empört, fühlen sich in Ihrer nächtlichen Wehrlosigkeit beschmutzt und sagen ihm das auch. Danach weigern Sie sich, den Rest der Nacht mit ihm zu teilen – er muss das Zimmer verlassen. (0 Punkte)

d) Sie spüren, dass Ihr Mann entweder erregt ist oder Druck

ablassen muss – oder beides. So gut kennen Sie ihn schließlich schon, dass Sie wissen: Er braucht das jetzt. Und dieses Bedürfnis wollen Sie plötzlich mit ihm teilen. Sie drehen sich um, überspielen sein Erschrecken über das Erwischtwerden mit einem Kuss und einem Lächeln und legen selbst Hand an. Wer weiß, vielleicht bekommen Sie ja selbst noch Lust. (10 Punkte)

e) Sie lassen ihn wissen, dass Sie wissen, was er gerade tut. Sie lassen ihn aber auch wissen, dass es im Prinzip für Sie okay ist – vielleicht nur nicht gerade hier und jetzt. Sie verweisen ihn daher auf das Badezimmer. (3 Punkte)

10.) Nach dem Abendbrot will Ihr Mann mit den Kindern noch mal in den Park, obwohl es dafür eigentlich schon zu spät ist. Als sie zurückkommen, haben alle ein riesiges Eis in der Hand. Wie gesagt: nach dem Abendbrot, Nachtisch hatten auch schon alle gehabt, und eigentlich wäre jetzt Zähneputzen der nächste Programmpunkt gewesen. Wie reagieren Sie?

a) Sie sagen gar nichts. (8 Punkte)

b) Sie sind wütend, versuchen es aber irgendwie anders rüberzubringen: »Ach, das finde ich schön, dass du an so einem herrlichen Abend mal fünfe gerade sein lassen kannst. Mir fällt das immer so schwer, ich frage mich, ob ich da manchmal nicht vielleicht zu streng bin.« (4 Punkte)

c) Sie werden gezielt unsachlich, um ihm ein bisschen den Spaß zu verderben, und sagen: »Kein Wunder, dass die Kinder dich lieber haben als mich.« (0 Punkte)

d) Sie fragen: »Und wo ist *mein* Eis?« (10 Punkte)

e) Sie sind wütend und versuchen, es genauso auch rüberzubringen: »Typisch! Den ganzen Tag erziehe ich die Kinder, und abends kommst du und machst alles zunichte.« (0 Punkte)

Zählen Sie nun bitte Ihre erreichten Punkte zusammen. Wie gut Sie
Ihren Mann verstehen, entnehmen Sie der Auswertung:

0 bis 28 Punkte

Es wird Sie nicht überraschen und vermutlich auch nicht ver-
letzen, wenn wir Ihnen ganz klar sagen: Nein, Sie verstehen
Ihren Mann nicht. Für Sie ist er Oswalt Kolles sprichwört-
liches »unbekanntes Wesen«, ein seltsamer Fremdkörper,
mit dem Sie zwar das Leben teilen, aber ansonsten praktisch
nichts. Sie verstehen nicht, warum er lieber abhaut und das
Auto wäscht, als sich mit Ihnen in Ruhe darüber zu unterhalten, dass ihn etwas bedrückt. Sie verstehen nicht, warum
er sich nachts im Bett einen runterholt, statt drei Stunden
vorher mit Ihnen zu schlafen. Sie verstehen nicht, dass er den
Kindern zehnmal Eis vorm Zähneputzen verbietet und einmal nicht. Sie verstehen nicht, dass er ein Fußballspiel erst im
Freien und dann noch mal im Wohnzimmer anschaut. Sie sagen: Das hat doch kein System, das macht doch keinen Sinn!

Und wir können Ihnen nicht einmal widersprechen. Aber
wäre es nicht schön, sich zumindest ansatzweise einzulassen
auf das Seltsame und Sinnlose? Ist es nicht das, was das Leben
zauberhaft macht: das Unerklärliche, das Planlose? Und wäre
es wirklich so paradox, Sachen einfach von sich aus zu verstehen, ohne dass sie einem ausführlich erklärt werden müssen?

Möglicherweise sind Sie aber auch einfach eine echte Old-
School-Braut, die von Anfang an für sich beschlossen hat,
dass Männer große Kinder sind, denen man nichts durchgehen lassen darf, sonst tanzen sie einem auf der Nase rum.
Damit können wir umgehen, wir respektieren es so, wie wir
jede Form von Klarheit respektieren.

29 bis 57 Punkte

Traditionell ist das mittlere Ergebnis bei Psychotests eigentlich immer das Beste. Wer die Höchstpunktzahl erreicht,
wird in der Auswertung zwischen den Zeilen gern als streber-

haft, unehrlich oder zwangskrank dargestellt. Wer bloß Mindestpunkte erreicht, muss sich mit einem leicht mitleidigen, distanzlos aufmunternden Ton Lebenshilfe geben lassen. In diesem Fall aber freuen Sie sich zu früh, wenn Sie erleichtert sind, in der Mitte gelandet zu sein. Denn an Sie müssen wir ein paar strenge Worte richten.

Falls Sie nämlich oft eine Antwort angekreuzt haben, bei der es mehr als null Punkte, aber auch nicht die Höchstpunktzahl gab, haben wir einen Verdacht: Sie sind eine ganz schön gewiefte Verstehensschwindlerin. Sie sagen Ihrem Mann oft, dass Sie ihn verstehen, und Sie handeln, als würden Sie es tun, aber dabei entscheiden Sie sich meist für die helfende und damit leicht bevormundende Variante.

Das heißt, Sie sollten sich selbstkritisch fragen, ob Sie nicht manchmal einfach nur so *tun*, als würden Sie Ihren Mann verstehen. Weil Sie merken, dass er dann zufrieden ist und weniger Schwierigkeiten macht. Und weil Sie es gleichzeitig beim besten Willen nicht lassen können, ihm in alltäglichen Konfliktsituationen die Verantwortung abzunehmen. Um so gleichzeitig die Kontrolle über ihn zu behalten, der er sich eigentlich entziehen möchte.

Das Leben mit einer Frau wie Ihnen kann sehr anstrengend sein, weil man als Partner regelmäßig hin und her geworfen wird zwischen dem Gefühl »Sie versteht mich« und dem Gefühl »Sie hat keine Ahnung, wer ich bin, aber sie will mich um jeden Preis kontrollieren«. Man kann es natürlich auch als große Herausforderung betrachten, als spannende Achterbahnfahrt.

58 bis 84 Punkte

Wow. Sie kennen sich wirklich gut aus mit Ihrem Mann. Sie verstehen ihn. Sie sind eine Meisterin darin, das schwierige Gleichgewicht zu halten zwischen: ignorieren, machen lassen, gezielt nachfragen und fordern. Keine Ahnung, wie Sie das geschafft haben, aber mit Ihnen lässt es sich bestimmt gut aushalten. Es sei denn, Ihr derzeitiger Lebensgefährte fängt an, Sie wegen völliger Verständlichkeit zu langweilen.

Wir haben dieses Buch geschrieben, weil wir der Ansicht sind, dass Männer und Frauen einander nicht so gut verstehen, wie sie es könnten, das heißt: Wir sind total pro Verstehen. Aber da Sie eine extrem hohe Punktzahl erreicht haben, liegt die Vermutung nahe, dass dahinter, wie gut Sie Ihren Mann verstehen, womöglich erste Anzeichen einer beginnenden gepflegten Gleichgültigkeit stecken. So, wie man zu jemandem, der einem lang und ausführlich etwas schwer Nachvollziehbares erzählt, gelangweilt »Ja, ja, ich versteh' schon« sagt, einfach, um sich mit der Sache nicht auseinandersetzen zu müssen. Und wenn das nicht zutrifft, dann möchten wir doch zumindest warnen: Eine gerade perfekte Männerversteherin wie Sie könnte, bei bösem Licht betrachtet, durchaus überheblich wirken. Denn so leicht sind wir nun auch wieder nicht zu verstehen! Zumindest möchten wir das gern glauben.

Aber in Wahrheit liegt das Geheimnis, einen Mann oder eine Frau zu verstehen, vermutlich darin, dass man sich selbst versteht. Wir möchten Sie uns also gerne als weise, in sich ruhende Frau vorstellen. Und wir hoffen, dass Sie zu klug sind, um einem windigen Typen auf den Leim gegangen zu sein, der die ganze Zeit von Ihrem Verständnis profitiert und viel zu wenig zurückgibt.

Kapitel 7
So wird das auch nichts: Wie Beziehungen
aussehen, wenn wir nicht über Gefühle reden

In den meisten Partnerschaften wird ganz schön viel darüber geredet, wem's gerade wie geht und wie das sich für den anderen so anfühlt. Aber manche Paare glauben, es ginge auch anders. Till Raether stellt die vier gängigsten Beziehungsmodelle vor, in denen nicht die ganze Zeit über Gefühle verhandelt wird. Die Frage ist, ob das echte Alternativen sind.

Eins vorweg: Es gibt keine gefühlsfreien Zonen und schon gar nicht in der Partnerschaft. Okay, hartnäckigen Gerüchten zufolge handelte es sich bei der Beziehung zwischen dem Model Claudia Schiffer und dem Zauberer David Copperfield in den neunziger Jahren um eine Verbindung, die nur wegen des PR-Effekts geschlossen und vertraglich geregelt wurde, ohne, dass irgendwelche Gefühle im Spiel waren. Aber von dieser möglichen Ausnahme abgesehen wird, wer sein Leben mit einem anderen Menschen teilt, mit Gefühlen konfrontiert werden. Dies führt meist dazu, dass auf die unausgegorene, chaotische, konfliktreiche, zeitraubende Art und Weise über Gefühle geredet wird, die wir alle kennen und »Liebe« nennen. Und weil diese Art und Weise so unausgegoren, chaotisch, konfliktreich und zeitraubend ist, muss die Frage erlaubt sein: Geht's auch anders? Gibt es Alternativen dazu, sich ständig aneinander abzuarbeiten, und zwar mit ungleichen Mitteln?

Ja, die gibt es. Es lassen sich vier gängige Beziehungsmodelle isolieren, bei denen ausnahmsweise mal nicht das Reden über Gefühle im Mittelpunkt steht, sondern wo Gefühle auf andere Weise aus-, ein- oder abgelagert werden. Ob dies jedoch auf die Dauer echte Alternativen sind, entscheiden Sie bitte selbst.

Erstens: Beziehungsmodell »Bonuspunkte«

Seit einigen Jahren verwenden Tankstellen, Fluggesellschaften, die Bahn, Drogeriemärkte und viele andere Unternehmen das Prinzip der Bonuspunkte. Es gibt kaum eine Kasse, an der man nicht gefragt wird: »Sammeln Sie Punkte?« Wer ein entspanntes Verhältnis zum Datenschutz hat, sagt »Ja« und kann sich dann eines Tages für die gesammelten Bonuspunkte einen preisreduzierten Schokoriegel oder ein pastellfarbiges Keramikmesser-Set kaufen. Grundsätzlich stammt dieses Prinzip aber nicht aus der Welt der Kundenbindung, sondern aus Beziehungen: Viele Partnerschaften funktionieren nur, weil die Beteiligten Bonuspunkte sammeln. Allerdings wird darüber selten offen gesprochen, denn dann wäre man ja wieder auf der Gefühlsebene. Und das Prinzip Bonuspunkte ist gerade deshalb so reizvoll, weil es einem erlaubt, diese Ebene durch eine andere zu ersetzen.

Und das läuft in etwa so ab.

Ein Mann sitzt vor dem Fernseher. Oder noch besser: Er ist gerade dabei, sich vor den Fernseher zu setzen. Heute kommt seine Schwägerin für ein paar Tage zu Besuch, seine Frau holt sie nach der Arbeit vom Flughafen ab. Der Flughafen ist recht weit entfernt, das heißt, der Mann wird die nächsten drei Stunden seine Ruhe haben. Sein Plan ist, sich einen schönen Abend zu machen.

Während er seinen Körper auf dem Sofa niederlässt und in derselben Bewegung mit der Fernbedienung den Fernseher anschaltet und eine gerade geöffnete Flasche Bier vor sich auf den Couchtisch stellt, klingelt das Telefon. Mit einem tiefen Feierabendseufzer bremst der Mann seine Sitzbewegung, steht wieder auf und geht ran. Es ist seine Frau. Sie ist zerknirscht. Sie muss viel länger arbeiten als gedacht. Bis gerade eben hat sie gehofft, sie schaffe es noch, ihre Schwester abzuholen, aber jetzt ist klar: Sie kommt unter keinen Umständen mehr rechtzeitig zum Flughafen. Sie weiß, er hat sich drauf gefreut, heute Abend einfach mal abzuhängen, aber es geht nicht anders: Ob er bitte, bitte zum Flughafen fahren und die Schwester abholen könne.

Der Mann in dieser kleinen Szene steht in diesem Moment vor einer der vielen folgenschweren Entscheidungen, die eine Beziehung jeden Tag aufs Neue verlangt. Es ist nicht die Entscheidung zwischen Ja oder Nein – Nein scheidet komplett aus: »Nein, ich lass deine Schwester am Flughafen sitzen oder du kündigst bitte deinen Job, um sie abzuholen« – das wäre zu kindisch. Die Frage ist: Auf welche Art und Weise sagt er Ja? Sein Ziel kann nur sein, durch sein Ja in diesem strategisch günstigen Moment so viele Bonuspunkte wie möglich zu sammeln. »Du, kein Problem, ich hab sowieso keine Lust auf Fernsehen, der Abend drohte gerade, richtig öde zu werden« – das wäre nett, aber schön blöd, denn es würde nicht allzu viele Bonuspunkte bringen. Denn die Höhe der in der Partnerschaft angerechneten Bonuspunkte steigt, wenn die erbrachte Leistung ein gewisses Opfer erfordert. Das andere Extrem wäre: »Oh nein, das kann nicht dein Ernst sein, sag mir, dass das nicht wahr ist, ich habe gerade den Pizzamann bezahlt, die DVD eingelegt und angefangen, mir die Zehnägel zu schneiden, und jetzt soll ich bitte *was* machen? Deine

Schwester abholen? Vom Flughafen? Ach Menno, ach nee, das glaub ich einfach nicht! Na ja, was bleibt mir übrig. Mist.« Auch diese Reaktion wird nicht zur Anrechnung der höchstmöglichen Zahl von Bonuspunkten führen, denn wichtig ist, dass das Gegenüber ein zwar leicht schuldbewusstes, aber nicht eindeutig schlechtes Gefühl bekommt. Wer bei einer bonuspunktfähigen Transaktion innerhalb der Partnerschaft ein schlechtes Gefühl hat, wird nicht so viel anrechnen wie jemand, bei dem das Gefühl der Erleichterung und Dankbarkeit überwiegt. Also sagt der Mann, nach einer angemessen langen Pause, die daraufhin zu deuten scheint, dass er es vorzieht, die Enttäuschung über seinen verdorbenen Abend herunterzuschlucken, ohne eine Szene zu machen: »Okay.« Im Ton neutral, aber leicht erschöpft, dabei nicht unwillig. Dann, hörbar um die richtige Einstellung bemüht: »Ist ja kein Thema. Ich fahr gleich los.« Jetzt ließe sich noch etwas wie »Schade um die Pizza« einflechten, egal, ob eine Pizza vorliegt oder nicht; der Mann verzichtet darauf, denn er hat was Besseres in petto, er sagt, schon leicht geistesabwesend, im Aufbruch: »Ich muss mich nur schnell anziehen, ich bin schon im Schlafanzug.« In dieser Reaktion liegt die perfekte Mischung aus Opfer und gutem Willen: Höchstpunktzahl!

Die Herausforderung in der Partnerschaft ist, Bonuspunkte zu sammeln, ohne, dass der andere es merkt, das heißt, der andere rechnet einem die Bonuspunkte sozusagen auf der unbewussten Ebene an. Trotzdem muss er im entscheidenden Augenblick bereit sein, die volle Vergütung der gesammelten Bonuspunkte zu gewährleisten. In einer Episode der in Beziehungsfragen immer aufschlussreichen Fernsehserie »The King of Queens« ist dieses Prinzip auf folgende Weise anschaulich gemacht worden (Staffel 7, Episode 1).

Doug, die männliche Hauptfigur, plant einen Poker-Trip nach Las Vegas, den seine Frau Carrie ihm nie erlauben würde. Bevor er ihr von seinen Vegas-Plänen erzählt, geht er mit ihr ein Wochenende in eine Art Yoga-Wellness-Farm, um auf diese Weise genug Bonuspunkte für den Vegas-Trip zu sammeln. Carrie ist begeistert, dass der Yoga- und Wellness-Hasser Doug ihr zuliebe über seinen Schatten gesprungen ist, und in ihrer Begeisterung möchte sie wilden Sex mit ihm haben. Doug entzieht sich ihren Verführungsversuchen, sie versteht nicht, warum, bis es irgendwann aus ihm herausbricht: »Ich will meine Bonuspunkte nicht für Sex verschwenden!«

Man muss sich darüber im Klaren sein, dass Bonuspunkte anders funktionieren, als das von Psychologen und Paartherapeuten immer wieder beschworene »Verhandeln«. Beim Verhandeln ist der Trick, unausgesprochene Wünsche deutlich zu formulieren, damit die Partner sich selbst und einander besser verstehen können und somit lernen, ihre eigenen Bedürfnisse und die des Partners zu erkennen und ernst zu nehmen. Das klingt gut, aber auch anstrengend, denn es findet wiederum auf der Gefühlsebene statt – vermintes Gelände.

Und selbst im Idealfall, wenn beide ihre Gefühle so sinnvoll ausdrücken können, dass das Ganze nicht in einen Streit über völlig andere Themen ausartet, kann das Ergebnis gar nicht optimal sein: Sie möchte ans Meer, er in die Berge. Wenn die beiden nun verhandeln, kommt am Ende ein Kompromiss heraus, der beide nicht zufrieden macht: British Columbia, Meer und Berge in einem, aber viel teurer als einfach Alpen oder Ostsee. Oder: dieses Jahr Alpen, nächstes Jahr Ostsee. Dabei ließe sich auch ein derart grundsätzlicher Konflikt viel eleganter über Bonuspunkte lösen: Der Urlaub findet dort statt, wohin derjenige möchte, der im Laufe der letzten Monate mehr Bonuspunkte gesammelt hat. Ungerecht? Im Gegenteil, denn während des Urlaubs in den Bergen wird die Ostseeliebhaberin bei jedem Wanderschritt, bei jeder Brettljause und jedem Gipfelpanorama das gute Gefühl haben, im Hintergrund die Bonuspunkte auf ihr Konto rasseln zu hören. Sammeln Sie Punkte? Aber wie! Das heißt, es haben beide was davon.

Ein wichtiges Thema ist natürlich auch Toleranz. Toleranz, man muss es ganz klar sagen, ist die reinste Verschwendung von Bonuspunkten. Wer im Punktesystem bestehen will, darf sich keine Toleranz erlauben. Angenommen, man hat überhaupt nichts dagegen, wenn der Partner jeden zweiten Abend ausgeht und erst am frühen Morgen nach Hause kommt, der Partner aber zieht im umgekehrten Fall immer ein langes Gesicht und hätte es grundsätzlich am liebsten, wenn man die ganze Zeit zu Hause sitzt und ihm den Rücken krault. Das heißt: Wenn der Partner ausgeht, sammelt man ab dem Moment, wo man erkennen lässt, dass einem dies nichts ausmacht, keine Bonuspunkte, null, nicht einen einzigen. Gleichzeitig verbraucht man Bonuspunkte wie Inflationswährung, wenn man selbst bis morgens um fünf einen draufmacht. Ist das noch Liebe? Nein, es ist ungerecht. Man ist in die Toleranzfalle getappt. Liebe ist, auch in den Fällen, wo einem das Verhalten des Partners eigentlich egal ist, zu signalisieren: Es macht mir etwas aus, ich bringe ein Opfer. Denn nur so kann man Bonuspunkte sammeln und das Gleichgewicht wiederherstellen.

Außer dem Bonuspunkte-System gibt es noch andere Parallelen zwischen Geschäftswelt und Partnerschaft, aus denen man in der Liebe Kapital schlagen kann. Zum Beispiel der aus der Pauschaltouristik bekannte »Frühbucherrabatt«. Dieses Wort bezeichnet in der Partnerschaft folgendes bewährtes Prinzip: Man teilt dem Partner ein für ihn nachteiliges Ereignis so weit im Voraus mit, dass er es in diesem Moment lächelnd beiseiteschieben und sorglos vergessen kann; und wenn es dann so weit ist, kann man zu recht darauf hinweisen »Aber das habe ich dir doch schon vor ewigen Zeiten gesagt!« und ist fein raus. Zum Beispiel, sie im Juni:

»Du, im Oktober kommen Uschi, Babs und Polly, die drei Mädels, mit denen ich damals gekellnert habe, für ein langes Wochenende und wohnen alle bei uns, und wir reden und kichern die ganze Zeit.« Er, beim Anfächeln der Grillkohle,

Oktober ist für ihn in diesem Moment kein Datum, sondern Science-Fiction.

»Ja, ja, toll.« Im Oktober bleibt ihm dann nichts anderes übrig, als weinerlich der Realität ins Auge zu sehen, sie hingegen kassiert lächelnd Frühbucherrabatt.

Auch das bekannte Prinzip »Nur für begrenzte Zeit! Bevorraten Sie sich!« hat seine Entsprechung im Zwischenmenschlichen. Beim Lebensmittel-Discounter nimmt man unter dem Eindruck dieser Aufforderung Dinge von der Sonderverkaufsfläche, die man eigentlich nicht braucht. In der Partnerschaft ist der Trick, dem anderen einen Gefallen innerhalb eines kurzen Zeitraums so oft und so nachdrücklich zu erweisen, ungefragt und immer wieder, dass die Nachfrage anschließend auf unbestimmte Zeit gedeckt ist, man also künftig nicht mehr damit behelligt wird. In vielen Beziehungen steht beispielsweise oft der ausgesprochene oder unausgesprochene Vorwurf im Raum: »Nie massierst du mir den Rücken!« Dies liegt daran, dass es sehr langweilig und anstrengend ist, jemandem den Rücken zu massieren. Durch das Ausbleiben der Rückenmassage bekommt dieser an und für sich eher unspektakuläre Vorgang einen völlig übertriebenen Stellenwert, die Rückenmassage wird zum Mythos, zur Utopie der glücklichen Partnerschaft. Wenn man aber während eines überschaubaren Zeitraums dem Partner bei jeder passenden, und gegen Ende auch bei jeder unpassenden Gelegenheit den Rücken massiert, wird die Rückenmassage schnell ihren überhöhten Legendenstatus verlieren und die Nachfrage sehr bald langfristig gedeckt sein. Und das Schöne ist, dass alles sich ergänzt, denn während man dem Partner den Rücken massiert, sammelt man die ganze Zeit Bonuspunkte, und außerdem ist die Massage der ideale Zeitpunkt, um den einen oder anderen Keim für einen Frühbucherrabatt zu legen. Und wenn die Partnerin einem dann irgendwann, weil ihr das ewige Massiertwerden langsam auf die

Nerven geht, vorsichtig mitteilt, sie würde heute gern ohne Rückenmassage »Desperate Housewives« gucken – dann gilt es, die richtige Mischung aus gutem Willen und leichter Enttäuschung an der Grenze zur Verletztheit zu zeigen. Um in diesem Moment noch mal extra Bonus-Bonuspunkte zu sammeln. Dafür, dass man aufhört, etwas zu tun, was man sowieso nicht gerne macht. Ja, so schön kann Liebe sein.

Zweitens: Beziehungsmodell »Partner-WG«

Wenn's vom Temperament her passt, kann man natürlich auch einfach gleichgültig nebeneinanderher leben. Ein Beziehungsmodell, das sich für Stoiker und Resignationsfans eignet. Die wenigsten entscheiden sich bewusst dafür, denn dieses Beziehungsmodell widerspricht den romantischen Anfängen, den Gefühlsaufwallungen, aus denen die meisten langjährigen Verbindungen zwischen Menschen entstehen (vulgo »Verliebtheit«).

Bildlich gesprochen ist es, als würde man aus der stürmischen See des Anfangs nach angemessener Zeit in den ruhigen Hafen einlaufen, sich nebeneinander vertäuen und fortan nur noch gepflegt vor sich hin schaukeln. Im Grunde handelt unser Buch von Partnerschaften, in denen es einen oder beide immer wieder hinauszieht auf's Meer. Weil man noch was will vom Leben, von sich selbst und von der Liebe. Das ist anstrengend, aber es geht eben auch anders.

Man kann eine Beziehung zum Beispiel auch führen, indem man wie in einer WG zusammenlebt: Man teilt die Wohnung, die Ausgaben, einen Teil der Freizeitgestaltung, kümmert sich um die anderen Mitbewohner (Kinder), und hin und wieder landet man im selben Bett und wundert sich am nächsten Morgen darüber. Aber nur ein wenig.

Diese Art von Beziehung kann sehr stabil sein, wenn beide

Teilnehmer für sich beschlossen haben, nicht daran rühren zu wollen. Auf diese Weise entsteht ein Gleichgewicht der Gleichgültigkeit, zementiert durch gemeinsame Rituale und Projekte: Hin und wieder trifft man sich, um zusammen »Tatort« zu schauen, ein Haus zu bauen oder noch ein Kind zu kriegen.

Von außen betrachtet wirken Paare, die so leben, meist sehr glücklich. Was an und für sich paradox ist: Sie strahlen das große Gefühl Glück aus, indem sie allzu große Gefühle aus der Partnerschaft verbannt haben. Das eigentliche Problem aber ist ein anderes: In der überwiegenden Zahl der Fälle entscheidet sich *einer* der Partner aus Bequemlichkeit für dieses Modell, und der andere, der die Hausmitteilung nicht bekommen beziehungsweise die Zeichen nicht erkannt hat, verzweifelt daran. Gleichgültig nebeneinanderher leben kann man nicht alleine.

Und es gibt noch ein weiteres Problem, zu dessen Veranschaulichung wir noch mal auf unser maritimes Bild zurückgreifen. Egal, wie ruhig das Wasser im brackigen Hafenbecken ist: Das Meer ist ja immer noch da draußen. Und es gibt Wellen und Stürme, die schwappen über die breiteste Mole und die stärkste Flutmauer. Mit anderen Worten: Das Beziehungsmodell Partner-WG hat die Schwachstelle, dass einer der beiden Resignierten jederzeit vom Sturm erfasst werden kann und wieder Wind in den Segeln spürt. Mit anderen Worten: Gerade wer sich in der Partner-WG eingerichtet hat, ist besonders anfällig dafür, sich eines Tages stürmisch in irgendeinen dahergelaufenen Kollegen, eine Schulmutter oder den Babysitter zu verlieben. Um dann mit Sätzen wie »Es ist wie eine Naturgewalt, da kann man nichts machen, das musst du verstehen« oder »Noch nie habe ich mich so lebendig gefühlt« die Trennungsphase einzuleiten. Aller Erfahrung nach hat es in dieser Situation keine Rechtsverbindlichkeit, Dinge zu sagen wie: »Aber wir hatten uns doch unausgesprochen so schön darauf geeinigt, dass wir quasi emotionslos vor uns hinvegetieren!« Mit dieser Beweisführung ist noch keine Beziehung gerettet worden, auch nicht die ödeste.

Drittens: Beziehungsmodell »Partnerquälen«

Ein Mann bringt den Müll runter. Immer. Kaum nähert der Müllpegel sich dem Innenrand des Eimers, ist der Mann zur Stelle. Er macht keine Show aus seiner Zuverlässigkeit, er hat immer, wenn er das Haus verlässt, einen Müllsack in der Hand. Die Frau, mit der er zusammenlebt, vergisst irgendwann, dass es Müll und die Notwendigkeit, ihn runterzubringen, überhaupt gibt. Weil der Mann den Müll so zuverlässig entsorgt, ist Müll in ihrem Leben einfach kein Thema.

Dann bringt der Mann den Müll einmal nicht runter. Der Mülleimer füllt sich, Abfall tritt über den Rand, Abfall droht auf den Küchenboden zu fallen. Der Mann wartet noch eine Nacht, dann, am nächsten Morgen, presst er mit großer Geste den herausquellenden Abfall in den Sack und sagt zu seiner Frau: »Der Müll muss dringend runtergebracht werden.«

Die Frau denkt: Stimmt, der Dings, der Müll.

Der Mann sagt: »Kannst du nicht auch mal den Müll runterbringen?«

Die Frau sagt: »Äh, ja klar, aber …«

»Aber was?«, fragt der Mann, während er mit gut gespielter Verzweiflung versucht, den Müllbeutel am Reißen zu hindern.

»Den bringst du doch immer raus!«, erwidert die Frau. Entgeistert schüttelt der Mann den Kopf, und sagt: »Ja, aber nur, weil du es nie tust!« Mühsam zieht er die Wohnungstür mit dem Fuß hinter sich zu, und man hört noch, wie im Hausflur etwas auf den Boden fällt und jemand es aufhebt mit tapfer unterdrückten Flüchen. Die Frau hat ein schlechtes Gewissen, ärgert sich und weiß gar nicht genau, warum.

Willkommen in der Welt des unterschwelligen Partnerquälens! Aber: Wäre es nicht besser, einem Menschen, mit dem man zusammenlebt, das Leben nicht zur Hölle zu machen? Dies ist ein sehr komplexes, ethisches Problem, und ich kann hier nur vereinfacht darauf eingehen, indem ich zwei Antworten gebe.

Die erste: Ja ja, mag ja sein, aber es ist so gut wie unmöglich, damit aufzuhören, wenn man einmal auf den Geschmack gekommen ist. Die zweite Antwort: Nein, ganz und gar nicht, denn es stärkt die Beziehung. Warum dies so ist, werde ich gleich kurz erklären. Beschäftigen wir uns zuerst mit dem Handwerkszeug.

Frauen und Männer, die ihre Partner quälen, wissen, dass es drei unterschiedliche Herangehensweisen gibt. Man nennt sie drei Stufen: Stufe 1, Stufe 2 und Stufe 2 a.

Die Geschichte mit dem Müll ist ein Klassiker der Stufe 1. Das Grundprinzip dieser Art von Quälstrategien ist Folgendes: Man erledigt einen eher ungeliebten Aspekt des gemeinsamen Lebens (Verabredungen organisieren, Behördenpost erledigen, früh morgens die Kinder versorgen) ganz von allein, so, als würde es einem nichts ausmachen. Der Partner oder die Partnerin wird sich an diesen Zustand schnell gewöhnen, dabei aber immer ein latent schlechtes Gewissen haben, denn er oder sie wird immer denken: Na ja, eigentlich müsste ich auch mal, aber schön, dass der andere immer … Und schon ist der Gedanke wieder weg, aber das quälende, kleine schlechte Gewissen bleibt. Im Konfliktfall, den der Partnerquäler wie in unserem Beispiel jederzeit beliebig herbeiführen kann, wendet sich das latent schlechte Gewissen gegen den Gequälten und hindert ihn daran, sich angemessen zu verteidigen. Er bleibt zurück mit dem unguten Gefühl, im Unrecht zu sein und dennoch Anlass zur Verärgerung zu haben. Autsch!

Stufe 2 ist variabler in den Anwendungsgebieten (Auto, Urlaub, ganz spontan), allerdings erfordert diese Stufe auch etwas mehr Erfahrung. Sie funktioniert so: An einem beliebigen Tag erlaubt man sich eine kleine, destruktive schlechte Laune. Die Kunst ist, diese schlechte Laune nicht zum Ausbruch kommen zu lassen; sie darf nicht so offensichtlich werden, dass der Partner sagen kann: »Boah, hast du eine Scheiß-Laune heute, geh bloß weg!« Sie muss vielmehr im Vagen bleiben und immer wieder so oszillieren, dass sie auch eine mittlere Traurigkeit sein könnte. Sollte der Partner besorgt fragen, was man hat, darf man ernst, aber zuversichtlich sagen: »Ach, es ist nichts. Ich weiß auch nicht.« Es ist wichtig, sich an den genauen Wortlaut zu halten. Dies setzt man so lange fort, bis man den Partner, wie Fachleute sagen, total »runtergezogen« hat. Sobald dies gelungen ist, fängt man an, sachte gegenzusteuern und hellt die eigene Stimmung langsam auf (dies erfordert Übung).

Stufe 2 hat zwei mögliche Ergebnisse: Entweder man richtet den durch die eigene schlechte Stimmung angesteckten Partner vorsichtig und verständnisvoll wieder auf, so, als wäre man selbst die ganze Zeit höchstens ein wenig still, aber um Gottes willen doch nicht übellaunig gewesen. Man tröstet den Partner also über etwas hinweg, das man selbst angerichtet hat. Oder man kann ihm am Ende des Tages seine »Saulaune« und seine »ganze verdammte Destruktivität« vorwerfen, denn genau die wird der Runtergezogene ja nun ausstrahlen, während man selbst längst wieder »gut drauf« ist. Dann kann man Sachen sagen wie: »Du, jeder kann mal einen schlechten Tag haben, klar, geschenkt, keiner weiß das besser als ich, aber das hier, das geht wirklich zu weit.« So oder so wird im Partner ein Gefühl mittleren Unbehagens zurückbleiben.

Stufe 2a ist dann die Hohe Schule des Partnerquälens. Die Kunst besteht dabei, selbst im Prinzip völlig passiv und neutral zu bleiben, wie man beim Ringen das Gewicht des Gegners (anderes Wort für Partner) für sich arbeiten lässt. Man tut dies beispielsweise an einem verregneten Sonntag oder bei einem Abendessen im Restaurant, indem man über möglichst lange Zeit recht schweigsam ist, nur das Nötigste sagt, verbindlich, aber knapp, und sich davon abgesehen so weit es geht dem Zugriff des Partners entzieht. Dies jedoch, ohne irgendwelche Angriffspunkte zu bieten (wie gesagt, Hohe Schule!). Man kann zusehen, wie die Stimmung des Partners sich verdüstert, wie erst die Sorge in ihm aufsteigt, es könne »was sein«, abgelöst von einer leichten Verärgerung darüber, nicht zu wissen, »was nun schon wieder ist«. Eine Verärgerung, die im Laufe des Tages oder während des Essens anschwillt zu einer mittleren bis großen, ohne jedoch ein Ventil zu finden. Dies ist sozusagen das Gewicht des Gegners, der sich irgendwann frustriert auf einen stürzen wird, indem er einen Satz sagt wie: »Sag mal, was ist eigentlich los mit dir?«, ein Satz, in dem mitschwingt: »Du hast den schönen Abend, das Wochenende, mein Leben versaut.«

Der Trick ist, auf diese Ansprache hin so zu tun, als erwache man gerade aus einem tiefen Traum, so tief, dass einem unmöglich hätte klarsein können, was für einen Eindruck man zuvor gemacht hat. War man nicht die ganze Zeit zwar geistesabwesend, aber doch eher nachdenklich, nicht missmutig und abweisend? Der leicht überraschte Gesichtsausdruck, den man im Augenblick des Vorwurfs aufsetzt, muss geeignet sein, in der Partnerin Zweifel an der eigenen Wahrnehmung zu säen. Und dann sagt man etwas wahnsinnig Nettes oder Grundsätzliches. Es ist ein bisschen typabhängig, aber von »Weißt du eigentlich, wie gut du heute Abend aussiehst?« bis zu »Willst du mich heiraten?« geht eigentlich alles (Letzteres allerdings verbraucht sich nach ein, zwei Einsätzen). Und schon läuft die Frau mit dem ganzen Gewicht ihrer Verstimmung ins Leere. Und nachdem sie sich stundenlang damit gequält hat, zu einem durchdringen zu wollen, und dabei immer verstimmter wurde, bleibt ihr am Ende das dumme Gefühl, sich total verrannt zu haben.

Doch genug von den heiteren Seiten des Partnerquälens.

Wenden wir uns den ernsten zu. Von der Schauspielerin Katharine Hepburn stammt die Bemerkung, Paare würden irgendwann hauptsächlich durch die gemeinsame Abneigung gegen alte Freunde zusammengehalten. Dem ist nur hinzuzufügen, dass ein weiteres, ebenso stark verbindendes Element ist, sich gegenseitig auf immer neue, immer ausgefeiltere und immer subtilere Art zu quälen. Partnerquälen hat viele Ähnlichkeiten mit Bowling. So, wie Bowling seit Jahren darum kämpft, olympische Disziplin zu werden, kämpft das Partnerquälen um die Anerkennung als beziehungsstärkende Maßnahme. Auf den ersten Blick hat es natürlich wenig gemein mit klassischen Beziehungsstabilatoren wie drüber reden, drüber lachen, drüber schlafen und Zahnpastatube zuschrauben. Man muss es jedoch so sehen: Wer sich immer mal wieder erlaubt, auf subtile Art gemein zu sein, der muss nicht so oft auf der Gefühlsebene das berüchtigte, »ganz große Fass aufmachen« und alles in Frage stellen. Es staut sich einfach nicht so viel auf. Wenn man einen erfahrenen Partnerquäler also fragt, warum er es immer wieder tut, müsste er antworten: aus Liebe, sozusagen.

Viertens: Beziehungsmodell »Unterwerfung«

Man kann auch einfach anerkennen, dass der andere der Boss ist. Man kann die Waffen strecken. Sich selbst zurücknehmen. Die Verantwortung abgeben. Entscheidungen nicht mehr selbst treffen. Man kann die CDU sein, und der Partner ist Angela Merkel. Der große Vorteil ist: Man hat seine Ruhe. Der große Nachteil ist: Es ist gar nicht so einfach, einen guten Chef zu finden oder eine gute Chefin. Der größte Teil des Führungspersonals ist schlecht qualifiziert, überheblich, einfallslos und von Ängsten getrieben. Dies betrifft Wirtschaft, Politik und Partnerschaft gleichermaßen, und sich einer unfähigen Führungsperson zu unterwerfen, endet nur in Frustration, Seitensprung oder dem Verlust des sicher geglaubten Listenplatzes. In vielen Fällen wird das Beziehungsmodell Unterwerfung daher nur in einer komplizierten Scheinform gelebt, die aus der Generation unserer Großeltern entlehnt ist. Oma war gut darin, Opa das Gefühl zu geben, er sei der Führer, nein, Moment: der »Herr im Haus«, denn so ließ er sie in Frieden, sonnte sich in seiner Rolle als unangefochtener Haushaltsvorstand, und sie konnte im Hintergrund in aller Ruhe die Strippen ziehen. Dies erfordert jedoch viel taktisches Geschick, Machtbewusstsein und Energie, denn es ist kräftezehrend, einem Popanz immer wieder das Gefühl zu geben, er sei auf all die guten Ideen von selbst gekommen und habe all die wichtigen Entscheidungen ganz allein getroffen. Am Ende ist es nicht weniger aufwendig, als von vornherein alles offen auszufechten.

Womit wir wieder ganz am Anfang wären.

Kapitel 8
Warum wir manchmal seltsame Dinge tun: Eine Übersetzungshilfe für männliche Verhaltensweisen

Warum können Männer nie an einem Media Markt vorbeige-
hen? Warum müssen sie Fußball gucken? Warum gehen sie nie
zum Arzt? Was meinen sie damit, wenn sie anderen Frauen
hinterhergucken? Und welche Männergefühle stecken hinter
diesem Verhalten?

Warum wir *Actionfilme* gucken

Es gibt ein schönes Internet-Video, das im Grunde nur aus
Zusammenschnitten von Actionfilm-Sequenzen besteht, in
denen Männer sich von gerade explodierenden Häusern,
Fabrikhallen, Autos oder Flugzeugen entfernen. Und zwar
ruhigen Schrittes, ohne sich noch einmal umzudrehen oder
auch nur zusammenzuzucken. Es heißt »Cool guys don't look
at explosions«. In dieser Ballung, unterlegt mit einem Song,
der auf die Schippe nimmt, dass coole Jungs sich nicht nach
Explosionen umdrehen, ist das lächerlich und lustig. Aber
es trifft den Kern unserer Begeisterung für große, klassische,

teuer produzierte Actionfilme. Solche, in denen geballert wird, alle nur denkbaren Verkehrsmittel zu Bruch gehen, Gebäude einstürzen und im Hintergrund immer irgendwas brennt, qualmt oder explodiert. Und alle sind immer auf der Flucht oder auf der Jagd oder beides, die Welt steht am Abgrund und auf der Digitalanzeige der Zeitbombe ticken die Sekunden erbarmungslos weiter.

Es ist nicht so, dass wir uns nach mehr Aufregung, mehr Gewalt oder mehr Gebäudeschäden in unserem Leben sehnen. Die meisten von uns sind nicht besonders stressresistent, und bereits ein mittlerer Versicherungsschaden im vorderen Kotflügelbereich stillt unser Interesse an physikalischer Zerstörung fürs ganze Jahr. Was uns an Actionfilmen fasziniert und immer wieder aufs Neue unterhält, ist die Gleichgültigkeit der Helden: Sie drehen sich nicht nach Explosionen um, und wenn ihnen überhaupt eine emotionale Äußerung über die Lippen kommt, dann erschöpft sie sich in einem gemurmelten »Ich bin zu alt für diesen Scheiß«, während ihnen Kugeln und Wrackteile um die Ohren fliegen (Bruce Willis, »Stirb langsam I – IV«).

Unser Männerleben ist bunt und randvoll mit vielem, aber eins gibt es darin nicht mehr, eins kennen wir wirklich nur noch aus dem Kino: Gleichgültigkeit. Jede Explosion verlangt von uns, dass wir uns nach ihr umdrehen. Auf alles sollen wir reagieren, und zwar möglichst authentisch und möglichst schnell. Insofern sind Actionfilme für uns so was wie Gefühlspornos: Sie zeigen uns was emotional richtig Versautes, das uns niemand in unserem wahren Leben durchgehen lassen würde.

Warum wir *anderen* Frauen hinterherschauen

Die Wissenschaft geht mittlerweile davon aus, dass es neben unserem Universum noch eine unendliche Zahl von Paralleluniversen gibt, in denen die gleichen physikalischen Gesetze gelten und die von unserem Universum schwer zu erreichen sind (man müsste Löcher im Raum-Zeit-Kontinuum finden und dann eine Maschine, die da durchfährt, aber das würde jetzt zu weit führen). Diese Erkenntnis ist für uns keine Überraschung, denn Männer leben immer mal wieder in Paralleluniversen – und zwar jedes Mal, wenn wir einer Frau hinterherschauen, die nicht unsere eigene ist. Wir tun dies nicht in erster Linie deshalb, weil wir uns nicht satt sehen könnten am weiblichen Körper; ehrlich gesagt sind wir in dieser Hinsicht, bedingt durch die zeigefreudige Medienwelt, in der wir leben, eher latent übersättigt. Und euch wird vielleicht auch schon aufgefallen sein, dass es nicht speziell die klassischen Schönheiten, Busenwunder oder Sexbomben sind, denen wir mehr oder weniger unauffällig mit den Augen folgen (nicht unauffällig genug, denn wir wissen, dass ihr wisst, dass wir es tun. Wisst ihr das eigentlich?). Es sind vielmehr alle möglichen Frauen, die unterschiedlichsten, das folgt keinem strengen Prinzip, welches sich auf irgendwelche physischen Kriterien reduzieren ließe. Denn wir schauen Frauen hinterher, weil wir uns für einen kurzen Moment vorstellen, wie es wäre, unser Leben mit dieser Frau zu verbringen.

Statt mit euch?

Nein, ausdrücklich nicht, denn, wie gesagt: In kurzen Augenblicken erschaffen wir uns ein inneres Paralleluniversum, das nichts mit euch zu tun hat. Wir vergleichen nicht, wir probieren einfach für eine ganz kurze Zeit ein anderes Leben aus, ein anderes Universum: vom Urknall bis zum Zusammenfall in zwei bis drei Sekunden. Wir tun das so, wie man sich manchmal strecken muss, wenn man lange die gleiche Körperhaltung eingenommen hat: unbewusst, und danach fühlen wir uns wohler in unserer Haut und können uns wieder ganz auf euch konzentrieren. Oder sagen wir, so sehr, wie wir überhaupt in der Lage sind, uns auf etwas zu konzentrieren.

Warum wir nie zum *Arzt* gehen

Es gibt eine für Frauen völlig logische Kette in gesundheitlichen Belangen: sich krank fühlen, das Problem lokalisieren, einen Arzt aufsuchen, sich behandeln lassen, danach sich selbst behandeln, gesund werden, fertig.

Die meisten Männer haben auch so eine Kette. Sie wissen, dass sie keiner Logik folgt, aber darüber können sie nur müde lächeln. Die Abfolge geht so: sich krank fühlen, es ignorieren, von der Frau hören, dass man krank aussieht, sagen, dass da nix ist, sich noch kränker fühlen, glauben, dass man einfach mal früher ins Bett gehen sollte, sämtliche guten Ratschläge von außen ignorieren, auf keinen Fall zum Arzt gehen, gesund werden oder sterben, fertig.

Es ist nicht so, dass Männer Ärzte für unfähig halten. Im Gegenteil, wir wissen, dass die deutsche Nationalmannschaft Dr. Müller-Wohlfahrt viel zu verdanken hat, und freuen uns aufrichtig, wenn unsere Kinder ohne Schäden durch sämtliche U-Termine gleiten. Unsere Ärzte sind eher zu gut, sie sind unser schlechtes Gewissen. Denn Männer leben deutlich ungesünder als Frauen. Wir essen fetter, trinken maßloser, schlafen weniger. Und all das bekommt man bei verantwortungsvollen Medizinern gleich gratis mit aufs Brot geschmiert, wenn man bloß mal Nasenspray bräuchte – vielen Dank, oh verdammte Ganzheitlichkeit! Man geht mit Schnupfen hinein und kommt mit einem Schuldkomplex heraus, und der Ansage: »Passen Sie besser auf sich auf!« Das nervt unendlich. Männer wissen nämlich nicht, wie das geht: auf sich aufpassen.

Davon abgesehen soll es aber auch noch einen gewissen Prozentsatz an Männern geben, die es für Schwäche halten, ein gesundheitliches Problem zu haben. Denen könnte man einen Arm abhacken und sie würden immer noch von einem »kleinen Kratzer« sprechen. Männer haben ein fest umrissenes Bild von sich und ihrem Körper, Krankheiten kommen darin nicht vor. Und ignorieren ist auch ein Weg, so blöd Frauen das finden. Man muss bloß wissen: Dahinter steckt nichts als nackte Angst. Angst davor, doch ernsthaft krank zu sein, Angst davor, das sorgsam getupfte Gemälde unserer unverbrüchlichen Robustheit übermalen zu müssen. Die Rechnung für diesen Unsinn bekommen wir ohnehin früh genug, etwa sechs Jahre früher als Frauen. Um soviel geringer ist unsere Lebenserwartung.

Warum wir ständig zum *Arzt* gehen

Es gibt allerdings auch den Gegenentwurf zu den Arztignoranten. Männer, denen beim leichtesten Ziehen im Unterleib die Düse geht, die hinter jedem Husten Influenza A vermuten und deshalb eine Dauerkarte fürs hausärztliche Wartezimmer im Portemonnaie mit sich führen. Es ist nämlich auch ein männliches Phänomen, dass die gesunde Mitte mit uns kaum zu besetzen ist. Wir leben an den extremen Enden der Möglichkeiten, die sich uns bieten, heißt in diesem Fall: Entweder nie zum Arzt oder alternativ bei jedem noch so kleinen Zipperlein. Interessant übrigens, dass der Nie-Arzt-Gänger und der Dauer-Arzt-Gänger dieselbe Motivation haben: Angst, in der Regel überzeichnete Angst. Vor dem Verlust der eigenen Stärke, der Souveränität, der Kontrolle über das eigene Leben.

Da sitzt der Mann dann zum dritten Mal in diesem Monat mit der Lesezirkel-»Auto-Bild« von vor einem halben Jahr in der Wartezone und denkt: Könnte ja was Lebensbedrohliches dahinterstecken. Wahrscheinlich sogar. Oh Mann, Scheiße. Ob ich noch erlebe, wie meine Kinder eingeschult werden? Nee, wahrscheinlich schaffe ich es nicht mal bis Weihnachten. So ein schöner Herbsttag draußen, vielleicht der letzte in meinem Leben. – Wie lange dauert das hier bloß? Wieso kommt jetzt diese Schnalle dran? Ich warte schon viel länger! Und überhaupt, die stirbt nicht nächste Woche, im Gegensatz zu mir! Sieht denn keiner hier, wie schlimm es um mich steht? Hallo? Irgendwer?

Diese Sorte Männer stirbt übrigens so gut wie nie vor Erreichen des sechsundachtzigsten Lebensjahres.

Warum wir so gern unser *Auto waschen*

Wir haben an verschiedenen Stellen in diesem Buch schon ausgeführt, dass unser Männerleben irre komplex geworden ist, die Anforderungen mannigfach, die Möglichkeiten endlos. Unser Leben ist ein unübersichtlicher, riesengroßer Raum, der sich ständig verändert.

Der Toyota Corolla Verso (Bartels) oder der Škoda Octavia (Raether), unsere Autos sind es nicht. Es sind abgeschlossene, kleine Lebensräume, aber groß genug, um bedeutsam zu sein. In ihnen gleiten wir durch unser unübersichtliches, unordentliches Leben. Und das Beste daran: In und an ihnen können wir mit einer Dreiviertelstunde Aufwand die Ordnung schaffen, die uns im Leben drum herum fehlt. Am Samstag vor der Sportschau mal eben fix durch die Waschanlage zu rollen ist für Männer ein strukturgebendes Element, ein Halt im Sturm des Lebens. Das Saugen der Matten fühlt sich an, als würde man sich Sandkörner von der eigenen Seele pusten.

Autopflege befreit also nicht nur das Auto vom Schmutz des Alltags – auch sein Fahrer erfährt eine Art Reinigung.

Aber das Autowaschen – und vor allem das Saugen – erfüllt noch eine andere Funktion: Man reinigt das Auto von den Spuren eines anstrengenden Familienlebens. Zerknüllte Safttüten, Snickers-Reste im Polster, roter Lehm vom Fußballplatz, die Latte-macchiato-Becher, die die Frau hinterlassen hat – alles kommt raus, der Mann erobert sich sein Auto zurück. Für einen kraftgebenden Moment fängt man wieder von vorne an, fährt ein Auto, das wie ein Stück unbeschriebenes Papier ist. So lange, bis der nächste Sechsjährige sein Schokocroissant in die Polster reibt.

Warum wir *Coke Zero* trinken

Die Frage, ob Coca-Cola Zero anders oder besser schmeckt als Coca-Cola light, ist absolut zweitrangig. Ja, die Zusammensetzung ist unterschiedlich, und wir wollten schon immer mal eine Blindverkostung machen. Aber trotz unserer Vorliebe dafür, bekloppte Dinge zu tun, sind wir dazu dann bisher irgendwie doch nicht gekommen. Vielleicht später, nachdem wir den Kofferraum gesaugt haben.

Entscheidend ist, dass wir *glauben*, Cola Zero würde besser schmecken als Cola light, und zwar viel besser. Und noch entscheidender ist, dass zum ersten Mal ein großer Markenkonzern ein prinzipiell gleichartiges Produkt (Cola ohne Zucker) geschlechtsspezifisch noch mal neu entwickelt und anders genannt und verpackt hat. Denn wenige Männer haben vor Cola Zero zuckerfreie Cola getrunken; kein Mann würde heute noch freiwillig Cola light trinken, wo es doch Cola Zero gibt. Mit anderen Worten: ein voller Erfolg. Warum? Weil wir froh sind, endlich mal was Eigenes zu haben, und zwar insbesondere auf dem Sektor »kalorienarmer

Quatschnahrungsmittel«, der sich in Angebot und Verpackung ansonsten ausschließlich nach den Frauen richtet. Wir sind offenbar mit wenig zufrieden. Vor neunzig Jahren schrieb Virginia Woolf ihren berühmten Essay darüber, dass Frauen ein eigenes Zimmer brauchen, um sich persönlich entfalten und sich ihrer selbst vergewissern zu können. Statt »A Room Of One's Own« reicht uns heute »A Coke Of One's Own«. Denn die Frage, was einen Mann ausmacht und was heute eigentlich noch männlich ist, ist so kompliziert und vielschichtig, dass sie sinnvoll nicht mehr zu beantworten ist. Da sind wir dankbar, wenn es zumindest im Erfrischungsgetränkebereich ein eindeutiges Unterscheidungsmerkmal gibt.

Noch. Denn Frauen haben längst angefangen, Cola light zu verschmähen und Cola Zero zu trinken. Angeblich, weil sie besser schmeckt.

Warum wir *Fußball* lieben müssen

Wir wollen und können hier nichts beschönigen. Der Fußball ist ein echtes Problem. Er hat Millionen von Beziehungen und Familien zerstört, Frauen in den Wahnsinn getrieben, Kinder ihre Väter hassen gelehrt.

Es ist zwar kein echter Trost, aber: Wir Männer können nichts dafür. Es existiert immer noch der weitverbreitete Irrglaube, Fußball sei eine Sportart. Das ist nicht richtig. Fußball ist eine Infektionskrankheit, die bislang nicht heilbar ist. Es gibt sie in unterschiedlichen Ausprägungen. Der Krankheitsverlauf ist zwar so gut wie nie tödlich, dafür trägt man das Virus, einmal infiziert, ein Leben lang in sich.

Die meisten Infizierten stecken sich bereits im frühen Kindesalter an. Für viele reicht die erste Berührung mit einem Ball aus, um zum Virusträger zu werden. Bei anderen hält das Immunsystem immerhin so lange vor, bis das Virus in

Kombination mit einem sogenannten »Lieblingsverein« zuschlägt, dem der Junge/Mann fortan einen Großteil seiner Gefühle und Kreativität vermacht.

Auch beim Punkt Lieblingsverein bestehen bis heute Missverständnisse und Vorurteile. Frauen glauben weitverbreitet, Männer würden sich ihren Verein aus freien Stücken aussuchen. Das ist nicht richtig. Auch der Verein ist ein Virus, der einen manchmal auf erwartbarem Wege befällt (zum Beispiel: Er spielt in der Heimatstadt), oft aber auch überraschend (zum Beispiel: Man sieht einen spektakulären Spielzug im Fernsehen, geht zunächst aus Langeweile ins Stadion und verliebt sich in eine Frau, die auf Per Mertesacker von Werder Bremen steht et cetera). Anders ist es auch nicht zu erklären, dass selbst Vereine wie der SV Wehen-Wiesbaden, die Spielvereinigung Oer-Erkenschwick oder der FC Bayern München eine solide Fanbasis haben.

Wie aber sollen Frauen damit nun klarkommen? Das ist heikel. Zunächst einmal: Der Mann braucht, wie jeder Kranke, Verständnis. Verständnis dafür, dass er diesen Sport so liebt, weil ein Verein seine Liebe niemals hinterfragen würde, weil er auf dem Platz und im Stadion ungestraft jede in ihm schlummernde Emotion herauslassen darf – in keinem anderen Lebensbereich genießt der Infizierte derartige Freiheiten. Signalisieren Sie deshalb: Ja, ich weiß, dass dieses »Sky«-Abo für 55 Euro im Monat wichtig für dich ist, mit dem du sieben Tage in der Woche Fußball gucken kannst, auch die englische und die türkische Liga. Nein, ich finde es gar nicht sooo seltsam, dass du für ein Auswärtsspiel deiner Lieblingsmannschaft insgesamt 1.462 Kilometer fährst und etwa 250 Euro ausgibst, die dann der Haushaltskasse fehlen, anstatt einen gemütlichen Samstag mit deiner Familie zu verbringen. Und ja, klar, du musst am Sonntag noch selbst auf den Platz, die Krankheit will es so, und Torschützenkönig in der Kreisliga B ist auch eine schöne Bestätigung, wenn es im Job und im Bett nicht mehr so läuft.

Wenn Sie all das beherzigen … tja, dann wird es Ihr Leben kein bisschen besser machen. Aber wie gesagt: Wir können nichts dafür.

Warum wir uns *gegenseitig verarschen*, und zwar ausdauernd

»Wahre Liebe gibt es nur unter Männern.«

Diesen Satz hat jeder Mann schon mindestens einmal gesagt und hundertmal gehört. Er ist zunächst einmal ironisch gemeint und wird von beiden Geschlechtern auch genauso aufgefasst. Zu Unrecht, denn dahinter steckt ein in den meisten Männern tief verwurzeltes Gefühl, nämlich:

Dass es stimmt.

Das soll jetzt nicht heißen, dass Frauen nicht zur Liebe fähig wären. Auch nicht, dass Männer ihre Frauen nicht lieben würden – nein, das Gefühl, das wir Männer für andere Männer in uns tragen, ist deshalb so echt und einfach, weil wir uns anderen Männern nicht erklären müssen. Nicht, was wir an Sebastian Vettel mögen oder an Kate Winslet, an Döner oder dem FC St. Pauli. Männer machen es uns leicht, weil wir an dieselben Dinge glauben und – Achtung! – *dieselbe Sprache* sprechen.

Und wenn Männer sich gegenseitig verarschen, dann ist das ein Ausdruck tiefer Zuneigung. Eine Art elaborierter Code, der sich bewusst maximal von der Art unterscheidet, wie einander zugeneigte Frauen sich verhalten. Und je ausdauernder wir unseren Kumpels Würstchen vom Grill klauen, ihnen beim Schlafen die Nase zuhalten und ihnen den größten Blödsinn erzählen, so dass kaum so etwas wie ein erwachsenes Gespräch zustande kommt, desto mehr mögen wir sie. Ist ein bisschen wie das »Gegenteil-Spiel«, wo man immer das Gegenteil von dem sagt, was man eigentlich meint.

Jetzt mal ganz ehrlich: Eigentlich können Sie sich wirklich nicht beschweren. Sie haben Ihren Mann musikalisch doch ganz gut im Griff. Er schenkt Ihnen Mix-CDs mit Joni Mitchell, Norah Jones, Tori Amos und Robbie Williams zum Geburtstag. Er geht mit Ihnen in Annett-Louisan-Konzerte und schmunzelt sogar fast an den richtigen Stellen. Er erträgt es, dass Sie sich bei der Nachricht, dass Take That wieder zusammenkommen, fast eingepullert haben. Und er lächelt auch nur milde, wenn Sie auf Partys nach all den Jahren immer noch zum furchtbaren »It's Raining Men« wie Schmidts Katze abgehen und zum noch viel furchtbareren »I Will Survive« noch mehr. Manchmal, an sehr guten Tagen, tanzt er sogar mit. Und ein paar Sachen, die er in die Beziehung mitgebracht hat, mögen Sie selbst auch ganz gern. Coldplay zum Beispiel, die ruhigeren Stücke von Radiohead und ein paar alte Sachen von Bob Dylan.

Da ist bloß diese eine Sache. Was um Himmels willen findet der Mann an Metallica? Nichts an dem, was die Band macht, steht für irgendetwas in Ihrer Beziehung, na gut, mit »Nothing Else Matters« können Sie zur Not leben. Aber sonst? Testosterongeschwängerter Krach, laut, unmelodisch, in Ihren Ohren krank.

Nahezu jeder Mann hat so eine Band in seinem persönlichen Portfolio. Ersetzen Sie Metallica gern durch Motörhead, Megadeth, Slayer, Led Zeppelin oder Iron Maiden, aber das Phänomen bleibt dasselbe: Vernünftige, harmoniebewusste Männer suchen sich einen Rückzugsraum in einem Bereich, in dem Vernunft und Harmonie nichts zu suchen haben. Eine Welt, in der Schweiß, Leder, Lärm und blanker Zorn regieren. Warum?

Weil es ein – in der Regel gut versteckter – Teil seiner Persönlichkeit ist. Um die Musik wird es ihm nicht gehen, wahrscheinlich mag er sie nicht einmal (herrje, wie soll das auch gehen? Nichts ist liebenswert an einem achtminütigen Schrammelsolo von James Hetfield oder Lemmy). Aber hier kann er sich zurückführen lassen in eine archaische Männerwelt, wie es sie früher einmal gab. In der es geholfen hat, so gruselig und abschreckend wie möglich auszusehen, in der es aber völlig egal war, ob ein Mann sich geschliffen ausgedrückt hat, in der Aggression sein Überleben gesichert hat, in der seine Bewegungen ruhig grobschlächtig und unkoordiniert sein durften. In einem Metallica-/Motörhead-/Iron-Maiden-Konzert können sich all die liebenswerten Männer von heute von der Anstrengung erholen, die es bedeutet, liebenswert zu sein. Und sich neue Kraft genau dafür holen.

Warum wir *Hobbys* haben

Seit Anbeginn der Zeit wird es als selbstverständlich erachtet, dass Männer Hobbys haben. Haben müssen, als dringendes Bedürfnis, als unverzichtbare Notwendigkeit, die zum Ausgleich steht gegen ein Alltagsleben voller Müh und Pein. Das ist eines der größten Missverständnisse zwischen den Geschlechtern. Fakt ist nämlich: Nur verheiratete Männer haben Hobbys. Sie bauen Flugzeugmodelle, schrauben an Fahrrädern herum, sammeln Erstausgaben amerikanischer Dichter oder gehen jeden zweiten Dienstag in den Film-Club ihrer Reihenhaussiedlung. Singlemänner machen irgendetwas, leben vor sich hin, unternehmen ab und zu mal was, aber Hobbys? Fehlanzeige. Was sagt uns das? Haben Ehemänner eskapistische Tendenzen, suchen sie sich ein Hobby, um beizeiten ihrem tristen Beziehungsalltag zu entrinnen?

Äh … nein. Männer suchen sich ein Hobby, weil ihre Frauen nicht damit umgehen könnten, wenn sie keines hätten. Männer können über Wochen dröge und beschäftigungslos herumsitzen. Aber das würde ihre Frauen wahnsinnig machen, aus zwei Gründen. Erstens, weil sie selbst nie so untätig sein könnten oder sein wollten. Zweitens, weil alle Männer ihrer Freundinnen Hobbys haben und sich irgendwie beschäftigen. Genaugenommen legen sich Männer also nur für ihre Frauen ein Hobby zu. Sie selbst kämen ganz gut ohne zurecht.

Warum wir *Junk Food* lieben

Wir essen gern Zeug, das ungesund ist oder von minderer Qualität, aus hässlichen bunten Tüten oder in hässlichen bunten Restaurants. Wir kaufen Chips der Geschmacksrichtungen »Döner mit alles« oder »Hüttenzauber«, wir kennen das Menü des Monats bei Burger King und können längere Zeit diskutieren über die Nach- oder Vorteile gegenüber dem Mitbemüher McDonald's. Moment, sind das nicht die, die Rinderaugen verarbeiten, den Regenwald vernichten, und wo bei jedem Essen Müll in Mengen anfallen, wie sie in Freiburg oder Tübingen in keine Tonne mehr passen würden? Ja, genau, und all das beantwortet dann eben doch auch die Frage nach dem Warum: Weil es unvernünftig, ungesund und unverantwortlich ist. Wir tun es zu zwanzig Prozent aus Selbstzerstörungstrieb und zu achtzig Prozent, weil wir ein Kontrastmittel brauchen zu all der Vernunft, Gesundheit und Verantwortung, die ständig von uns verlangt werden. Andere ritzen sich, wir stopfen uns. Überall wird versucht, uns mit Salatbars und gedünstetem Fisch zu optimieren, und wir sabotieren das durch den Verzehr von Burgern mit Bacon und Cheese. Das heißt, wir stellen uns unserer eigenen Vergänglichkeit. Wir gehen sehenden Auges das Risiko von Arterienverkalkung und Bluthochdruck ein und überprüfen so unsere Zuversicht und Hoffnung, dass wir nicht zu denjenigen gehören werden, die an Fastfood sterben.

Die Zeilen, die Sie nun lesen, wurden an einem Sonntagvormittag Ende Januar geschrieben, und zwar im Freien, bei einer Lufttemperatur von minus 1 Grad Celsius. Es war relativ windstill, die Sonne schien nicht. Ja, einer von uns wollte rauchen, das war der Auslöser, nach draußen zu gehen. Aber nicht der Grund. Der Grund war: Wir sind lieber draußen als drinnen. Wenn wir rauchen, dann vielleicht sogar nur noch deshalb. Bei minus 1 Grad finden wir auch, dass es kalt ist, aber wir frieren nicht. Unser Körper registriert, dass die Temperatur niedrig ist, und unbegrenzt können wir uns nicht bei diesen Witterungsverhältnissen auf der Terrasse aufhalten: Es kommt der Zeitpunkt, da werden die Finger zu steif, um die Tastatur zu bedienen. Aber wir würden immer noch nicht sagen, dass wir frieren. Wir akzeptieren, dass es rein sachlich zu kalt wird, um weiter draußen zu schreiben, aber wir empfinden die Kälte nicht als unangenehm.

Mangelndes Kälteempfinden und die Lust am Draußensein bedingen sich gegenseitig: Kann sein, dass wir es draußen so gut aushalten, weil wir nicht frieren, kann aber auch sein, dass wir uns das Frieren abgewöhnt haben, weil wir lieber draußen als drinnen sind.

Wir, zum Beispiel, frühstücken seit zehn Jahren jeden Donnerstagmorgen um halb neun zusammen, immer vor dem gleichen Coffeeshop. Betonung auf »vor«, egal, ob die Julisonne brennt oder uns im Januar der Kaffee im Becher gefriert. Draußen ist es schöner, weil draußen mehr geht als drinnen. Die Drinnenwelt ist immer begrenzt, von Wänden und Regeln. Draußen ist alles möglich, der Blick ist weit und endet nicht an der Klotür. Theoretisch könnte man von einem Augenblick auf den nächsten aufstehen und irgendwohin gehen.

Wir reden draußen offener und zielloser als drinnen, uns

fallen ganz andere Dinge ein. Frauen, wenn ihr mit uns reden wollt, dann geht mit uns raus. Aber das geht ja nicht, zumindest die eine Hälfte des Jahres nicht. Weil euch zu kalt ist. Andererseits ist euch drinnen auch oft kalt, und dann zieht ihr euch die Ärmel über die Hände. Dann könntet ihr genauso gut rausgehen, dort hättet ihr wenigstens einen Grund zum Frieren.

Warum wir *Luftgitarre* spielen (obwohl wir wissen, dass es peinlich ist)

Ja. Kein Widerspruch. Luftgitarre spielen ist peinlich. Genauso wie Luftschlagzeug, Luftbass und Luftsaxophon. Luftklavier dagegen ist nur noch bescheuert. Männer wissen übrigens, dass es bekloppt aussieht, wenn sie so tun, als würden sie Musik machen. Und trotzdem: Immer wieder sieht man Typen, die wie besessen ihre Luftinstrumente bearbeiten.

Der Keim dafür liegt wie so vieles in der Kindheit. Quasi jeder Junge wollte an irgendeinem Punkt seines Teenagerlebens Teil einer Band sein. Schlagzeuger zum Beispiel, ein cooler, mystischer Außenseiter. Oder Bassist, unglamourös, aber enorm wichtig für das Statement einer Band. Am liebsten aber in der Heldenrolle an der Gitarre. Musiker an sich haben gute Karten bei Frauen. Aber Bassisten, Schlagzeuger und Keyboarder müssen sich definitiv hinten anstellen – es sind die Gitarristen, die sich die Mädchen aussuchen können (okay, der Sänger liegt hier leicht im Vorteil. Aber Sänger zu sein ist selten eine Option für pubertierende Jungen im Stimmbruch, deshalb wünschen sich die meisten eine Gitarre als Plan B. Lässt sich auch leichter mit an den Strand nehmen als ein Klavier). Der Haken ist nur: Gitarre spielen ist nicht gerade leicht. Bevor man es auf eine Bühne schafft, vor der entfesselte Mädchen um die Wette kreischen und mit Unterwäsche werfen, muss man extrem viel Arbeit investieren. Zu viel Arbeit für die meisten. Deshalb gibt es so unendlich viel mehr Männer, die gern Gitarre spielen würden, als solche, die es wirklich tun. Und hier kommt die Luftgitarre ins Spiel. Man muss schließlich nicht wirklich Gitarre spielen können, man muss nur so tun als ob. Das vereinfacht die Sache (es sei denn, man will an den jährlichen Luftgitarrenweltmeisterschaften in Oulu, Finnland, teilnehmen, da ist Dilettantismus fehl am Platz). Darüber hinaus ist die Luftgitarre die Reminiszenz an den Traum einer ungelebten Rockstarkarriere, eine ferne Erinnerung an die Abende, als man im Kinderzimmer »Black Betty« aufgedreht, in die imaginären Saiten gehauen und mit dem Schlussriff vom Bett auf den Fußboden gesprungen ist, mit den Knien voran. Goldene, unbeschwerte Zeiten waren das, an die es sich zu erinnern gilt. Auch wenn es scheiße aussieht.

Ach, übrigens: Luftgitarristinnen sieht man eher selten – Mädchen wollen immer Sängerinnen werden. Darum sieht mann häufig erwachsene Frauen total entrückt in die Holzgriffe von Haarbürsten singen. Das lassen wir jetzt einfach mal so im Raum stehen.

Warum wir zur *Masturbation* neigen

Hier ein paar harte Fakten zur Masturbation bei Männern.

Frauen denken mehrmals am Tag an Sex. Das ist bei Männern anders. Sie denken exakt einmal täglich daran. Aber dieser Moment dauert vom Aufwachen bis zum Einschlafen. Männer laufen völlig oversexed durch ihre Welt, nicht mal bei der Arbeit oder beim Sport lässt sich der Gedanke daran völlig zurückdrängen. Er bleibt im Kopf und im Körper, mindestens als angenehmes, aber anstrengendes Hintergrundrauschen – eine Art Unterleib-Tinnitus, der für ein permanentes Kribbeln in der Lendengegend sorgt.

Angeblich haben die Deutschen in der Woche durchschnittlich 2,6 mal Geschlechtsverkehr. Wir halten das für blanken Unsinn, würden aber unterschreiben, dass Männer es sich (zumindest vor der Midlife-Crisis) ungefähr 2,6 mal selbst machen – am Tag. Das hat zum einen die oben erwähnte Übersexualisierung als Grund – zum anderen lässt sich daraus ableiten, wie Selbstbefriedigung volkstümlich auch genannt wird. Nein, wir meinen nicht »wichsen«, »sich einen feilen« oder »das Rohr polieren«. Sondern:

»Handentspannung.«

Darin steckt das Kernwort: Entspannung. Masturbation hilft uns Männern eindeutig dabei, Druck abzubauen, den Unbill des Tages aus dem Körper zu massieren und erschöpft, aber glücklich auszuatmen. In diesem Buch geht es nun einmal um Gefühle, und ein gutes, wenn nicht das beste Körpergefühl, ist das nach dem Sex – auch wenn er nur im kleinstmöglichen Rahmen stattfindet.

In dieselbe Kerbe haut:

»Sich einen runterholen.«

Genaugenommen holt man nicht (nur) seine Erektion, sondern auch sich als Mensch herunter, ganzheitlich sozusagen. Wo Kopf und Körper voll mit dem Müll eines aufgedrehten, manchmal überdrehten Tagesgeschäfts sind, setzt man etwas Geerdetes wie den Akt der Selbstbefriedigung entgegen – man konzentriert sich auf einen Punkt seiner Körpermitte und leitet aus. Stressabbau ohne Fitnessgeräte und chemische Hilfsmittel.

Ach, und übrigens: Man schläft auch deutlich besser ein danach.

Wenn es um den Gebrauch eines Navigationsgeräts geht, geben Männer kein einheitliches Bild ab. Es verläuft ein tiefer Graben zwischen zwei verschiedenen Gruppen: den Pfadfindern und den Uschiisten.

Uschiisten sind Männer, die im Auto ohne den Gebrauch eines Navigationssystems nicht mal mehr den Weg zu ihrem eigenen Hintern finden würden. Jedes noch so bekannte oder naheliegende Ziel wird technisch an- und ausgewählt und sich sklavisch an das gehalten, was die angenehme, sachliche und irgendwie trotzdem leicht verruchte weibliche Computerstimme befiehlt. Ungefähr 78 Prozent aller Männer nennen diese Stimme »Uschi«, warum auch immer. Gern, aber dennoch selten gewählte Alternativen sind Gertrud, Monique oder Annabell. Warum auch immer.

Die andere Hälfte der Männer sind Pfadfinder und befinden sich auf der diametral entgegengesetzten Seite des Orientierungsspektrums. Zumindest glauben sie das. Auch die besitzen zwar in der Regel ein Navi – mindestens in ihrem Smartphone –, benutzen es aber aus Prinzip nicht, auch wenn sie zum ersten Mal in ihrem Leben in der Rushhour um den Arc de Triomphe kreisen und eigentlich keinen Plan haben, welches jetzt die Ausfahrt zum Bois de Boulogne ist. Dem liegt ein ganz einfacher Anspruch zugrunde: Egal, in welch schwieriger, ja ausweglooser Situation ein Mann sich auch befindet – er muss immer den Kopf oben behalten und seinen Weg finden.

Männer unterliegen übrigens auch immer noch dem Irrglauben, sie könnten Frauen mit ausgeprägtem Orientierungssinn beeindrucken. Das ist so nicht ganz richtig. Frauen sind sehr viel pragmatischer und möchten gern ans Ziel gelangen, ohne – bleiben wir bei unserem Beispiel – die acht nicht gekennzeichneten Fahrspuren am Arc de Triomphe zwei Dutzend Mal durchlaufen zu haben. Findet ein Mann danach ohne fremde Hilfe sein Ziel, wird er trotzdem mit einem schnippischen »Na endlich« entlassen und ohne Sex ins Bett geschickt – und das am ersten Abend in Paris. Ein Schicksal, das er sich mit Uschi unter zügiger Umfahrung des Berufsverkehrs wohl erspart hätte.

Trotzdem muss man den Pfadfinder verstehen: Sich in einer fremden Welt zurechtzufinden und nur unter Verwendung der eigenen Instinkte sein Ziel zu erreichen – das ist ein Gefühl, das gutem Sex sogar relativ nahe kommt. Und nebenbei tatsächliche kognitive Effekte mit sich bringt, weil er so die Aufmerksamkeit für seine Umgebung schult.

Denkt darüber mal nach, ihr Uschiisten.

Warum wir *nicht zugeben*, wenn wir etwas nicht können

Was für Dinge müssen eigentlich Männer können und was für Dinge Frauen? Also jetzt nicht so aus Sicht des Gesetzgebers, da gilt ja das Gleichstellungsgebot, sondern in Familien und Beziehungen, unserer Erfahrung nach. Je länger wir darüber nachdenken, desto mehr kommen wir zu dem Ergebnis, dass es viele Dinge gibt, von denen im Allgemeinen kaum jemand erwartet, dass Frauen sie können: Für alles, was mit dem Auto, Unterhaltungselektronik, Computern und kleineren Reparaturen im Haushalt zu tun hat, sind nach landläufiger Meinung Männer zuständig. Jeder erwartet, dass ein Mann einen Nagel in die Wand schlagen und ein Regal andübeln kann, Frauen hingegen sind von diesen und ähnlichen Fähigkeiten gewissermaßen befreit: Toll, wenn sie's können, aber nicht so schlimm, wenn nicht.

Prinzipiell erwarten alle, dass Frauen ein bisschen kochen können, die Grundprinzipien der Kinderaufzucht beherrschen, einen Tisch decken können und sich gut mit Textilpflege auskennen. Aber: Für Männer gilt das genauso. Eine Frau, die unter der Motorhaube nicht zwischen Kühl- und Scheibenwischwasser unterscheiden kann, ist entschuldigt; ein Mann, der keine Waschmaschine bedienen kann, ist ein Idiot. Eine Frau, die keine Deckenleuchte anschließen kann, ruft einen Mann und verlässt den Raum; ein Mann, der nicht weiß, wie man eine Familie mit drei bis vier Standardgerichten ernährt, ist indiskutabel. Mit anderen Worten: Frauen genießen Freiräume gesellschaftlich geduldeter Inkompetenz, Männer hingegen müssen alles können. Wir haben uns daran gewöhnt, es ist uns gar nicht so richtig aufgefallen.

Vielleicht war der Übergang so fließend, weil es unserem ansozialisierten Besserwisserdrang entspricht. Jedenfalls haben wir im Zuge dieser Entwicklung verlernt zuzugeben, wenn wir etwas nicht können. Darum fragen wir nicht nach dem Weg, bohren ein Loch in die Wasserleitung, bringen den Kinderwagenreifen mit der Pressluftmaschine an der Tanke zum Platzen und verstricken uns beim spontanen Erstellen mündlicher juristischer Gutachten ohne Fachabschluss in heillose Widersprüche: Weil wir uns daran gewöhnt haben, alles können zu sollen. Wir sind wie Swingerclubs mit schlecht formuliertem Motto: Statt »Alles kann, nichts muss« heißt es bei uns: »Vieles kann nicht, aber alles soll.«

Warum wir zur *Nostalgie* neigen

Merkt ihr eigentlich, wie oft wir von früher reden? »Da vorne hat Friedhelm Fischer gewohnt, mit dem waren wir auf der Grundschule, der hatte damals schon eine echt gute Technics-Anlage, als bei uns noch so ein Schneider-Kompaktwürfel stand.« Das interessiert euch nicht, aber uns fällt es ein, weil es präsent ist, wenn wir am Reihenhaus seiner Eltern vorbeifahren. Genauso präsent wie irgendeine Mann-

144

schaftsaufstellung von 1978, Hans Rosenthals Luftsprung zu »Sie sind der Meinung: Das war ... Spitze!«, die Namen all unserer Haustiere und, dass unsere erste Klassenlehrerin immer T-Shirts mit Motorenöl-Werbung trug, weil sie Rallye-Fan war. Kann sein, dass ihr euch an so was auch erinnern würdet, wenn ihr einen Moment nachdächtet – aber uns ist es, wie gesagt, präsent. Uns ist immer bewusst, dass wir das Produkt einer Geschichte sind, deren Ereignisse mit jedem Tag ein bisschen weiter in die Ferne rücken, ohne deshalb völlig zu verblassen. Mag sein, dass wir deshalb manchmal so aneinander vorbeileben: Für uns seid ihr in der Gegenwart zu Hause, während wir in der Vergangenheit und der Zukunft leben. Denn genauso gern, wie wir uns die Vergangenheit bewusst machen, schmieden wir Pläne und malen uns aus, was in ein, zwei Jahren sein könnte; genauso gern, wie wir darüber reden, woher wir kommen und wie das war, reden wir darüber, wohin wir vielleicht gehen und wie das dann sein wird: Ihr seid alle die Frauen der Zeitreisenden. Darum wirkt es manchmal, als wären wir gar nicht da. Und vielleicht sehnen wir uns nach der Vergangenheit und der Zukunft, weil es früher mehr Möglichkeiten und mehr Freiheiten gab als heute, und wer weiß, vielleicht wird das ja eines Tages wieder so, in der Zukunft, mit den richtigen Plänen. Die Gegenwart ist irgendwie so verbaut, so eng, es kommt uns vor, als hätten wir die meisten wichtigen Entscheidungen schon getroffen und müssten jetzt nur noch die Konsequenzen verwalten. Und um uns dem nicht stellen zu müssen, fliehen wir lieber ein bisschen.

Warum wir unfähig sind, *Obst* zu essen

Wenn wir im Supermarkt auf der Suche nach Chilischoten durch die Obst- und Gemüseabteilung streifen, fällt unser

Blick auf die klafterbreiten Obstauslagen, und wir fragen uns insgeheim: Wer soll das alles essen? Und dann fällt es uns wieder ein: Ach ja, Frauen.

Der Mensch hat eine natürliche Abneigung dagegen, Obst zu essen. Man kann sich selbst leicht davon überzeugen, wenn man beobachtet, wie verständnislos die meisten Kleinkinder auf das Ansinnen ihrer Mütter reagieren, diese oder jene Frucht zu verzehren. In diesen kleinen, unverdorbenen Wesen schlummert der genetisch in uns allen verankerte Instinkt, um Obst einen weiten Bogen zu machen.

Seit der Morgendämmerung der Menschheit dient dieser Instinkt zur Arterhaltung: Niemand aus der Urhorde konnte wissen, ob diese oder jene Frucht nicht möglicherweise hoch giftig war, und immer lauerte Gefahr in Gestalt tödlicher Insekten, die sich in Stauden und unter Blättern verbargen, um im Moment des Pflückens gnadenlos zuzuschlagen. Sehr viele parasitäre Schädlinge tarnten sich sogar als Obst, um dem unvorsichtigen Urmenschen entweder die Zunge aus dem Mund zu reißen oder sich in seinem Verdauungstrakt zu verpuppen und 48 Stunden später durch seine Bauchdecke zu brechen, was oft tödlich endete. All dies sind wissenschaftliche Fakten. Auch die Dinosaurier sind wegen des Obstverzehrs ausgestorben. Kurz: Es ist unnatürlich, Obst zu essen, und nur in Männern und Kleinkindern ruht noch das Wissen um diese Urgefahr; Frauen wurde sie durch konzertierte Marketinganstrengungen der Agrarlobby auf der einen Seite und der Diät-Guru-Gewerkschaft auf der anderen Seite im Laufe von wenigen Generationen ausgetrieben. Das bedenkliche Resultat steht in Körben und Schalen auf unseren Tischen und grinst uns an. Bald wird es heißen: Obst gegen Menschheit 1:0, und dann ist alles aus.

Gut, okay, wir essen einfach nicht gern Obst. Es gibt so tolle Sachen, die wie Obst schmecken, ohne diese seltsam organische Komponente zu haben: Süßigkeiten, Schnaps und Eis. Und zwischendurch hin und wieder ein Glas Orangensaft und eine Vitamintablette. Reicht das nicht? Stattdessen ständig old school Obst zu essen, kommt uns vor, als würde man mit der Hand ein Auto aus Eisenerz und Holz bauen. Vermutlich ginge das irgendwie, aber es muss doch nicht sein!

Warum Männer sich am *Sack* kratzen

Wenn Männer sich im Genitalbereich kratzen, dann, weil es juckt.

Warum wir uns für *Technik* begeistern

Zum Bummeln gehen wir in den Media Markt. Das sind diese Läden, in denen manche Leute Madonna-CDs und Kaffeepads kaufen. Wir streifen durch die Regale und stellen uns spielerisch die Frage, ob unser Leben mit noch einer weiteren externen Festplatte nicht viel besser und vor allem sicherer wäre. Wir warten gern, bis vor dem 3D-Fernseher eine Brille frei wird, damit wir später sagen können, dass das eine technologische Sackgasse ist. Ja, wir finden sogar in den seltsamen Restposten-Sammelbecken im Kassenbereich immer noch irgendwas, das uns genug fasziniert, um es in die Hand zu nehmen: ein Nasenhaarschneider, den man an den USB-Port anschließen kann und der mit 12,99 Euro gar nicht mal teuer ist!

Wir begeistern uns für Technik, weil sie uns ablenkt. Und weil wir immer wieder auf das Versprechen hereinfallen, sie würde unser Leben leichter machen. Wir begeistern uns für Technik, solange wir die Illusion aufrechterhalten können, sie sei beherrschbar. Sobald die Technik versagt, kriegen wir schlechte Laune (siehe das einschlägige Kapitel). Dann fühlen wir uns im Stich gelassen, verraten. Denn das, was wir uns am meisten wünschen von Computern, Smartphones, Flachbildschirmen und Spielekonsolen ist: Ablenkung und ein leichteres Leben. Wir lieben es, uns ablenken zu lassen. Und wir finden unser Leben alles, aber nicht leicht. Wir sind überfordert davon, neue Rollen für uns als Männer finden zu müssen, es strengt uns an, uns mit Gefühlen auseinanderzusetzen, die Unsicherheit im Job zerrt an unseren Nerven, wir haben keine Zeit, keine Kraft, keine Lust – und sind wir dankbar für alles, was uns zerstreut.

Aber das ist nicht alles. Der Unterschied zwischen Männern und Frauen ist letztendlich gar nicht so groß, alle haben Gefühle, jeder kann lernen, sie so zu äußern, dass andere sie verstehen, und jeder, egal ob Frau oder Mann, kann lernen, zu verstehen, was andere äußern. Es gibt nichts spezifisch Weibliches, was Männer von vornherein niemals beherrschen oder verstehen können; wenn sie es nicht können, dann hat sich das gesellschaftlich so ergeben und ließe sich ändern. Umgekehrt genauso: Alles, was Männer können, können Frauen auch, und wenn nicht, dann nur, weil sie sozial und gesellschaftlich anders geprägt sind, und auch das lässt sich ändern. Mit einer Ausnahme. (Auch von dieser Ausnahme gibt es Ausnahmen, und zwar Frauen, die sich beruflich mit derlei beschäftigen, aber die lassen wir jetzt mal außen vor): Frauen können keine Technik.

Frauen tun nicht mal so. Nennt uns eine Frau, die einen DVD-Festplattenrekorder gekauft, angeschlossen und ihn soweit verstanden hat, dass sie die gängigen seiner Funktionen bedienen kann. O ja, Frauen haben iPhones. Das iPhone ist zu einem guten Teil überhaupt nur so erfolgreich, weil Frauen iPhones haben. Sie können sie auch bedienen, aber, jetzt mal ganz ehrlich: Wer synchronisiert in neun von zehn Fällen das Frauen-iPhone, wer spielt die Musik drauf, wer aktualisiert die Software? Genau: Jan und Hein und Klaas und Pit. Frauen verstehen nichts von dem ganzen Kram, sie wollen es auch gar nicht. Das heißt, ihr müsst uns rufen, um das Zeug anzuschließen und zum Laufen zu kriegen. Meist schaffen wir das irgendwie, und ihr staunt: das ist Technik, die begeistert. Das klingt hämisch? Nein, wir genießen einfach das Gefühl, gebraucht zu werden.

Warum wir *vor dem Fernseher einschlafen*

Während wir das hier schreiben, findet in Gelsenkirchen ein Bundesligaspiel statt, das wir nicht besuchen. Läuft eine Folge von »How I Met Your Mother« im Fernsehen, die wir nicht sehen, schmeißt eine gute Freundin auf St. Pauli eine Lokalrunde, von der wir nichts haben, und ist die Abendluft draußen so sensationell frisch, dass man eigentlich bekloppt wäre, wenn man nicht ein paar Meter an der nahen Elbe entlanglaufen würde. Tun wir aber nicht. Wir verpassen all das. Weil: Wir schreiben ja. Wir müssen uns entscheiden zwischen den Möglichkeiten, die das Leben uns bietet. So viel bleibt dabei auf der Strecke. Und das nervt. Denn eigentlich wollen wir alles. Trinken, Frischluft, Fußball (manchmal kommt das alles zusammen, aber oft genug eben nicht). Und wir wollen alles wissen, was dazu führt, dass wir viel mehr Zeit vor dem Computer verbringen als Frauen. Im Internet surfen. Länger fernsehen. Vor dem Fernseher einschlafen. Wieder aufwachen und weitergucken, gegen jede Ansage, die unser Körper macht.

Warum? Weil wir Angst haben. Angst davor, dass zu viel Leben ungelebt bleibt. Schlaf erscheint uns als nutzlose Zeit, in der so viel ohne uns stattfindet. Deshalb antworten wir auf die Frage, ob wir jetzt langsam mal ins Bett kommen, rituell mit »Gleich, Schatz« und zappen uns trotzdem über Stunden weiter durch die unendlichen Weiten des Kabelfernsehens, getrieben von der Suche nach Leben und sinnvoll verwertbaren Informationen. Wir wollen teilhaben an den schnellen, unübersichtlichen Abläufen unserer Zeit, die immer jetzt passiert und nie später. Schlafen, denken wir oft, können wir noch, wenn wir tot sind.

Ihr meint, das können wir bald haben, wenn wir so weitermachen? Mag sein, dass wir insgesamt eine statistisch geringere Lebenserwartung haben. Aber jeder einzelne von uns ist davon überzeugt, dass er nicht zu denen gehören wird, die unter der Last des männlichen Lebenswandels zusammenbrechen.

Kapitel 9
Die Stunde der Solisten:
Was wir machen, wenn wir allein sind

Auch Männer haben manchmal Zeit für sich. Wofür? Das ist ein gut gehütetes Geheimnis, das wir eigentlich nicht preisgeben. Es sei denn, man wendet ausgeklügelte Verhörtechniken an. Wie die (fiktive) Interviewerin in dem folgenden (fiktiven) Gespräch mit dem (fiktiven) Herrn Mann, aufgezeichnet von (dem echten) Stephan Bartels

Interviewerin (im Folgenden »Frau« genannt): »Herr Mann, wir treffen uns nicht zum ersten Mal, und ich darf sagen: Es ist nett mit Ihnen.«

Mann: »Vielen Dank.«

Frau: »Sie sind freundlich, hören mir zu, haben einen gewissen Charme …«

Mann: »Klingt nach einem langen Anlauf zu einem ›Aber‹.«

Frau: »Aber: Ich – nein, ich spreche jetzt mal allgemein für alle Frauen – wir glauben: Das ist nicht Ihr wahres Ich.«

Mann: »Nicht?«

Frau: »Nein. Denn wie immer in Gesprächen mit anderen Menschen steckt man dabei in einer Rolle. Hier sind Sie der

151

freundliche Frauenversteher, bei einem Gespräch mit Unter-
gebenen der strenge Chef, bei Ihren Kindern …«

Mann: »Ich verstehe. Worauf wollen Sie hinaus?«

Frau: »Ich würde gern wissen, wer der echte Mann ist. Der
Kern-Mann, wenn Sie so wollen. Und wenn man den Gedanken, dass man im Gespräch mit anderen Menschen immer in
eine Rolle schlüpft, einmal konsequent zu Ende denkt, bleibt
nur ein Schluss.«

Mann: »Und zwar?«

Frau: »Am meisten ist der Mann er selbst, wenn er ganz
für sich allein ist.«

Mann: »Na, das ist ja mal 'ne steile These. Und jetzt wollen
Sie wissen, wie ich so bin, wenn ich allein bin.«

Frau: »Und was Sie so machen.«

Mann: »Kommen Sie, das interessiert doch keine Sau.«

Frau: »Nee, die nicht, das stimmt. Aber so gut wie alle
Frauen.«

Mann: »Warum?«

Frau: »Also bitte. Seien Sie nicht so naiv. Wir verbringen
unsere Abende mit Ihnen, unsere Nächte, große Teile des
Wochenendes, vom Urlaub ganz zu schweigen – und trotzdem sind Sie für uns immer noch ein kaum zu lösendes Rät-
sel. Wenn meine These stimmt und Sie wirklich authentisch
nur mit sich allein sind, dann kann ich eine ganze Menge von
Ihnen lernen.«

Mann: »Ich weiß nicht …«

Frau: »Ob Sie die Männer verraten können?«

Mann: »Och, das ist mir egal. Ich habe nur eigentlich noch
nie so recht darüber nachgedacht. Wenn ich allein bin, dann
denke ich nämlich nicht besonders viel. Irgendwie … bin ich
dann nur.«

Frau: »Sie sind nur? Sind was?«

Mann: »Eben, das weiß ich im Moment gar nicht so genau.
Und wenn ich so darüber nachdenke, fühlt sich das ganz gut
an. Es ist doch so: Wenn ich nicht allein bin, muss ich immer

ganz genau wissen, wer ich bin. Vater, Ehemann, Abteilungs-leiter im Job, Kunde in meiner BMW-Vertragswerkstatt. Ach ja, nicht zu vergessen: der gute Sohn, der einmal die Woche bei seiner Mutter in Mettmann anruft.«

Frau: »Sie kommen aus Mettmann?«

Mann: »Tut das was zur Sache?«

Frau: »Äh ... nein. Aber offen gestanden: Dass Sie nichts denken und auch nichts sind, wenn Sie allein sind, das hilft mir auch nicht gerade weiter. Machen Sie denn wenigstens etwas?«

Mann: »Klar mache ich was.«

Frau: »Und was?«

Mann: »Ich weiß nicht.«

Frau: »Nicht Ihr Ernst. So geht das nicht. Schließen Sie die Augen und stellen Sie sich vor, Sie wären allein. Wo sind Sie jetzt?«

Mann: »Im ... Wohnzimmer. Ich sitze im Sessel am Fens-ter.«

Frau: »Was machen Sie?«

Mann: »Ich singe.«

Frau: »Sie machen was?«

Mann: »Ich wundere mich selbst. Ist mir nie so aufgefallen, aber scheinbar singe ich, wenn ich allein bin. Und dann auch noch Grönemeyer.«

Frau: »Echt? Was denn?«

Mann: »›Flugzeuge im Bauch‹. Habe ich damals eine Wo-che durchgehört, als mit Sabine Schluss war.«

Frau: »Wann war das?«

Mann: »1989.«

Frau: »Aha ...«

Mann: »Aber jetzt wird mir bewusst, dass ich oft singe, wenn ich mir sicher bin, dass keiner zuhört. Allen mög-lichen Scheiß: ›Kiss‹ von Prince, ›Cars and Girls‹ von Pre-fab Sprout ... Manchmal brauche ich dazu nicht mal Musik, dann wabern mir die Stücke so im Kopf herum. Aber meistens lege ich, wenn ich allein bin, ältere Platten auf, die mich an irgendetwas erinnern.«

Frau: »An Sabine.«

Mann: »Oder Maren. Oder Katrin. Oder Schweden 1992.«

Frau: »Was war da?«

Mann: »Nichts Besonderes. Einfach nur gute vier Wochen, in denen ich nirgendwo hin musste, für niemanden etwas tun musste, einfach an nichts denken musste. Die Platte dazu war übrigens ›4 gewinnt‹ von den Fantastischen Vier.«

Frau: »Das heißt also, dass Sie allein zur Nostalgie neigen.«

Mann: »Das tun alle Männer, und zwar ständig. Nein, wenn ich allein bin, wird aus der Nostalgie eher Sentimentalität. Dann kann ich mir schon mal erlauben, warm und freundlich an Frauen zu denken, mit denen es dann doch nicht geklappt hat, und zwar jeweils aus gutem Grund. Das würde ich nie machen, wenn ich mit meiner Frau ›Tatort‹ schaue.«

Frau: »Warum nicht?«

Mann: »Weil es sich dann nicht richtig anfühlt. Es würde den Raum zwischen mir und meiner Frau auf seltsame Weise vergiften.«

Frau: »Wenn Sie sagen, Sie denken an sie, dann bleibt es doch dabei nicht, oder?«

Mann: »Ich weiß nicht genau, ob da nicht leicht schmutziges Gedankengut in dieser Frage durchschimmert, aber es stimmt: Dabei bleibt es nicht. Wenn ich allein bin, schaue ich mir auch gern alte Fotos an, die sonst sehr weit unten in der Kiste in der Abstellkammer liegen. Das hat mehrere Funktionen.«

Frau: »Ich höre.«

Mann: »Also, zum einen: Es zeigt mir den Mann, der ich einmal gewesen bin. Und es war meistens ein guter Mann, an den zurückzudenken sich lohnt. Zweitens: Es zeigt mir den Mann, der ich hätte sein können, wenn ich so weitergemacht oder andere Entscheidungen getroffen hätte. Deshalb gehe ich danach oft an meinen Laptop. Um drittens zu recherchieren, ob das Leben der anderen ohne mich so gut läuft, wie es mit mir gewesen wäre.«

Frau: »Sie googeln Sabine, Maren und Katrin?«

Mann: »Sicher. Immer wieder mal. Manchmal erfährt man gar nichts, manche Leute haben es nicht so mit Social Networks. Oder sie haben einen Job in einer Firma, die nicht so viel Wert auf einen guten Internetauftritt legt. Von Maren zum Beispiel weiß ich nur, dass Sie jetzt in der Buchhaltung der FernUni Hagen arbeitet. Mehr ist nicht zu finden.«

Frau: »Sabine hingegen?«

Mann: »Ist bei Facebook und StayFriends, hat einen detaillierten Profilbogen auf der Homepage ihrer Firma, spielt immer noch Badminton, war letztes Jahr Weihnachten auf Koh Samui, und zwar mit ihrem Mann und den beiden Kindern. War übrigens nicht so doll, die Regenzeit hat sich ziemlich hingezogen in Thailand letztes Jahr.«

Frau: »Und was machen Sie mit diesen Informationen?«

Mann: »Nichts. Ich habe sie. Ich habe zwar schon mal eine Mail an Sabine geschrieben, aber sie vor dem Abschicken wieder verworfen. Ich wusste plötzlich nicht mehr, warum sie etwas anderes sein sollte als eine Erinnerung.«

Frau: »Weiß Ihre Frau, dass Sie anderen Frauen hinterhergoogeln?«

Mann: »Nein. Wozu auch? Muss sie das wissen? Ich denke, wenn ich ihr das erzähle, würde sie knallhart die falschen Schlüsse ziehen. Oder irre ich mich da, wenn ich jetzt auch mal eine Frage stellen darf?«

Frau: »Ich würde tatsächlich denken, dass Sie da mit etwas noch nicht abgeschlossen haben. Und dass es Ihnen im Kopf umherspuken muss, sonst würden Sie sich nicht damit beschäftigen. Wäre das der falsche Schluss?«

Mann: »Definitiv. Aus, vorbei, gegessen, keine Gefahr für meine Frau. Nur ein bisschen Gestrigkeit in meinem Leben, ein Teil, den es nun einmal gab. Und an den ich mich nur dann erinnere, wenn mich keiner dabei stört. Und wenn ich niemanden damit störe. Aber ich kann Sie beruhigen: Verflossenen-Stalking macht noch den geringsten Teil der Zeit aus, die ich im Internet aufwende.«

Frau: »Aha …«

Mann: »Hören Sie gefälligst auf, so zweideutig zu sein. Das ist verklemmt. Und eine Unterstellung über männliches Netznutzungsverhalten und sowieso falsch. Sex im Netz wird nämlich sehr schnell sehr fade. Ich konfiguriere lieber Neuwagen durch, mit Sonderlackierungen, Extra-Navis und Einparkhilfe hinten. Nur so zum Spaß, weil ich Autos schön finde. Davon erfährt mein Wagen hoffentlich auch nie etwas, ich bin ja ganz zufrieden mit ihm. Und ich lasse mich treiben, oft durch Wikipedia. Kennen Sie den ersten englischen Fußballmeister?«

Frau: »Nein.«

Mann: »Preston North End, 1889. Ich weiß, dass der Tunnel, der vom Kopenhagener Flughafen Richtung Öresundbrücke führt, auf einer künstlichen Insel herauskommt, die Peberholm heißt, übersetzt: ›Pfefferinselchen‹. Und mir ist bekannt, dass Fritz Lau einer der vier Ehrenbürger von Glückstadt ist.«

Frau: »Wer ist Fritz Lau?«

Mann: »Keine Ahnung.«

Frau: »Wozu nützt das dann?«

Mann: »Zu nichts. Das ist ja das Schöne. All dieses Wissen führt zu gar nichts, es sei denn, ich lande irgendwann mal bei Günther Jauch auf dem Stuhl, was nicht passieren wird, weil ich mich nie bewerbe. Aber das macht gar nichts. Alles, was passiert, wenn mich niemand dabei sieht, dient keinem besonderen Sinn, weil ich ansonsten genug Dinge habe, die zielgerichtet sind.«

Frau: »Das ist irgendwie ernüchternd. Tun Sie sich nicht mal ab und zu was Gutes?«

Mann: »Als da wäre?«

Frau: »Na ja … ein schönes Bad einlassen, Kerzen, Musik, ein gutes Buch …«

Mann: »Möchten Sie vielleicht die letzte Einlassung streichen?«

Frau: »Wieso?«

Mann: »Weil *Sie* jetzt naiv sind. Wenn ich baden will, dann gehe ich baden, Punkt. Das ist nichts Besonderes für mich, sondern ein weiterer Bestandteil meines Tagesablaufs. Länger als zehn Minuten mag ich eh nicht, da wird die Haut schrumpelig und hinterher juckt es überall.«

Frau: »Sie müssen sich halt eincremen.«

Mann: »Eincremen. Ich. Von wegen. Das überlasse ich Ihnen.«

Frau: »Jetzt sind Sie doppeldeutig.«

Mann: »Keine Absicht. Was ich nur sagen will: Kommen Sie Männern bloß nicht mit Wellness oder so 'nem Zeug. Wenn Sie einem Mann sagen: ›Tu dir mal was Gutes‹, dann holt er sich zwei Bier aus dem Kühlschrank und guckt sich Barcelona in der Champions League an.«

Frau: »Na gut, dann nicht. Aber bis jetzt weiß ich nur, dass Sie singen, alten Freundinnen nachtrauern und sich im Internet verlieren. Das kann doch nicht alles sein.«

Mann: »Ich würde sagen, ich werde insgesamt jünger. Mein Spieltrieb meldet sich, ich kann Zeit vertrödeln, ohne mich dabei schuldig zu fühlen. Und ich laufe ausschließlich in Jogginghosen herum. Hilft das?«

Frau: »Na ja, es überrascht mich nicht besonders. Schließen Sie bitte wieder die Augen.«

Mann: »Okay …«

Frau: »Sie sind wieder allein. Alle CD-Spieler und MP3-Player sind aus, Sie singen nicht. Wo sind Sie? – Und lassen Sie sich Zeit.«

Mann: »Ich … ich … ja, jetzt sitze ich auf dem Sofa.«

Frau: »Was tun Sie?«

Mann: »Ich esse.«

Frau: »Und was gibt's?«

Mann: »Chili con Carne.«

Frau: »Wer hat das gekocht?«

Mann: »Die Firma Erasco. Das Zeug kommt aus der Dose, ich habe es in der Mikrowelle warmgemacht.«

Frau: »Nicht Ihr Ernst!«

Mann: »Doch. Lecker, wirklich. Und so praktisch. Ich vergeude keine Zeit damit, aufwendig zu kochen und kann so in kürzester Zeit sehr viele Folgen von ›Entourage‹ auf DVD wegucken.«

Frau: »Kenne ich nicht. Ist das eine Jungs-Serie?«

Mann: »Na ja, es steht eine WG von vier Männern in Hollywood im Mittelpunkt. So gesehen: ja. Aber ich schaue auch andere Sachen. Und so ziemlich jedes Fußballspiel.«

Frau: »Wissen Sie was? All das sei Ihnen ja gegönnt. Aber es ist auch ein bisschen ernüchternd: Die Typen, mit denen wir zusammenleben, googeln fremde Frauen, singen alte Lieder, sammeln nutzloses Wissen, tragen verwaschene Jogginghosen, essen Dosenfutter und schauen sich dabei obskures Zeug im Fernsehen an. Und das alles hinter unserem Rücken. Ich weiß nicht, ob mich das frustrieren oder beruhigen sollte.«

Mann: »Hm. Das tut mir leid, aber ich habe es Ihnen ja gleich gesagt. Aber weil Sie sich so viel Mühe gegeben haben … Mir fällt gerade etwas ein, das ich normalerweise verdränge. Es gibt da doch etwas.«

Frau: »Ja?«

Mann: »Also, bei all dem, beim Singen, beim Fernsehen und so …«

Frau: »Ja?«

Mann: »Nun … ich weine manchmal, wenn ich allein bin.«

Frau: »Wirklich?«

Mann: »Ja. Beim Fernsehen zum Beispiel, wenn es um Väter und Söhne geht. Oder auch, wenn sich beim Fußball zwei Spieler nach einem Foul fair die Hand geben. Ich bin ziemlich nah am Wasser gebaut, und in meinem normalen Alltag kostet es mich einiges an Überwindung, das zu verbergen.«

Frau: »Aber das müssen Sie doch gar nicht! Wir Frauen finden das toll, wenn Männer das ausleben können!«

Mann: »Glaube ich nicht. Stellen Sie sich mal vor, Sie sitzen zu Hause neben einem Typen, der bei jedem Heinz-Rühmann-Film ins Flennen kommt. Männer haben ein großes Reservoir an Tränen der Trauer und der Rührung in sich. Und sie haben gelernt, das zu unterdrücken. Aber je älter man wird, desto schwieriger wird das. Das wird Ihnen schnell zu viel, glauben Sie mir. Nee, ich weine lieber allein, da fühle ich mich sicherer.«

Frau: »Jetzt bin ich ganz gerührt …«

Mann: »Wagen Sie es ja nicht, hier zu heulen!«

Frau: »Schon gut, wieder vorbei … Und sonst? Außer dem Weinen?«

Mann: »Reicht das etwa nicht?«

Frau: »Nein, ich meine ja, schon, sorry, das ist schon was. Ich frage mich nur eins …«

Mann: »Und zwar?«

Frau: »Sie sagten vorhin, Sie wüssten gar nicht so genau, was Sie machen, wenn Sie allein sind. Und dann kam aber doch so einiges. Mussten Sie sich wirklich daran erinnern?«

Mann: »Ja, wirklich. Ich genieße es einfach, nicht denken zu müssen, wenn ich allein bin. Mich ziellos treiben zu lassen, nichts zu müssen. Da bleibt wenig von hängen in meinen Hirnwindungen.«

Frau: »Bis auf Preston North End.«

Mann: »Und das Pfefferinselchen. Wenn ich noch was fragen dürfte: Haben Sie ihn denn jetzt gefunden, den Kern-Mann?«

Frau: »Fragen Sie lieber nicht.«

Kapitel 10
»Ich liebe Sie, Sergej Iwanowitsch«:
Das Geheimnis der Männerfreundschaft

Früher bejubelten Männer ihre Beziehung zu anderen Männern in blumigen Worten, heute nimmt man sie eher stillschweigend zur Kenntnis. Was nichts daran ändert: Männer haben Freunde. Sogar Stephan Bartels, der hier aber erstmal erzählt, wie jemand nicht sein Freund wurde.

Im Nachhinein habe ich mich ab und zu gefragt, warum ich damals bei Lars nicht einfach die Fresse gehalten habe. Es hätte wirklich etwas aus uns werden können, bestimmt. So richtig gute Freunde eben. Und dann habe ich es verbockt.

Ich habe Lars Anfang der Neunziger kennengelernt. Eigentlich war er ein Kommilitone von meinem Freund Uli, aber weil Lars viel mit Uli herumhing und ich auch, hingen wir damit geradezu zwangsläufig alle drei miteinander herum. Wir lagen öfter mal zu dritt an lauen Sommerabenden am Elbstrand, gingen auf Konzerte obskurer Indie-Bands, spielten Fußball im Park und schlugen uns ganze Nächte im Kino um die Ohren (zum Beispiel im Oktober 1991 im »Arsenal« in Hamburg-Barmbek, über einem Aldi und einem Waschsalon gelegen: die lange Wim-Wenders-Nacht mit »Paris, Texas«, »Der Himmel über Berlin« und »Bis ans Ende der Welt«, Beginn 22.30 Uhr, Ende irgendwann weit nach Sonnenaufgang. Was man nicht alles aushält, wenn man jung ist).

Es war wirklich eine gute, unbeschwerte Zeit.

Dann kam diese Party bei Andreas. Wir standen in einer größeren Gruppe im Wohnzimmer zusammen. Ich hatte Durst, ging auf den Balkon und zog zwei Flaschen Bier aus einem Kasten. Ich hatte im Wegdrehen bemerkt, dass in Lars' Flasche nur noch ein kleiner, schaler Restschluck kleine Wellen schlug. Er würde bestimmt ohnehin bald ein frisches Getränk brauchen, dachte ich so bei mir. Also ging ich wieder hinein und hielt ihm wortlos die Flasche hin. Er sah mich verblüfft an. Dann grinste er schief und sagte: »Danke, Mann. Echt ein netter Zug von dir.«

Ich drückte ihm sein Getränk in die Hand, stieß mit meinem dagegen und verdarb danach alles. Ich sagte nämlich: »Kein Ding, warum auch nicht. Ich mag dich ja schließlich sehr gern.«

Dieser Satz, gesagt in einer sich gerade einmal anbahnenden Männerfreundschaft, ist eine absolute Grenzverletzung. Es ist, als ob man ohne Visum und mit einem Koffer voller Handfeuerwaffen bei der Einreise nach China erwischt wird: Es ist gefährlich, löst Panik aus, verkompliziert alles, und überhaupt tut man so etwas einfach nicht.

Und wenn doch, wird man hart bestraft.

Lars zum Beispiel hat sich nicht einmal sonderlich Mühe gegeben, sich unter Kontrolle zu behalten. Seine Gesichtszüge entgleisten komplett, er sah mich entsetzt an, gerade so, als hätte ich ihm gesagt, dass ich seine Großmutter im Swingerclub getroffen hätte. Und er sagte: nichts. Wandte sich nur abrupt den anderen zu, tat auf eine unkonzentrierte Weise so, als würde er dem Gespräch über die Musik auf der Party folgen, verließ die Runde wortlos nach etwa 30 Sekunden, die ganze Party eine Viertelstunde später und damit auch mein Leben. Ich schwöre: Ich habe den Mann nie wieder gesehen.

Was war da eigentlich passiert? Na ja, in erster Linie habe ich mich unmännlich verhalten. Jemandem verbal unsere Zuneigung zu versichern: Das machen wir bei Frauen, und auch nur bei denen, mit denen wir am Ende einer Party gern knutschend in einer dunklen Ecke liegen möchten. Mit Lars wollte ich definitiv in keiner dunklen Ecke landen, aber ich bin mir fast sicher, dass er sich da nicht mehr so sicher war – auch wenn er wusste, dass ich mit meiner Freundin da war, die sogar nur zwei Meter neben ihm stand. Aber in gewisser Hinsicht sind Männer nun einmal wie kleine Kinder: Sie brauchen Grenzen. Liebeserklärungen sind eine Grenze, die nur für Frauen überschritten wird. Und wie kleine Kinder geraten Männer komplett aus der Spur, wenn die Grenze auf einmal nicht mehr da ist.

Für Lars war all das eindeutig zu viel. Und offen gestanden: Ich konnte es verstehen. Mir war sofort klar, dass ich in einen Fettnapf von der Größe einer Zirkusmanege getappt war. Und ich schämte mich ab diesem Moment etwa für die nächsten vier Wochen, und zwar nonstop.

Ist das nicht komplett bescheuert? Was kann daran verkehrt sein, jemandem zugeneigt zu sein und es ihm zu zeigen? Was ist bloß mit uns Männern los, dass wir solche Probleme damit haben? Und wetten, dass in diesem Moment haufenweise Frauen diese Zeilen lesen und nicht im Ansatz verstehen, was eigentlich das Problem ist. Denn Frauen funktionieren anders. Wenn die jemanden mögen, dann zeigen sie es. Wenn Frauen einer Freundin auf der Straße begegnen, dann werfen sie sich einander in die Arme, die Stimmen werden lauter und höher und schneller, und sie strahlen um die Wette. Immer.

Wenn Männer Freunde treffen, nehmen sie sich zwar auch beizeiten in den Arm, aber der Rest ist rustikal bis unaufgeregt: Man klopft sich kräftig zwischen die Schulterblätter, die Stimme bleibt unten, die Mimik verändert sich nur in Nuancen.

Wir brauchen das als klare Abgrenzung. Unsere Gefühle für Frauen sind nicht die gleichen wie die für Männer, deshalb sehen wir auch keinen Grund, die Emotionalität auf demselben Level zu halten. In Männerfreundschaften sind wir ganz gern so, wie wir bei Frauen oft genug nicht sein dürfen: unemotional.

Das war früher mal ganz anders. Also, ganz früher jetzt, 18., 19. Jahrhundert, die Zeit der Romantiker und Aufklärer. Die Zeit, in der Männer ihre Gefühle neu entdeckten und in ihrer Unschuld keinen großen Unterschied machten zwischen Männern und Frauen, rein verbal. Da begegneten einem schon einmal in der Literatur Sätze wie »Ich liebe Sie, Sergej Iwanowitsch« Und der Dichter Johann Georg Jacobi schrieb um 1750 herum an seinen Kumpel Johann Wilhelm Ludwig Gleim: »Alles hab' ich bey Ihrem Abschiede empfunden, was ein Liebhaber empfinden kann, selbst die kleinen Umstände nicht ausgenommen, die für ihn so interessant sind.« Homoerotisch? Nicht unbedingt. Schließlich gab es mal eine Zeit (und zwar eben diese), in der die wahre, reine Freundschaft im Grunde nur unter Männern für möglich galt. Der Spruch, dass es wahre Liebe nur unter Männern gibt, stammt aus dieser Zeit der Emotions-Historie. Aber auch die heutige Haltung der Männer in dieser Frage wurde letztlich schon im 18. Jahrhundert angelegt. Das belegt folgender Auszug aus dem Gedicht »Abschied eines Freundes« von Gottfried Ephraim Lessing:

»Erwarte nicht ein täuschend Wortgepränge,
Für unsre Freundschaft viel zu klein.
Empfindung haßt der Reime kalte Menge,
Und wünscht unausposaunt zu sein.
Ein feuchter Blick sind ihre Zaubertöne;
Ein schlagend Herz ihr rührend Lied.
Sie schweigt beredt, sie stockt, sie stammelt schöne,
Ums stärkre Wort umsonst bemüht.«

So ist es. Und so sind wir: Warum große Worte machen, wenn im Grunde nicht mal die reichen?

Aber das ist eben nur die halbe Wahrheit. Das mit Lars konnte unter diesen Umständen schon deshalb nicht funktionieren, weil Männerfreundschaften für uns die Auszeiten von unseren Frauenbeziehungen sind. Wir brauchen diese problemfreien Komfortzonen, in denen mal nicht reflektiert, analysiert und resümiert wird. Und die uns nur ein echter Freund bieten kann.

Ein echter Freund sanktioniert nicht, wenn man schlechte Laune hat – er lässt es zu. Ein echter Freund zweifelt nicht an der Freundschaft oder wird zickig, wenn man sich mal drei Monate nicht meldet – nein, er macht genau da weiter, wo er beim letzten Mal aufgehört hat. Ein echter Freund muss auch nicht immer ein Update über den Stand seiner Beziehung geben oder erzählen, wie es ihm so geht – aber wenn er das will, kann er sicher sein, dass ihm gegenüber ein loyaler Kumpel sitzt, der einfach nur zuhört und gute Ratschläge nur dann erteilt, wenn er auch welche hat.

Überhaupt, »Kumpel«: So nennen wir unsere Freunde gern, wenn wir sie nicht Freunde nennen wollen. Das passt ziemlich gut. In seiner ursprünglichen lateinischen Bedeutung ist ein companio jemand, mit dem man sein Brot teilt. Kumpel ist aber auch ein anderes Wort für Bergarbeiter. Bei kaum einem anderen Job ist so elementar wie bei diesem, dass man sich auf seine Kollegen zu hundert Prozent verlassen kann. Dass man einander hilft. Und zwar mit großer Selbstverständlichkeit. Der Freund von Damon zum Beispiel, das war ein echt guter Kumpel. Ich musste Friedrich Schillers »Die Bürgschaft« in der Schule auswendig lernen (alle zwanzig Strophen) und fand es irgendwann gar nicht mehr so schlimm, denn: Ich war echt beeindruckt. Da soll einer (eben jener Damon) wegen eines missglückten Attentats hingerichtet werden, sagt aber: Sorry, Leute, hab' da noch was zu erledigen, mein Kumpel bleibt so lange hier, und wenn ich in drei Tagen nicht zurück bin, könnt ihr ihn ja für mich ans Kreuz nageln. Und der Freund … macht das. Sagt: Klar, kein Ding, zisch los, wird schon. Zuckt nicht mal mit der Wimper. Wird vielleicht ein bisschen nervös, weil sein Freund auch an Tag drei noch nicht wieder auftaucht, ist sich aber sicher: Der kommt. Der schafft das. Und tatsächlich, so war's ja auch. Denn einen Freund lässt man schließlich nicht hängen, in diesem Fall im wahrsten Wortsinn.

Das ist Freundschaft, Leute.

Aber gibt es diese Art von Freundschaft überhaupt noch?

Kaum. Jedenfalls dann nicht, wenn man Wissenschaftlern und anderen Experten glaubt, die sich in den letzten fünfundzwanzig Jahren mit diesem Thema beschäftigt haben. Der Amerikaner Stuart Miller hat Mitte der achtziger Jahre beobachtet, dass Männer – im Gegensatz zu Frauen – kaum echte Vertrauenspersonen haben, mit denen sie im Zweifelsfall über Hämorrhoidenleiden oder den Verdacht sprechen können, dass sie von ihrer Frau betrogen werden. Miller spricht vom »einsamen Geschlecht« und meint uns. Und schreibt von gesellschaftlichen Erwartungen, die daran Schuld sind – von Männern wird seiner Ansicht nach erwartet, dass sie sich irgendwann von den Freunden aus ihrer Jugendzeit lossagen, weil die nicht in ihr neues, seriöses Erwachsenenleben passen. Außerdem, auch das schrieb der Amerikaner 1986, sollen Männer möglichst unabhängig sein und nicht mehr Bindungen als nötig eingehen. Und jemanden vermissen außer der Ehefrau und den Kindern galt damals offensichtlich auch als unmännlich – laut Stuart wird von einem Mann erwartet, dass er seinen Job macht und sich um die Familie kümmert. Alles andere – und somit auch eine tiefgehende Beziehung zu einem echten Freund – ist Kokolores und irrelevant. Und weil Männer nun einmal verlernt hätten, ein Bedürfnis nach einer tiefen Männerfreundschaft überhaupt noch zu spüren, seien die Beziehungen zwischen Männern vor allem oberflächlich, verlogen und von tiefem Misstrauen geprägt.

Autsch. Man sollte vielleicht nicht unerwähnt lassen, dass Stuart Miller persönlich verdammt frustriert war, als er mit der Forscherei zu diesem Thema angefangen hat. Ihm fehlte so ein Buddy. Und hey, es waren die Achtziger, ein seltsames Ego-Jahrzehnt. Mit meinen Erfahrungen decken sich seine Ergebnisse nicht unbedingt, zumindest nicht vollständig. Aber es ist schon etwas dran an einer gewissen Oberflächlichkeit, zumindest in den meisten Beziehungen. »Maximal zehn Prozent haben eine authentische, enge Männerfreundschaft«, sagte der Frankfurter Arzt Haydar Karatepe, der auf Männerleiden spezialisiert ist, 2001 im »Stern«. Und weiter: »Die große Mehrheit hat allenfalls Bekanntschaften, Menschen, bei denen die Welt nicht untergeht, wenn man sie aus den Augen verliert.«

In einem sind sich fast alle Experten einig. Männerfreundschaften, sagen sie, sind zumeist »Beziehungen mit instrumentellem Charakter«. Soll heißen: Männer haben ihre Freunde, um mit ihnen ganz bestimmte Dinge zu tun.

Thomas ist dafür ein richtig gutes Beispiel. Er hat nämlich Arne. Der ist ein Kollege aus dem Büro, mit dem er mittags meistens essen geht und nachmittags auch mal raus auf einen Kaffee, jedenfalls dann, wenn das Wetter stimmt. Minimum fünfmal am Tag schneit Thomas grundlos in Arnes Büro vorbei, um über irgendetwas zu quatschen, Arne nutzt seine Gegenbesuche dazu, um zu rauchen, Thomas hat nämlich einen der wenigen Balkone vor seinem Büro. In der Firma werden die beiden das »dynamische Duo« genannt, jeder hält sie für beste Freunde. Wenn man Thomas fragen würde, wie oft er Arne privat schon jenseits der Arbeitszeit getroffen hat, dann würde er einen Augenblick überlegen, plötzlich einen völlig verblüfften Gesichtsausdruck bekommen und sagen: »Ich glaube, noch nie.«

Thomas hat Andreas. Der wohnt in seinem Haus im Erdgeschoss, und etwa vor eineinhalb Jahren – da kannten sie sich schon lange auf dieser unverbindlichen Nachbarschaftsplauschbasis – sind sie sich an der Haustür in derselben funktionalen Sportbekleidung begegnet: in engen Radtrikots und -hosen, die über den Bäuchen spannten, beide hatten Helme auf und ein Rennrad an der Hand. Sie stellten fest, dass sie beide aus Gründen der Fitness und des Ausgleiches vor gar nicht so langer Zeit angefangen hatten, Rennrad zu fahren. Bevor Thomas den Gedanken, ob er Andreas fragen wollte, ob man nicht mal gemeinsam eine Runde drehen könnte, überhaupt zu Ende gedacht hatte, machte Andreas ihm genau dieses Angebot. Es passte. Seitdem sind Andreas und Thomas Radsportfreunde. Sie fahren von April bis September jeden Sonntagvormittag ins Hamburger Umland, radeln mindestens einmal unter der Woche zusammen nach der Arbeit, haben sich dieses Jahr zum ersten Mal in Berlin ein Hotelzimmer geteilt, wo sie an einem 120-Kilometer-Rennen teilgenommen haben (Andreas war etwa 18 Minuten schneller) und wollen nächstes Jahr im März eine Woche nach Mallorca, ins Trainingslager. Und im Winter, wenn Rennradfahren in Mitteleuropa keine richtig gute Idee ist, sitzen sie zusammen über Thomas' Laptop und konfigurieren sich im Internet ihre Traumräder, die sie sich nicht leisten können. Aber zusammen träumen wird ja wohl erlaubt sein.

Thomas hat Nico. Das ist sein Freund für den Montagabend. Früher haben sie zusammen Fußball gespielt, das geht jetzt nicht mehr, weil am Fußball zu viel dran hängt an Verbindlichkeit und Verantwortung für die ganze Mannschaft. Nico kann aber auch Tennis spielen, also machen die beiden das. Treffen sich um fünf vor acht in der Umkleidekabine der Tennishalle, spielen eine Stunde, wenn danach keiner kommt und den Platz haben will, auch ein paar Minuten länger, gehen unter die Dusche, setzen sich in die rustikale Gastronomie (»Doppelfehler-Klause«) und trinken zwei Bier. Und reden dabei fast ausschließlich über Fußball.

Thomas hat Fabian. Das ist ein Schulfreund von ihm, mit dem er früher immer schon ins Kino gegangen war, außerdem richteten die beiden für die halbe Klasse öfter mal Videoabende aus. Sie waren sich einig darin, dass »Star Wars« überschätzt war, »Blade Runner« dagegen das Kino revolutioniert hatte. Uneins waren sie bei Fabians Vorliebe für Jim Jarmush, den hatte Thomas nie verstanden. Aber ihre Leidenschaft für Filme haben sie sich erhalten, sie ist nicht mehr ganz so glühend wie früher, aber immerhin. Also treffen sie sich in unregelmäßigen Abständen, immer wenn was Sehenswertes anliegt, das ihre Frauen nicht für besonders sehenswert halten (sprich: härtere Thriller, Sportfilme und solche, in denen Roland Emmerich New York/Los Angeles/die Erde zerstört) – und folgen einem streng festgelegten Ritual: Zuerst gehen sie in eines der vielen Steakhäuser einer Kette in Hamburg, updaten sich eine dreiviertel Stunde lang über den Zustand ihrer Jobs und der Familienmitglieder, reden ein bisschen über Ex-Mitschüler und die Mädchen, in die man damals verknallt war, gucken den Film mit dem Sparmenü 1 auf dem Schoß (0,75 Liter Cola Zero und Popcorn, klein), sehen sich sogar den Abspann an und merken sich den Namen des »Best Boy«, verlassen das Kino, verabschieden sich, drehen sich um und haben den Namen des »Best Boy« schon wieder vergessen. Bis zum nächsten Mal.

Das sind die Freunde von Thomas. Tatsächlich: Den einen, den besten Freund, jemandem, dem er alles erzählen würde – den hat er nicht. Damit ist er Teil der großen Mehrheit der Männer. Nur zehn bis vierzehn Prozent von uns haben diese Vertrauensperson. Und dazu gehört Fabian, der Kinofreund von Thomas.

Denn Fabian hat Dirk. Ihn kennt er noch gar nicht so furchtbar lange, sieben, acht Jahre vielleicht. Ihre beiden Söhne haben im Abstand von ein paar Wochen in der gleichen Kita angeheuert, zum ersten Mal haben sie sich an den Kleiderhaken gesehen, als beide versucht haben, ihre Dreijährigen fachgerecht in Schneeanzüge zu verpacken. Den Reichstag einzuwickeln ist dagegen vergleichsweise simpel, ihr gemeinsames Scheitern hat Fabian und Dirk gleich zusammengeschweißt. Heute ist Dirk das, was Fabian seinen »besten Freund« nennen würde, wenn man ihn zwingen würde, einen zu nennen. Sie hatten beide ähnliche Lebenssituationen, bis Dirk und Julia sich letztes Jahr getrennt haben, aber es bleiben die Kinder im gleichen Alter, das latente, leicht brennende Gefühl der Überforderung und der Wunsch, das Leben eigentlich viel lässiger nehmen zu wollen, als sie es letztlich tun. Mit Dirk redet er darüber, wenn ihn der ganze Mist, der seinen Alltag ausmacht, gerade mal wieder ankotzt. Oder wenn er sich ein ganz klein bisschen verliebt, wie neulich in die Besitzerin des neuen Cafés zwei Straßen weiter. Aber die hat einen Freund, und wenn nicht, wäre es auch egal, schließlich ist Fabian verheiratet und will es im Prinzip auch sehr gern bleiben. Nur manchmal ist er ein bisschen neidisch auf Dirk, weil der jetzt Single ist und Freiheiten hat, über die Fabian insgeheim phantasiert. Er sagt das auch, und Dirk lächelt dann schwach und nordet Fabian wieder ein und erklärt ihm, warum das, was er hat, ein Geschenk ist.

Wenn Fabian darüber nachdenkt: Sollte die Definition von Freundschaft sein, dass man einander Dinge sagt, die man sich eigentlich gar nicht zu denken traut, dann hat er nicht sehr viele.

Aber: Er hat Dirk. Und das bereichert sein Leben nicht zu knapp.

Kapitel 11 a
Wenn Frauen zu sehr gestalten:
Die Wohnung

Männer möchten wohnen, Frauen richten ein. Till Raether erklärt, warum wir einfach nur sitzen wollen, warum wir beim Wohnen Spuren hinterlassen und weshalb wir uns manchmal wie zweibeinige Haustiere fühlen.

Manchmal sitzt Thomas zu Hause auf dem Sofa, in der einen Hand die Zeitung oder Fernbedienung, in der anderen vielleicht ein Marmeladenbrot (ohne Teller, klar, denn Thomas hat ja zwei Hände und nicht drei). Seine Frau läuft ruhelos durch die Zimmer. Bei der ersten Besichtigung hat sie noch davon geschwärmt, die Wohnung habe »tolle Blickachsen«, aber der einzige, der, seit sie hier wohnen, diese Blickachsen auch zu schätzen weiß, ist Thomas: Er sitzt und schaut. Für Claudia sind die Blickachsen Laufwege.

Und Thomas fragt sich: Können Frauen eigentlich nicht wohnen? Kann es sein, dass Frauen zwar in der Wohnung unterwegs sind, von A nach B und C, dass sie im Haus dekorieren, auf-, ab- und umräumen, dass sie ein-, an- und ausrichten, aber niemals einfach in Ruhe wohnen? Ohne Hintergedanken, ohne Plan, ohne schlechtes Gewissen?

Die Faktenlage scheint erstmal darauf hinzudeuten, dass Wohnen Frauensache ist. Frauen sind die große Mehrheit von Möbelhaus-Kunden, bei Ikea zum Beispiel kaufen zu siebzig Prozent Frauen ein (die dreißig Prozent Männer trotten in einigem Abstand mit wirrem Blick hinterher, und hin und wieder werden sie aktiviert, um in der SB-Halle Unhandliches aus höheren Regalebenen zu wuchten). Auch Heimwerken hat nur noch wenig mit dem Klischee vom schwitzenden Vati beim Dachausbau zu tun: Etwa die Hälfte aller Baumarkt-Kunden sind Frauen, und drei Viertel aller Frauen macht es Spaß, zu Hause handwerklich tätig zu werden. Beim Einrichten und Ausbauen braucht es keine Frauenquote, sie ist übererfüllt. Und in den Worten eines von uns befragten Baumarkt-Verkäufers (Eisenwarenabteilung): »Männer sind für Reparaturen, Keller und Draußen zuständig, Frauen für alles, was schön werden soll.« Ja, wir haben einen Verkäufer zu fassen gekriegt, es war gar nicht so einfach – und wer weiß, vielleicht war es auch nur ein Kunde, der zufällig eine Jacke in der Obi-Farbe trug. Aber die Expertise halten wir für zuverlässig.

Wenn Männer heimwerken, geht es mehr um die Vorbereitung, das Ritual, das Herumpuzzeln, weniger um das Resultat. Darum bleibt oft was liegen, was Frauen dann »unwohnlich« finden. Und bevor man überhaupt wohnen kann beziehungsweise nachdem man gewohnt hat, werden in Deutschland zwei Drittel aller Umzüge von der Ehefrau oder Lebensgefährtin organisiert. Insgesamt kein Wunder, dass der Architekt Professor Ingo Gabriel in der Fachzeitschrift »Schöner Wohnen« unwidersprochen die These aufstellen durfte, Männer hätten »gar keine Ahnung vom Wohnen«.

In Wahrheit haben wir genau das: eine Ahnung. Denn Männer wohnen intuitiv, mehr so aus dem Bauch heraus. Also: Ein Mann und eine Frau wohnen zusammen. Dieser Satz ist sehr unpräzise. Es liegt am Wort »wohnen«. Durch den Zusatz »zusammen« hört es sich an, als würden die beiden der Tätigkeit »wohnen« entweder gemeinsam nachgehen oder sie zumindest auf sehr ähnliche Art und Weise ausüben. Tatsächlich haben beide, wie es korrekt heißt, denselben Wohnsitz, seit mehreren Jahren, sie leben zusammen. Wenn sie aber zu Hause sind und wohnen, tun sie beide völlig verschiedene Dinge.

Der Mann sitzt, die Frau steht.

Der Mann liegt, die Frau läuft herum.

Es mag sein, dass Wohnen eine Metapher für Beziehungen ist: Die Frau bewegt sich, der Mann will seine Ruhe. Vielleicht lernen wir was über Beziehungen, wenn wir uns anschauen, wie Männer und Frauen wohnen.

Der Mann neigt dazu, bewegungslos zu wohnen, er ruht gewissermaßen. Vielleicht nicht in sich, bestimmt aber in der Wohnung. Die Frau wohnt eher aktiv. Vielleicht ist das, was die beiden am meisten unterscheidet: die Frau ist Aktivwohnerin, der Mann Passivwohner. Die Frau wohnt, der Mann wohnt mit. Wenn die Frau sitzt, betrachtet sie die Wohnung, mit Wohlgefallen oder Pläne schmiedend, wie man die Wohnung verbessern könnte. Wenn der Mann sitzt, schaut er nach innen. Die Frau wohnt mehr nach Außen: Es könnte ja auch sein, dass mal jemand zu Besuch kommt. Dem Mann hingegen ist die Wohnung, während er wohnt, sozusagen egal. Er findet die Wohnung gut. Die Wohnung ist für ihn wie eine Hose, die sitzt. Eine Hose, die sitzt, zieht man morgens an, und während man sie anzieht, denkt man einmal kurz: Ah, schön, prima Hose. Dann lebt man sein Leben und fühlt sich, hosentechnisch gesehen, wohl, denkt dabei aber nicht mehr an die Hose. Wenn der Mann nach Hause kommt, denkt er kurz: Ah, schön, endlich zu Hause, und unbewusst registriert er: Nett haben wir's hier.

Die Frau denkt: Ah, schön, endlich zu Hause. Ein gutes Licht ist das geworden hier im Flur mit der dänischen Lampe. Trotzdem sind sechzig Watt vielleicht eine Spur zu funzelig. Hundert Watt wären aber zu hell, außerdem haben wir keine entsprechenden Birnen gebunkert, bevor sie vom Markt genommen wurden. Gut wäre vielleicht ein Energiesparleuchtmittel, das Helligkeit abgibt wie eine 100-Watt-Birne, in Wahrheit sind die ja aber immer nicht ganz so hell; andererseits, das Energiesparlicht ist so weißlich, das altmodische Energieverschwendungs-Beige war viel schöner.

Dann hängt sie ihre Jacke auf und denkt: Wie schön, dass wir diese französische Bistro-Garderobe auf dem Flohmarkt gefunden haben, letztes Jahr in … Aber das »wir« in diesem Satz ist natürlich Quatsch, gefunden hat *sie* die Garderobe, der Mann hängt hier nur seine Jacke auf und hat, seitdem er sie angedübelt hat, nie wieder über die Garderobe nachgedacht. Der Mann hilft, die Frau aber tut. Sie plant. Sie regt an. Für sie ist Wohnen eine Tätigkeit, für den Mann ist Wohnen ein Zustand.

Der Kunsthistoriker Peter Richter beschreibt in seinem Buch »Deutsches Haus – Eine Einrichtungsfibel«, dass Männer und Frauen unter diesen Umständen im Grunde gar nicht erfolgreich zusammenleben oder wohnen können. »Wenn man den Platz hätte«, so Richter, »müsste man es heute eigentlich wieder so halten wie früher in den Schlössern: Beide leben in weit von einander entfernten Flügeln ihre jeweils eigenen Interessen, und falls sie sich auf den langen Korridoren doch einmal begegnen, ist auch für langjährige Paare immer wieder ein erneutes Kennenlernen möglich …« Da wir den Platz jedoch nicht haben, können wir nur versuchen, einander zu ignorieren – oder zu verstehen.

Als ich mich mit Kolleginnen darüber unterhielt, wie Männer wohnen, sagten sie Dinge wie: »Der wohnende Mann setzt Marken, steckt ständig Reviere ab: durch Zahnpastaflecken im Waschbecken, Krümel auf dem Küchentisch, Abdrücke von Kaffeebechern …« Oder: »Jede plane Fläche ist seine. Überall, wo noch nichts ist, legt er was ab. Und er setzt sich immer dorthin, wo er gerade den schönsten Blick genießen kann.« Dies erinnerte eine Kollegin an ihre Kater Fritz und

Tiger, die sich ihrer Auskunft nach analog verhalten. Dieser Lesart nach wäre der Mann aus Sicht der wohnenden Frau am Ende möglicherweise kaum mehr als eine Art dazu verdienendes Haustier: Es macht sich breit, wo's schön ist, haart, und man versteht seine Sprache nicht.

Aus diesen Beobachtungen spricht eine leichte Irritation, die wir nachvollziehen, aber nicht verstehen können. Warum zum Beispiel diese alarmierte Reaktion auf Krümel, Zahnpastaflecken und herumliegende Zeitungen? Gerade an der Zeitung sieht man, wie unterschiedlich schon unsere Wahrnehmung einfacher Gegenstände ist. Für Frauen gibt es exakt zwei Aggregatzustände einer Zeitung: Entweder man liest sie oder sie ist Altpapier und kommt weg. Ein wichtiger Grund, warum überhaupt noch Zeitungen gedruckt werden, ist, damit Männer was zum Herumliegenlassen haben. Denn die herumliegende Zeitung ist wie ein Versprechen, eine Hoffnung: heute noch genug Muße zu haben, um da mal in Ruhe reinzuschauen. Vielleicht hat man auch schon reingeschaut und es stand was darin, worüber man noch mal nachdenken oder das man an Verwandte schicken möchte (falls man über sechzig ist). Jedenfalls ist es für Männer nicht nur denkbar, sondern sogar unverzichtbar, dass Dinge auch in einem Zwischenzustand existieren und herumliegen können. Wir wehren uns gegen das primitiv-digitale An/Aus von »wird benutzt«/»in die Schublade«, »les' ich gerade«/Altpapier.

Und: Das Leben hinterlässt Spuren; Frühstücken, Zähneputzen und Teilhabe am gesellschaftlichen Informationsprozess auch. Indem wir diese Spuren hinterlassen, vergewissern wir uns unbewusst unserer eigenen Existenz. Dies ist beruhigend, es verortet uns in Zeit und Raum. Bevor wir den Abendbrottisch decken, wischen wir die Frühstückskrümel mit der Hand vom Tisch, aber nicht vorher. Warum auch? Es ist eine Funktion des Tisches, Krümel aufzunehmen. Genau wie ein Sessel dazu dient, dass man darin sitzt und sich wohlfühlt. Ja, jede gerade Ebene ist eine potentielle Ablagefläche.

Das Gegenteil davon, wie wir wohnen, wäre Leere und Spurlosigkeit. Unheimlich!

Mit den Katern Fritz und Tiger haben wir gemeinsam, dass wir wohnen, ohne darüber nachzudenken. »Wohnen« ist zwar ein sogenanntes Tuwort, aber das heißt ja nicht, dass man ständig was tun muss, um zu wohnen. Sprachgeschichtlich kommt das Wort von »zufrieden sein«. Es geht bis ins Germanische und Gotische zurück, die Verwandtschaft reicht von »verlangen, lieben« bis hin zu »gewinnen, gewöhnen, Wahn, Wonne und Wunsch«. Eigentlich schön, wie sich, wenn man die Sprachgeschichte befragt, doch alles zusammenfügt, selbst das so unterschiedliche Wohnen von Männern und Frauen. Zufrieden sein, sich gewöhnen, stille Wonne verspüren: das ist unser Teil des Wohnens. Das Verlangen (am Wochenende Möbel anzuschauen), das Gewinnen (von Stauraum), der Wunsch (nach einem weiteren Zimmer) und der Wahn (keine Ablagen auf planen Flächen) – das seid ihr. Ist es womöglich unsere Zufriedenheit, die euch viel mehr stört als die Zahnpastaspuren im Waschbecken? Jedenfalls kann man im Laufe der Zeit eine männliche Fluchtbewegung innerhalb der Wohnung erkennen. Eigentlich wollte der Mann nur sitzen, jetzt ist er auf der Suche nach einem Ort, wo er das in Ruhe tun kann. Gewiefte Wohnerinnen und Wohner wissen, worauf dies hinausläuft: auf das zugegebenermaßen unattraktive, aber weit verbreitete Phänomen des Klohockens. Was wir genau dort tun, wird an anderer Stelle in diesem Buch beschrieben. Jedenfalls ist der Grund, warum Männer relativ viel Zeit auf der Toilette verbringen, weder mit einem übertriebenen Hygienebedürfnis noch mit der Eigenart des männlichen Verdauungssystems zu erklären. Der Grund ist schlicht, dass dies der letzte Ort ist, an dem man a) die Tür abschließen darf, ohne sich verdächtig zu machen, und an dem man b) gewisser gesellschaftlicher und partnerschaftlichen Konventionen zufolge wirklich eine Zeit lang ungestört sein darf (dies gilt nicht für Männer in

Familien mit kleinen Kindern, denn für alle Kinder unter zehn ist die verschlossene Klotür eine dringende Aufforderung, ausdauernd an der Klinke zu rütteln und »Papa! Papaaaa! Was machst du da? Kommst du bald raus? Kann ich reinkommen?« zu brüllen). Das Schlafzimmer eignet sich hierfür nicht, da in vielen Wohnungen erst eine große Anzahl arrangierter Kissen vom Bett geräumt werden müssen. Ebenso wenig das Arbeitszimmer, denn wer hat heutzutage noch eins, und wenn, dann ist es durchaus verbreitet, dass am Schreibtisch vorm Computer dösende Männer plötzlich eine Mail bekommen, Betreffzeile »Was machst du da eigentlich?« oder »Kommst du mal?«, gesendet via Smartphone von der Frau aus der Küche (wo sie sich fragt, ob die neben der Kaffeemaschine abgelegte Zeitung weg kann).

Es ist also schwierig, wir haben uns voneinander entfernt, und zwar ausgerechnet an jenem Ort, den wir eigentlich miteinander teilen wollen. Vielleicht können wir uns in der Mitte beziehungsweise auf dem Sofa treffen, indem wir ein bisschen weniger krümeln und ihr euch einfach mal ganz in Ruhe zu uns setzt. Ihr fragt euch doch schon lange, und manchmal auch uns, was wir da eigentlich machen, wenn wir einfach so dasitzen. Kommt halt her und findet es heraus, es ist gar nicht so schwer, ja, es ist im Grunde sogar noch einfacher als es aussieht.

Kapitel 11 b
Wenn Frauen zu sehr gestalten:
Den Mann

Ist der Mann gut angezogen, freut sich die Frau. Aber was heißt schon gut angezogen? Und wie groß ist der Einfluss von Frauen darauf, wie Männer aussehen? Till Raether präsentiert erschreckende Erkenntnisse einer kleinen Feldstudie und warnt vor dem Restrisiko Partner-Look.

Gehen wir gleich mal vom drastischsten Fall aus: Männer, die sich der Bedienung schwerer Haushaltsgeräte verweigern, haben einen deutlichen strategischen Nachteil. Wer nicht selbst wäscht, macht sich zum Opfer. Besser gesagt: Er liefert die eigenen Lieblingsstücke aus. Wenn es um deren Vernichtung geht, greifen Frauen ausgerechnet bei der Wäsche zu schmutzigen Tricks.

Ja, sicher, dieser graue Kapuzenpulli hat bessere Tage gesehen, er ist ausgefranst an den Bündchen, die Ölflecken damals aus der kurzen Vespa-Phase sind nie wieder so richtig rausgegangen, und der Reißverschluss ist kaputt, weshalb er immer offen bleibt: lässig und erfrischend! Und wie gesagt: »bessere Tage«. Ihn anzuhaben, ist getragene Erinnerung. Jetzt würde er möglicherweise einem schmächtigen Grundschüler passen, sofern dieser Grundschüler außergewöhnlich kurze Arme hätte. Wie konnte das passieren?

»Oh, ja, tut mir total leid, der ist mir irgendwie dazwischengeraten, als ich die verlauste Bettwäsche auf 90 Grad gewaschen habe«, sagt die Frau. Schade!

Die beigefarbene Paketzustellerhose geht zurzeit gar nicht, stimmt, sie passt auch nur noch, wenn Knopf und Haken am Bund offen bleiben – aber vor fünfzehn Jahren war »Urban Outfitters« voll von den Dingern, und wer weiß, ob ihr Comeback nicht hinter der nächsten Ecke beginnt. Wenn, dann jedenfalls ohne dieses Exemplar, denn die Hose ist im Trockner geschmolzen.

»Keine Ahnung, wie die auf den Berg mit den Wischlappen geraten ist, lag vielleicht an der Farbe«, sagt die Frau. Ja, nee, schon klar.

Warum bleiben weiße Sportsocken niemals weiß, sondern werden nach kürzester Zeit rosagrau, eine Farbe, die in der Natur nur bei Nacktmullen vorkommt? Weil Frauen weiße Sportsocken hassen, egal, ob sie grundsätzlich nur zum Sport getragen werden. Denn das Risiko, dass wir eines Tages irgendwo auftauchen, wo Zeugen sind, und die weißen Socken zu dunklen Schuhen und langen Hosen tragen könnten, ist ihnen einfach zu groß. Wir würden das niemals tun, wir sind vielleicht schlecht angezogen, aber nicht lebensmüde. Trotzdem: Um noch das winzigste Restrisiko auszuschließen, waschen sie weiße Socken grundsätzlich nur mit der dunklen Buntwäsche. So dass wir sie am Ende gar nicht mehr anziehen. Mission erfüllt.

Und bitte kein Wort über Tour-T-Shirts von längst getrennten Bands, die wir uns damals schon vor dem Konzert am Merchandising-Stand gekauft hatten, um sie während der Show stolz über der Jacke zu tragen; es ist zu schmerzhaft.

Reden wir lieber über die Hintergründe. Wie gesagt, dass Frauen Lieblingsstücke zu Altkleidern machen, ist der drastischste Fall, die finale Ausprägung eines ganz grundsätzlichen Prinzips: Frauen möchten bestimmen, was Männer anziehen. Nicht alle im gleichen Maße, aber der Wunsch ist immer da. Auch, wenn wir keine Kritik hören und nichts rausgelegt kriegen, weil wir im Grunde ganz passabel aussehen: Wir stehen unter Beobachtung.

Ehrlich gesagt: Es war mir gar nicht klar. Eines Tages traf ich eine Freundin, Isa, zufällig in einem Café. Isa fragte, ob wir denn auch ein Kapitel schreiben würden darüber, dass Frauen immer Einfluss darauf nehmen, was Männer anziehen und wie Männer aussehen. Ich lachte sie aus und sagte, nein, »Männergefühle« würde im kommenden August erscheinen und nicht in den fünfziger Jahren. So was gäbe es doch heute gar nicht mehr, sagte ich. Isa war verblüfft und amüsiert zugleich und beharrte darauf, dass Frauen ihre Männer gestalten. Ich aber war überzeugt: Derlei war mir nie passiert. Klar, es hatte Versuche gegeben, früher mal, aber jeden konkreten Kleidervorschlag hatte ich immer rundheraus abgelehnt, geschenkte Pullover in »fröhlichen Farben« waren einmal aus purer Freundlichkeit getragen worden und dann für immer im Schrank verschwunden. Ich war meinem Stil treu geblieben. Niemals hatte jemand anderes als ich bestimmt, was ich und wie ich die Haare trage. Nicht, seitdem meine Mutter mir die Glöckchen von den »Jinglers«-Jeans abgeschnitten und zum Friseur gesagt hatte: »Möglichst kurz.«

Isa lachte. »Das merkt ihr gar nicht.«

»Du hast eine verzerrte Wahrnehmung«, sagte ich. »Du bist Modechefin bei einem Männermagazin, das ist berufliche Deformation bei dir.«

Jetzt rief Isa Zeuginnen auf, indem sie ein paar zufällig anwesenden Frauen die Frage stellte: »Achtet ihr darauf, was eure Männer tragen, und habt ihr ihren Kleidungsstil und ihre Frisur beeinflusst?«

Die drei Frauen reagierten, als hätte Isa sie gefragt, ob sie ihren Milchkaffee schon mal aus einer großen Tasse statt aus der hohlen Hand getrunken hätten: »Äh, ja, natürlich, wie-so?«

Wie konnte ich das nicht mitkriegen, wie konnte ich so blind sein? Und: Warum tun die das? Hatten wir uns nicht gerade alle stillschweigend darauf geeinigt, dass Männer, die ihre Frauen auffordern, sich die Haare lang wachsen zu lassen und sich mal »ein bisschen sexy« anzuziehen, ziemlich übergriffige Deppen sind, eifrig dabei, Trennungspunkte zu sammeln? War da nicht dieses ganze Ding mit den »inneren Werten«, auf die es ankommt, und ist es nicht gesellschaftlicher Konsens, dass jede und jeder möglichst »authentisch« sein sollte, »I am what I am« und das ganze Zeug? Gilt das nur für Lena Meyer-Landrut und Til Schweiger, gilt das nicht auch für uns, den Mann an eurer Seite?

»Wieso?«, fragte Isa, von der ich mich dann auch bald verabschiedete, freundschaftlich, aber bestimmt, »es ist doch ein schönes Gefühl, wenn man irgendwo hinkommt und man weiß: Das ist ein schmucker Kerl da neben mir, und der gehört mir. Äh, *zu* mir. Und da darf man kein Risiko eingehen. Da muss man dran arbeiten.« Und dann kamen die Erinnerungen zurück. All die Anzeichen, die ich übersehen hatte.

Nach dem Friseurbesuch, erleichtert: »Das sieht doch immer viel frischer aus, so kurz. Die langen Haare machen dein Gesicht so dick.«

Vor dem Besuch auf der Hochzeit der Schwägerin, über den braunen Drei-Knopf-Anzug aus der vorvorvorvorvorherigen Saison: »Du hast da einen Fleck auf dem Revers. – Nee, den kannst du von dir aus nicht sehen. Das liegt am Licht, ich sehe ihn genau. Schade, den Anzug musst du leider wieder ausziehen. – Ich glaube, der hier geht.«

Beim gemeinsamen Anschauen von »The American« mit George Clooney: »Den Clooney kann man sich irgendwie auch nicht im ›11-Freunde‹-T-Shirt vorstellen. Der sieht einfach immer gut aus.«

Im Einkaufszentrum, bei der Abkürzung durch die H&M-

Filiale, als ich nur kurz vor dem Ständer mit den Muscle-Shirts stehenblieb: »Ich glaube, da hinten steht mein Ex-Freund, lass uns mal schnell verschwinden hier.«

Angesichts des weißen Strickpullis mit dem petrolfarbenen Querstreifen, der mich beim Kindersockenkauf im Bekleidungsdiscounter irgendwie total unwiderstehlich angelacht hat: »Davon kriege ich Augenkrebs.« (In diesem Ausnahmefall reagieren wir ganz bewusst, aus Fürsorglichkeit, denn die Gesundheit eurer Augen stellen wir selbstverständlich über modische Vorlieben.)

Ja, die Zeichen waren da, und wahrscheinlich gibt es noch viel subtilere, die ich niemals erkennen werde. Man sieht die Welt mit anderen Augen, wenn man anfängt, darauf zu achten. All die Männer, die bei Anson's Anzüge probieren, und vor den Kabinen sitzen ihre Frauen zur Begutachtung und zur Endabnahme. Die Verkäufer, heutzutage längst nicht mehr im Alter unserer Väter, sondern im Alter der Männer, für die sie »den noch mal in 52« raussuchen, reden nur noch mit den Frauen: »Sie sehen, der macht ihm eine gute Silhouette.« Nicht, weil sie die Männer von Anfang an übersehen; aber die Verkäufer merken erstens instinktiv, wer am Ende die Kaufentscheidung treffen wird, und sie stellen auch fest, dass von den Männern nicht viel zurückkommt. Jede Verkäuferanregung wird von den Anzug suchenden Männern nämlich damit beantwortet, dass sie ihre Frau fragen: »Was meinst du?« Diese Männer haben sich aufgegeben. So waren wir nie und so wollen wir nicht werden. All diese älteren Paare, die man manchmal in der gleichen zweifarbigen Funktionsjacke sieht, auf gut frequentierten Wanderwegen oder in Fußgängerzonen, oder auch in der Variante: gleiche Jacke, gleiches Tourenrad, einmal mit Damen-, einmal mit Herren-Rahmen – jenes Phänomen also, das uns jetzt noch auffällt und das wir belächeln und bestaunen wie den abseitigen Ritus einer vorzivilisatorischen Kultur, diese goretexgewordene Hölle der Zwischenmenschlichkeit, die wir »Partnerlook«

nennen: Das ist das Ende. Partnerlook ist das logische Ergebnis der Selbstaufgabe, die in dem Moment beginnt, in dem Frauen die Anzüge von Männern aussuchen.

Wie gesagt, das ist das Ende, wiederum die drastischste Ausprägung, das schlimmstmögliche Resultat einer Entwicklung, die irgendwann in gemeinsamen Mittagspausen beim Herrenausstatter begonnen hat. Es kann glimpflich ablaufen, aber warum sollten wir in diesem Fall nicht von Frauen und ihrem Risikomanagement lernen: Warum sich auch nur in Gefahr begeben?

Wir wissen nicht viel über Mode, aber wir wissen: Was wir vor ein paar Jahren im amerikanischen Magazin »Esquire« gelesen haben, stimmt. »Egal, was Sie im Kleiderschrank haben«, war dort zu lesen, »es gibt nichts, worin Sie besser aussehen als in einem Anzug.« Und das war noch bevor die Fernsehserie »Mad Men« den stoisch in allen Lebenslagen getragenen Anzug als Nonplusultra der Herrenausstattung reinstalliert hat. Und weil ein Anzug 500 Euro kostet und weil er gut sein soll, damit wir gut darin aussehen, ist jeder Anzugkauf ein Unternehmen, ein Wagnis. Er findet selten spontan statt (es sei denn, man findet 500 Euro auf der Straße), und wenn man einmal den Plan ausgesprochen hat, ist es allzu verführerisch, sich darauf einzulassen, dass man die Frau, mit der man lebt, sagen hört: »Ach, wann gehst du denn? Da komm ich gern mit, man sieht ja selbst von hinten immer nicht so richtig, ob der gut sitzt.«

Das stimmt. Aber dafür gibt es Freunde. Ins Fußballstadion gehen, sich in der Kneipe betrinken oder einander anschweigen – all das kann man genauso gut mit der besten Frau. Aber Kleidung und insbesondere Anzüge kaufen kann man nur mit einem guten Freund, und wenn man einen solchen hat: am besten mit dem besten. Das ist der einzige Rat, den wir in dieser Hinsicht haben: Jungs, lasst uns zusammen Klamotten kaufen gehen. (Abgesehen von dem offensichtlichen Hinweis an jene Männer, die den Verlust ihrer Lieblingsstücke beklagen, aber stolz darauf sind, den Lavamat nicht bedienen zu können: Lernt waschen, ihr Schwachköpfe!) Mit einem anderen Mann Kleidung zu kaufen, macht auch wirklich mehr Spaß als mit einer Frau. Nicht zuletzt die ein bis zwei Minuten, während der Verkäufer sich offensichtlich fragt, ob wir eine eheähnliche Lebensgemeinschaft bilden oder ein klamottentechnisches Solidaritätskommando sind. Falls er sich für das Erste entscheidet, wird er die preiswerten Eigenmarken erfahrungsgemäß auf der Stange lassen. Und wenn wir nach Hause kommen und die Frau nach erfolgreich eingeleiteten Wiederbelebungsmaßnahmen sagt: »Hast du dir den Stoff auch mal bei Tageslicht angeschaut? Mit so was muss man doch raus auf die Straße gehen!«, dann stehen wir wenigstens nicht ganz allein da und können immer noch sagen: »Also, Stephan hat er gefallen.«

Und was den ganzen großen Rest angeht, die Erkenntnis, dass Frauen großen Wert darauf legen, wie wir aussehen, und viele Wege gefunden haben, uns aktiv oder aggressiv zu beeinflussen – ganz ehrlich: Es ist uns egal. Ich habe darüber nachgedacht, während ich in die Jeans von gestern stieg, unter dem Bett zwei relativ gut zueinander passende Socken fand (sieht ja sowieso keiner, in den alten Halbstiefeln), und einen Pullover über das Hemd zogen, um es nicht bügeln zu müssen. Ich bin dabei zu dem Schluss gekommen: Wenn es euch wichtig ist, wie wir aussehen, dann ist es euch offenbar wichtiger als uns. Es ist so ähnlich wie mit dem Wohnen: Sobald wir was zum Anziehen gefunden haben, vergessen wir, was wir tragen. Was wir tun, ist uns wichtiger, als das, was wir dabei anhaben. Dass ihr so viel Wert auf die Verpackung legt, finden wir rührend oberflächlich, eine liebenswerte Schwäche, die wir euch von Herzen gönnen. Ja, wir genießen sogar das mehr oder weniger gut getarnte Interesse an uns, das dieser Schwäche zugrunde liegt: Niemand kann euch vorwerfen, wir wären unsichtbar für euch. Und das ist ein schönes Gefühl, wenn es auch erst den Umweg über modische Accessoires nehmen muss, um zu uns zu gelangen: das Gefühl, gesehen zu werden, wahrgenommen zu werden. Oft haben wir nämlich den Eindruck, dass ihr nicht uns seht, sondern nur die Unordnung, die wir in der Wohnung hinterlassen haben; dass ihr nicht uns wahrnehmt, sondern nur das miese Gefühl, das wir euch verursachen, weil wir zu spät waren, was vergessen haben oder am Wochenende arbeiten müssen.

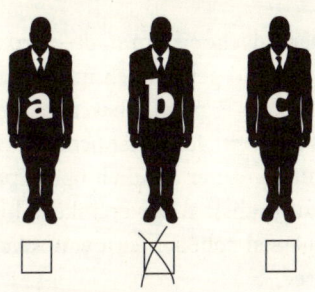

Kapitel 12
Sonderfälle der Evolution:
Die große Männer-Typologie

Briefmarkensammler? Auswärtsspielfahrer? Einsamer Wolf oder einfach nur ein Nerd? Ein Bestimmungskatalog für Männer in der freien Wildbahn: damit man weiß, woran man ist und was auf einen zukommt, wenn man als Frau so einen am Ende zu Hause hat.

Der Angeber

<u>Unveränderliche Kennzeichen:</u> Der Angeber ist auf den ersten Blick sehr kommunikativ: Man fällt auf Partys leicht auf ihn herein, weil er aufgeschlossen und gesprächig ist. Dieses Verhalten setzt er ein, um Lebensbereiche herauszufinden, in denen er sein Gegenüber ausstechen kann: Nur, wenn er weiß, was anderen wichtig ist, macht es ihm auch Spaß, in diesem Bereich der Beste zu sein und das meiste zu haben. Wenn der Angeber merkt, dass er einen Radfahrer nicht mit der Hubraumgröße seines Autos beeindrucken kann, sagt er, er habe zwei Fahrräder.

Lebensraum: Der Angeber ist im städtischen und ländlichen Raum anzutreffen und gerne auch im Urlaub im Appartement nebenan. Für das er natürlich weniger bezahlt hat, denn der Angeber ist auch ein versierter Schnäppchenjäger. In einigen Berufsgruppen ist er deutlich überrepräsentiert, zum Beispiel unter Journalisten. Bei Politikern hingegen spricht man nicht von Angeberei, sondern von »Wahlkampf« oder »Bundestagsrede«.

Natürliche Feinde: Alle, die er nicht beeindrucken kann, weil sie sich nicht für Leistung oder Materielles interessieren. Allerdings hat der Angeber hier in den vergangenen Jahren eine erstaunliche Anpassungsleistung vollbracht. Seitdem unsere Gesellschaft sich wieder mehr auf immaterielle Werte besinnt, prahlt der Angeber damit, dass er noch rasanter entschleunigt und noch weniger Wert auf materielle Güter legt als andere.

Aufzucht und Pflege: Der Angeber ist im Grunde ein großes Kind, und es ist nie so ganz klar, ob seine Freude an Leistung und Besitz nun erfrischend unverkrampft oder rührend unsicher ist. Er neigt zu Nachbarschaftsstreitigkeiten und dazu, die Kinder unter Druck zu setzen. Wer einen zu Hause hat, sollte die Konten im Blick behalten, denn trotz Schnäppchenjägerei ist das Angeberleben unterm Strich teuer.

Wie's drinnen aussieht: Der Angeber ist im Grunde seines Herzens traurig, weil er ahnt, dass er niemals tief empfundene Anerkennung dafür bekommen wird, in allem immer der Beste zu sein.

Prominente Vertreter seiner Gattung: Dieter Bohlen, Silvio Berlusconi, Mario Barth.

Vorsicht! Es macht ihn sympathisch, dass er Frauen mit

seiner Angeberei eher verschont als Männer. Allerdings interessiert er sich dafür auch definitiv nur für Frauen, mit denen er vor anderen Männern angeben kann. Neigt als Sex-Partner dazu, die Uhr im Blick zu behalten, um seine persönliche Bestzeit zu übertreffen.

Das Arschloch

<u>Unveränderliche Kennzeichen:</u> Das Arschloch hat durchweg einen miesen Charakter; das offenbart sich dem Beobachter aber nicht immer sofort. Zwar gibt es einige Exemplare dieser Gattung, die man schon auf zwanzig Metern gegen den Wind wittert. Intelligentere Arschlöcher allerdings enttarnen sich erst in Interaktionen oder Gesprächen, nicht selten erscheinen sie dem Gegenüber anfangs charmant und einnehmend. Arschlöcher sind ausgewiesene Egoisten und Opportunisten, all ihr Handeln ist auf den eigenen Vorteil ausgerichtet, in letzter Konsequenz unabhängig davon, was andere davon halten. In der günstigen oder kostenlosen Beschaffung von Nahrung, materieller Güter und Sex setzt das Arschloch Maßstäbe.

<u>Lebensraum:</u> Arschlöcher fühlen sich am wohlsten in der Gesellschaft von Menschen, die sich dank ihrer eigenen Gutgläubigkeit relativ leicht übervorteilen lassen. Andererseits reizen ihn auch Umgebungen, in denen er seine ganze Arschigkeit kunstvoll ausspielen muss, um an sein Ziel zu gelangen. Man findet ihn relativ häufig dort, wo es Statussymbole zu erwerben gibt. Faktisch aber kommt ein Arschloch überall zurecht – skrupelloses Eigeninteresse war schließlich schon immer eine akzeptierte gesellschaftliche Existenzberechtigung.

<u>Natürliche Feinde:</u> Jede einigermaßen in sich gefestigte Lebensform, die weiß, wie man das Wort »nein« fachgerecht anwendet. Und so richtig nette Typen. Die sind ihm zwar nicht gefährlich, aber er findet sie voll zum Kotzen.

<u>Aufzucht und Pflege:</u> Die Frage, ob man als Arschloch geboren oder erst dazu gemacht wird, ist bis heute nicht eindeutig geklärt. Fakt ist aber, dass der Umgang mit einem Arschloch schwieriger wird, je mehr man es füttert. Will man das Arschloch dagegen unter Kontrolle behalten, ist es wichtig, ihm ab und an schmerzvolle Negativerlebnisse zu bereiten. Zum Beispiel: die Scheidung einreichen.

<u>Wie's drinnen aussieht:</u> Das Arschloch lebt in der ständigen Angst, von anderen schlecht behandelt oder zurückgewiesen zu werden. Daher will es in dieser Hinsicht immer derjenige sein, der zuerst schlecht behandelt oder zurückweist.

<u>Prominente Vertreter seiner Gattung:</u> Da es in Deutschland leider den Straftatbestand der Beleidigung erfüllt, jemanden ein Arschloch zu nennen, verzichten wir hier auf die Nennung konkreter Beispiele. Danke für Ihr Verständnis.

<u>Vorsicht!</u> Siehe »Prominente Vertreter«: Es ist das eine, ein Arschloch zu erkennen, aber etwas komplett anderes, es auch so zu nennen. Schnell findet man sich vor dem Amtsgericht wieder und muss dem Arschloch wegen sogenannter »Beleidigung« nach § 185 StGB auch noch 12 Tagessätze à 60 Euro in den Rachen werfen – Arschlöcher kennen ihre Persönlichkeitsrechte so gut wie sonst kaum jemand. Und kommen selbst meist ungeschoren davon, wenn sie andere Menschen wieder einmal psychisch oder materiell geschädigt haben.

Der Auswärtsspielfahrer

<u>Unveränderliche Kennzeichen:</u> Der Auswärtsspielfahrer ist eine sehr spezielle, leicht sonderliche Untergattung der Spezies Mann. Er zeichnet sich durch die zunächst einmal recht sympathische, unreflektierte Begeisterung für einen Sportverein aus, dem er überallhin folgt – völlig egal, ob Flüsse über die Ufer treten, Berge in sich zusammenstürzen oder ihm am Tag davor der rechte Arm amputiert wurde. Man erkennt ihn im öffentlichen Raum leicht an dem viel zu engen Trikot seines Vereins, das über seinem Bauch spannt und den einzigen Zweck erfüllt, ihn als aktives Mitglied einer größeren Gemeinschaft zu kennzeichnen. Dazu trägt er Sport- oder günstige Hiking-Schuhe, immer schlecht sitzende Jeans und einen kratzigen Fanschal, egal, ob es gerade minus 14 oder plus 36 Grad hat. Selbst Sehbehinderte werden den Auswärtsspielfahrer ohne Schwierigkeiten erkennen: Ebenso unmelodisch wie entfesselt trägt er Schlachtrufe wie »Hurra, Hurra, die Stuttgarter sind da«, »Es-null-vier – die Scheiße vom Revier« oder – vorwiegend in der Fußgängerzone von Leverkusen – »Nie Deutscher Meister, ihr werdet nie Deutscher Meister« vor. Ein weiteres Merkmal: Er hält immer eine Dose Bier einer regionalen Brauerei in der Hand.

<u>Lebensraum:</u> Zu Hause ist der Auswärtsspielfahrer auf den Autobahnen der Republik, teilweise in eigens für ihn gecharterten Bussen, teilweise im eigenen Personenkraftwagen. Eine namhafte Minderheit bevorzugt Sonderzüge oder den regulären ÖPNV. Hier kommt er so richtig, entschuldigen Sie das Wortspiel: in Fahrt. Später drängt er sich auf den engen Traversen eines der vielen Stadien der Republik. Es hat aber auch schon Auswärtsspielfahrer gegeben, die ganze Spiele am Bierstand verbracht haben.

Natürliche Feinde: Freundinnen, Ehefrauen und Kinder, deren Wochenendplanung eigentlich anders aussieht. Immer wieder muss der Auswärtsspielfahrer Überzeugungsarbeit leisten, bis es nach ein paar Jahren allen reicht, die Freundin sich einen → *Briefmarkensammler* sucht und Frau und Kinder ausziehen. Weitere Feinde: unlockeres Bahnpersonal, Polizisten und das Rauchverbot an U-Bahnhöfen.

Aufzucht und Pflege: Betrieben wird der Auswärtsspielfahrer mit Bier, einer Bahncard 50 und dem jeweils neuesten Trikot seines Vereins. Was er nicht braucht, sind Liebe, Verständnis und all dieses Zeug – die Zuneigung zu seinem Verein trägt den Auswärtsspielfahrer durch das Leben wie ein Luftkissenboot. Krisensituationen sind nicht etwa Abstiegsgefahr oder ein verlorenes Pokalfinale, sondern vielmehr spielfreie Zeiten wie Sommer- oder Winterpause. In dieser Zeit muss dringend dafür gesorgt werden, dass der Auswärtsspielfahrer Zugang zur DVD-Reihe »Saisonhighlights 1971 – 2009« erhält.

Wie's drinnen aussieht: Ist gut im Verdrängen von allem, was sich nicht auf einem rechteckigen Platz innerhalb von neunzig Minuten plus Nachspielzeit regeln lässt.

Prominente Vertreter ihrer Gattung: Peter Lohmeyer, Uli Hoeness, Mick Jagger.

Vorsicht! Gewarnt werden muss vor einer Paarung mit dieser Gattung. Solange man seine Leidenschaft nicht teilt, sollte man sich auf eine Beziehung einstellen, die lediglich unter der Woche funktionieren kann. Da ist der Auswärtsspielfahrer ein völlig verhaltensunauffälliger Mann, mit dem man sogar vernünftig reden kann. Wem das allerdings reicht: viel Glück!

Der Briefmarkensammler

<u>Unveränderliche Kennzeichen:</u> Sie erkennen den klassischen Briefmarkensammler optisch an folgenden Merkmalen: extrem schlechte Frisur, rätselhaft gemusterte Hemden in Grau- oder Khakitönen, Sandalen und weiße Socken sowie die Plastiktüte eines Discounters, in der er für ihn relevante Güter transportiert. Wenn Sie sich aber bei der Typen-Bestimmung nicht auf den visuellen Eindruck verlassen wollen, fragen Sie ihn einfach danach, wie Hannover gegen Nürnberg in der Bundesliga gespielt hat. Sollte er darauf antworten, er wisse zwar nichts von einem Spiel, könne Ihnen aber sagen, um wie viel Uhr und von welchem Bahnsteig die nächsten Züge Richtung Nürnberg und Hannover gehen, dann wissen Sie: Briefmarkensammler.

Der neuzeitliche Briefmarkensammler ist etwas schwerer zu erkennen, weil er sowohl Erscheinungsbild als auch Sammelobjekte an die Moderne angepasst hat. Er tritt gern in Polohemden und darüber Pullovern mit V-Ausschnitt auf, statt Sandalen trägt er feste, praktische Halbschuhe. Er sammelt neuerdings auch Science-Fiction-Actionfiguren, Pokémon-Karten (nur Erstausgaben!) oder Fotos von sich mit weiblichen Pornostars, für die er europaweit Erotikmessen besucht.

<u>Lebensraum:</u> Der Briefmarkensammler ist ein klassischer Einzelgänger, der – im Gegensatz zum → *einsamen Wolf* – die öffentliche Zurschaustellung seiner Vereinzelung verabscheut. Einzig auf Briefmarken-/Science-Fiction-/Porno-Messen wagt er sich unter Menschen und in eine fremde Außenwelt, die ihm ebenso seltsam vertraut wie glamourös erscheint. Zwar erkennt er zu diesen Gelegenheiten durchaus auch Gleichgesinnte, tritt aber nicht mit ihnen in Kontakt. Das wäre dann doch zu viel für ihn. Er empfindet die reale Welt als derart chaotisch und beängstigend, dass ihm sei-

ne innere Sammelwelt den nötigen strukturierten Rückhalt bietet.

Natürliche Feinde: Frauen, die nicht auf den Namen »Mutti« hören.

Aufzucht und Pflege: Die Aufzucht eines Briefmarkensammlers bereitet zunächst wenig Probleme. Er zeigt sich als äußerst anspruchslos in seinen Grundbedürfnissen und angenehm widerspruchsfrei, wenn es um erteilte Aufgaben und Freizeitgestaltung geht. Einzig auf seinem speziellen Sammelfeld erwartet er die volle Kontrolle und jede Entfaltungsmöglichkeit, die ihm gern gewährt wird – ist ja vordergründig eine liebenswerte Schrulle. Schwieriger wird es, wenn man so jemanden aus Versehen zum Lebenspartner wählt. Die Sammelleidenschaft wird oft so raumgreifend, dass angebaut oder umgezogen werden muss, und das, obwohl sich der Briefmarkensammler einem Kinderwunsch zumeist verschließt. Darüber hinaus misstraut er zutiefst Menschen, die seine Leidenschaft nicht teilen. Also etwa 99,76 Prozent aller Männer und 100 Prozent aller Frauen.

Wie's drinnen aussieht: Einsam. Sehr einsam. Aber wenigstens vergleichsweise aufgeräumt – der Briefmarkensammler findet Halt und Struktur in seiner kleinen, umzäunten Welt.

Prominente Vertreter seiner Gattung: Roland Pofalla, Mario Barth.

Vorsicht! Keine Panik: Der Briefmarkensammler ist zwar ohne jeden Liebreiz und neurotisch, aber vollkommen ungefährlich. Er ist jedoch so unscheinbar, dass Sie gut aufpassen müssen, nicht auf ihn zu treten.

Der Computer-Nerd

<u>Unveränderliche Kennzeichen:</u> Landläufige Vorurteile kennzeichnen den Computer-Nerd wie folgt: Er hat lange, fettige, zum Pferdeschwanz gebundene Haare, die vorn allmählich ausfallen, trägt T-Shirts mit Pacman- oder Super-Mario-Motiven oder der Aufschrift »Computer-Freaks do it with 10 000 Bytes« und einen fusseligen Acht-Tage-Bart, ernährt sich zu hundert Prozent von Junkfood, hat immer ein süffisantes, überlegenes Lächeln auf den Lippen und weiß alles besser, wenn er über IT-Belange spricht, was eigentlich immer der Fall ist. Wie gesagt: Vorurteile. Sie stimmen.

<u>Lebensraum:</u> Ein weiteres Vorurteil stützt den Verdacht, Computer-Nerds seien ausschließlich vor dem heimischen Computer, hinter dem Tresen von PC-Geschäften oder in den Rechenzentren großer Firmen zu finden. Stimmt im Prinzip, hinzugekommen sind allerdings die körperlich fitteren Brüder der IT-Freunde: die Berater in Fahrradgeschäften. Auch das sind Nerds aus dem Lehrbuch, die ihre Kraft aus sogenannten »Kunden« ziehen, die großäugig vor ihnen stehen, kein Wort des Spezialgelabers des Nerds verstehen und auch noch diffus dankbar dafür sind, herablassend mit mutmaßlichem Fachwissen einbalsamiert zu werden. Fahrradtypen und Computertypen sind eigentlich dasselbe.

<u>Natürliche Feinde:</u> Menschen.

<u>Aufzucht und Pflege:</u> Nerds sind extrem dankbar, wenn man sie *nicht* versteht. Das unterstreicht ihre Sonderstellung, man tut also gut daran, ihnen stets mit vor Staunen leicht geöffnetem Mund und einer steilen Stirnfalte entgegenzutreten, ab und zu »Echt?« und »Ach, was« zu sagen und ansonsten auf Durchzug zu schalten. Verstehen muss man sie nicht, ihnen zuhören eigentlich auch nicht.

<u>Wie's drinnen aussieht:</u> Wie der → *Briefmarkensammler* flieht der Nerd vor der bedrohlich unübersichtlichen Welt in einen scheinbar beherrschbaren Teilbereich.

<u>Prominente Vertreter ihrer Gattung:</u> Bill Gates, Steve Jobs, Philipp Rösler.

<u>Vorsicht!</u> Unter keinen Umständen darf ein Nerd kritisiert oder hinterfragt werden. Er ist nämlich äußerst schnell beleidigt und zieht sich sofort schmollend zurück und murmelt Sätze wie »Ja, nö, wenn das mit dem HDI-Hardware-Drive unter Windows XP kein Problem für dich ist, dann bitte schön«. Ist für normale Hirne natürlich ein Problem, das weiß der Nerd und nutzt seine Unentbehrlichkeit daher schamlos aus.

Der einsame Wolf

<u>Unveränderliche Kennzeichen:</u> Spricht nicht viel. Schaut tiefsinnig. Sitzt allein im Café und liest Klassiker. Raucht. Trinkt. Rührend altmodisch in seinem Styling zwischen Lou Reed, Paul Auster und Matthias Platzeck. Hat keine männlichen Freunde, aber immer ein paar Frauen in seinem Leben, von denen jede glaubt, sie wäre die einzige, die ihn aus der Steppe seiner Einsamkeit in eine Welt voller Wärme, Nähe und Leidenschaft retten könnte.

<u>Lebensraum:</u> Tresen, Theke, Kaffeehaustisch. Große Wohnungen mit wenig Möbeln und schwachen Glühbirnen. Nachtaktiv. Hält sich im Widerspruch zu seiner Gattungsbezeichnung ungern in der Natur auf, weil dort zu wenig Menschen sind: Der einsame Wolf will zwar nichts mit ihnen zu tun haben, braucht aber ein Publikum, das wahrnimmt,

wie einsam und wölfisch er ist. Selbstverständlich verachtet er dieses Publikum.

Natürliche Feinde: Alle, die was von ihm wollen. Besonders allergisch reagiert er auf Frauen, die ihm irgendwelche Zusagen, Bekenntnisse oder regelmäßige Besuchszeiten abringen wollen: Damit schlägt ihn jede in die Flucht.

Aufzucht und Pflege: Der einsame Wolf ist ein Sonderfall der Evolution. Sein Balzverhalten besteht vor allem darin, sich ständig zu entziehen. Offenbar ein König im Bett, zärtlich, ausdauernd, leidenschaftlich, einfallsreich. Anders ist nicht zu erklären, dass immer wieder Frauen bei ihm übernachten.

Wie's drinnen aussieht: Er mag sich für ein Raubtier halten, aber im Grunde ist der einsame Wolf sein Leben lang auf der Flucht – vor sich selbst.

Prominente Vertreter seiner Gattung: Hans-Olaf Henkel.

Vorsicht! Indem er sich mit Melancholie und Geheimnis umgibt, weckt der einsame Wolf bei Frauen Rettungsphantasien, die aber niemals zu irgendeinem zählbaren Erfolg führen. Denn um den einsamen Wolf zu halten, müsste man ihn verändern. Dann wäre er aber kein einsamer Wolf mehr, und weil er keine andere Rolle kann, haut er lieber ab.

Der Fitness-Freak

Unveränderliche Kennzeichen: Keine Ahnung, denn dort, wo man die Exemplare dieser Gattung antrifft, waren wir lange nicht mehr. Vermutlich auf muskulöse Weise dünn, mit Sorgenfalten im Gesicht, weil es ihm trotzdem nicht gelingen wird, unsterblich zu sein. Mit großem Sendungsbewusstsein ausgestattet: Der Fitness-Freak versteht nicht und kann unmöglich akzeptieren, dass andere ihren Körper hauptsächlich als Aufenthaltsort der Seele sehen und nicht als ein Projekt, an dem es immer was zu optimieren gibt. Evolutionär gesehen ist der Fitness-Freak ein Irrläufer, denn er ist das einzige Lebewesen, das rennt, um beim nächsten Mal noch schneller oder weiter zu rennen, und nicht, um ein Ziel zu erreichen.

Lebensraum: Hier …, na, äh, Dings … Fitness-Studio! New-York-Marathon, vegetarische Restaurants, Berlin-Marathon, Hamburg-Marathon, vorm Regal mit Eiweißpräparaten.

Natürliche Feinde: Gesättigte Fettsäuren, Gelenkverschleiß und bis zu seiner Überwindung der innere Schweinehund (dass diese Wortschöpfung von den Nazis stammt, sagt eigentlich alles).

Aufzucht und Pflege: Wer seine Freizeitgestaltung mit dem Trainingsplan einer Marathon-Vorbereitung synchronisieren kann, ist mit einem Fitness-Freak gut bedient. Im Normfall aber paaren die Fitness-Freaks sich nur unter ihresgleichen, was auch zu begrüßen ist. Denn weil die meisten Fitness-Aktivitäten sehr zeitaufwendig und im Prinzip langweilig sind, stehen ihre Anhänger seit langem unter dem Verdacht, im Regelfall recht hohl in der Birne zu sein. Viele Frauen finden es aus absolut nachvollziehbaren Gründen außerdem schwer erträglich, ihr Leben mit einem Mann zu verbringen, der einen geringeren Körperfettanteil hat, besser im Kalorienzählen und noch mehr auf sein Äußeres fixiert ist als sie.

Wie's drinnen aussieht: Der Fitness-Freak glaubt an die alte Weisheit vom gesunden Geist im gesunden Körper, das heißt, er geht davon aus, dass er sich um seine Seele nicht mehr kümmern muss, solange der Rest durchoptimiert ist.

Joey Kelly, Joschka Fischer circa 1998.

<u>Vorsicht!</u> Schwitzt beim Sex schnell und stark und sagt erfreut, dass dies ein Zeichen ausgeprägter Fitness sei: »Mein Körper hat gelernt, sofort auf Belastung zu reagieren und schnell zu kühlen.«

Der Heimwerker

<u>Unveränderliche Kennzeichen:</u> Der Heimwerker ist so etwas wie die pragmatische Ausgabe eines → *Ingenieurs.* Das nicht ausgesprochene Lebensmotto dieser Gattung lautet »Irgendwas ist ja immer«, das ausgesprochene »Die Axt im Haus ersetzt den Zimmermann«, und genau so betrachtet der Heimwerker seine Umgebung. Körperlich ist er dabei ruhig, fast bewegungslos, die Hände hat er in den Taschen vergraben, wenn er Wände, Treppen, Heizungsrohrverkleidungen oder die Durchreiche zwischen Küche und Esszimmer taxiert. Der Heimwerker spricht nicht viel, aber wenn, dann beginnt er seine Sätze oft mit »Tja«, »Puuuuh« oder »Schatz, eigentlich müsste man …«. Das Selbermachen liegt ihm im Blut, mehr noch: Einem Berufshandwerker einen Auftrag zu erteilen, empfindet der Heimwerker als persönliche Niederlage.

<u>Lebensraum:</u> Das Wort »Heim«, das in »Heimwerker« steckt, suggeriert, dass er sich zu Hause am wohlsten fühlt. Das ist falsch. Die eigentliche Heimat dieser Spezies ist der Baumarkt. Hier findet der Heimwerker Traumwelten, die die vergleichsweise überschaubaren Möglichkeiten zu Hause wie das Basteln eines Puppenhäuschens erscheinen lassen. Hier übrigens kann der Heimwerker auch verbal glänzen – der

Austausch mit anderen Heimwerkern beflügelt Wortschatz und Satzbau auf das Verblüffendste.

<u>Natürliche Feinde:</u> Ladenschluss, Nachtruhe und Familienurlaub an der Nordsee.

<u>Aufzucht und Pflege:</u> Der Heimwerker zieht zwar den größten Teil seiner Anerkennung aus dem Akt des Machens selbst, aber auch er ist auf seine Weise ein Künstler, der den Applaus braucht wie, na ja, andere Leute die Luft zum Atmen oder so. Er sieht es auch ganz gern, wenn man sich für seine Arbeit interessiert. Sie tun sich und ihm einen Gefallen, wenn Sie ihn ab und an in den Baumarkt begleiten und ihn ein bisschen für seine Sachkenntnis bewundern.

<u>Wie's drinnen aussieht:</u> Der Heimwerker weiß, dass es immer was zu verbessern gibt, darum ist er erstaunlich offen für Beziehungsarbeit, bringt aber auch hier nur selten was zu Ende.

<u>Prominente Vertreter seiner Gattung:</u> Peter Maffay.

<u>Vorsicht!</u> Vordergründig ist der Heimwerker ein Mann gewordener Traum. Er sieht und beseitigt Missstände in seiner konkreten Lebenswelt. Vielmehr: Er *will* Missstände beseitigen, was leider nie so richtig klappt – am Ende seiner Arbeit hinterlässt er Provisorien, nichts Halbes und schon gar nichts Ganzes, die dann aber über Jahre so bleiben, weil sich der Heimwerker schon wieder neuen, spannenderen Projekten zuwendet. Lebenspartner von Heimwerkern träumen nachts heimlich von richtigen Klempnern. Das sagt alles.

<u>Unveränderliche Kennzeichen:</u> Trägt meist eine verhältnismäßig auffällige Brille, mit pfiffigem Design oder aus einem leichten und klugen Material wie Titan. Bevorzugt gemusterte Pullover und eckige Lederhalbschuhe zu dunklen Jeans. Der Ingenieur ist absolut humorlos, versteht aber Spaß, das heißt: Er könnte erklären, wie Spaß wissenschaftlich funktioniert, denn der Ingenieur weiß und versteht alles. Er ist kein aufdringlicher Klugscheißer, eher ein passiver Besserwisser: Wenn man glaubt, ihm gegenüber einen Informationsvorsprung zu haben, lächelt er fein und beweist einem schlüssig das Gegenteil. Wenn er etwas nicht weiß oder versteht, fragt er so lange nach, bis man merkt, dass man weniger wusste als man dachte. Hat meist ein ruhiges und ausgleichendes Temperament, weil wissenschaftlich erwiesen ist, dass es nichts bringt, sich aufzuregen. Super Technik im Bett.

<u>Lebensraum:</u> Deutsche Mittelstädte mit einschlägigen Universitäten oder innovativer Industrie, Schwimmbäder und Modellbauläden.

<u>Natürliche Feinde:</u> Auf sehr geschickte Weise ist der Ingenieur zum König der Männer geworden, das heißt, er hat keinerlei natürliche Feinde. Er ist zu dröge, um andere wirklich aggressiv zu machen, und zu freundlich und gleichmütig, um so zu nerven, bis jemand zubeißt. Außerdem stellt er durch seine Vorliebe, sich mit Kollegen zu umgeben, bei sozialen Anlässen oft eine Überzahlsituation her, die jedem potentiellen Gegner nur den geordneten Rückzug lässt.

<u>Aufzucht und Pflege:</u> Er neigt zu Hobbys, die häufige und längere Abwesenheit erfordern (Segelflug, Modellautos mit Verbrennungsmotor, Tauchen). Diese Abwesenheit fällt

oft nicht so richtig auf beziehungsweise wird als nicht unangenehm empfunden. Der Ingenieur ist sehr reinlich und
braucht wenig Platz, da er den Raum, der ihm zur Verfügung
steht, optimal zu nutzen versteht.

<u>Wie's drinnen aussieht:</u> Der Ingenieur neigt zu einem ge-
wissen Perfektionismus, was oft Zeichen einer elementaren
Angst vor Kontrollverlust und Chaos ist.

<u>Prominente Vertreter seiner Gattung:</u> James Blunt, Felix Ma-
gath.

<u>Vorsicht!</u> Frauen, die sich zu Hause einen Ingenieur halten,
werden feststellen, dass er weit weniger praktisch veranlagt
ist als der durchschnittliche → *Heimwerker*: Der Ingenieur
neigt zum Perfektionismus, weshalb er die meisten Projekte
nie zu Ende führt.

Der Musiker

<u>Unveränderliche Kennzeichen:</u> Der Musiker ist auch jenseits
der Ausübung seines Tätigkeitsfeldes relativ leicht zu erkennen. Ab Mittag sitzt er in den portugiesischen Kaffeehäusern
der Szeneviertel deutscher Städte, mit Augenringen, die auf
eine lange letzte Nacht hindeuten sollen. Der Musiker gehört
zu den letzten Männern, die ihren Kaffee schwarz trinken und
kiffen. Das Rauchverbot stellt eine extreme Herausforderung
an den oft possierlichen, aber stets etwas schimmelig wirken-
den Zeitgenossen dar. Der Musiker verhält sich in der Regel
ruhig, kann aber eruptiv in die Luft gehen, wenn jemand behauptet, der letzte Auftritt von Jimi Hendrix auf Fehmarn
sei ja irgendwie auch nicht so geil gewesen. In Gesprächen
verhält sich der Musiker beizeiten wie ein → *Computer-Nerd*,
indem er sein Gegenüber mit kryptischem Fachwissen quält.

Anders als der Nerd möchte der Musiker aber durchaus verstanden werden.

Lebensraum: Wie der → *einsame Wolf* ist auch der Musiker nachtaktiv und in den Kneipen urbaner Ballungsräume zu finden. Zudem gehört er zur Gattung der Parasiten, weil er nun mal chronisch pleite ist, die Musikbranche geht bekanntlich am Stock. Er ist immer subtil auf der Suche nach jemandem, der ihm ein Bier oder eine Suppe spendiert. Voraussetzung: Er kann dabei seine Würde behalten.

Natürliche Feinde: Tageslicht, Zigarettenfilter, eine geregelte Beschäftigung.

Aufzucht und Pflege: Musiker können tagelang beschäftigungslos in derselben Position verharren. Sie essen, was auf den Tisch kommt und schlafen klaglos auf jedem noch so spartanischen Lager, das man ihnen zuweist. Das gilt für die Gattung der erfolglosen Musiker. Sollten sie aber durch irgendeinen obskuren evolutionären Irrtum zu Ruhm und Geld kommen, verkehrt sich ihre Anspruchshaltung ins Gegenteil: Sie lassen sich plötzlich Steaks aus Argentinien und Whiskey aus Irland einfliegen, beanstanden aus Prinzip die Hotelmatratzen in Luxus-Ressorts und nerven alles und jeden nach Kräften.

Wie's drinnen aussieht: Der Musiker ist per se ein einsamer, verunsicherter Mensch. Gemeinsamkeit erträgt er eigentlich nur im Band-Kontext, wenn das Zusammenspiel mit anderen Musikern aus dem Ich ein Wir macht. Was aber nicht bedeutet, dass er dadurch etwas für die anderen Wirs des Lebens lernt.

Prominente Vertreter seiner Gattung: Keith Richards, Bill Clinton, Boris Becker.

<u>Vorsicht!</u> Musiker sind von Haus aus faszinierende Geschöpfe mit zum Teil außergewöhnlichen Fähigkeiten und einem fremdfolkloristischen Brauchtum. Das macht sie für ihre Umgebung so attraktiv und begehrenswert, deshalb entscheiden sich viele Frauen dafür, sich einen Musiker zu halten. Eine Entscheidung, die sie schnell bereuen werden: Musiker sind egozentrisch wie → *Arschlöcher*, dabei aber so schmuddelig wie → *Säue*. Sie meinen es nie böse, merken aber in den seltensten Fällen, dass ihr Verhalten oft auf Unverständnis stößt. Langfristig sind Beziehungen mit einem Musiker zum Scheitern verurteilt. Es ist allerdings verdammt einfach, ihn aus dem Haus zu bekommen. Sagen Sie einfach: »Ich liebe dich, lass uns heiraten.« Sie können gar nicht so schnell gucken, wie der Musiker verschwindet.

Der nette Kerl

<u>Unveränderliche Kennzeichen:</u> Kann gut zuhören. Relativ belastbar. In Maßen spontan. Leicht überdurchschnittliche Werte in Zuverlässigkeit, Humor und Hauswirtschaft (kann gut einkaufen). Tanzt auch mal, aber nie als Erster. Neigt dazu, beim Sex zu viele Fragen zu stellen, weil er sichergehen will, auf dem richtigen Weg zu sein.

<u>Lebensraum:</u> Reihenhäuser, Drei- bis Viereinhalb-Zimmer-Wohnungen, oft mit Familienanschluss.

<u>Natürliche Feinde:</u> → *Arschlöcher* und → *Angeber* ignoriert er, andere toleriert er – im Grunde ist sein einziger natürlicher Feind er selbst, denn am Ende des Tages weiß er manchmal nicht so richtig, was er wirklich will und ob er nicht vielleicht einfach deshalb so nett ist, weil er es immer allen recht

machen will. Dann wird er melancholisch, wütend oder es wächst ihm ein Vollbart.

<u>Aufzucht und Pflege:</u> Viele seiner Eigenschaften, die zu Beginn der Paarungszeit als angenehm empfunden werden, schleifen sich ab oder werden im Laufe der Jahre als langweilig empfunden. Wenn man daraufhin versucht, ihn umzuziehen, wendet er die gattungsspezifische Technik des »Dichtmachens« an. Wenn man allzu oft auf seine Hilfsbereitschaft zurückgreift, fühlt er sich irgendwann ausgenutzt und überfordert und lässt einen Warnruf erschallen, der sich ungefähr so transkribieren lässt: »Ich glaube, ich bin viel zu nett, aber damit ist jetzt Schluss, ihr könnt mich alle mal!«

<u>Wie's drinnen aussieht:</u> Wüsste er auch gern, aber er möchte gern selber drauf kommen, und erst, wenn's wirklich sein muss.

<u>Prominente Vertreter seiner Gattung:</u> Sascha, Mehmet Scholl, Steffen Seibert.

<u>Vorsicht!</u> Man weiß nie so genau, wie's drinnen aussieht (aber davon handelt ein großer Teil dieses Buches). Außerdem wird oft kritisch festgestellt, dass die besten Exemplare dieser Gattung bereits vergeben sind. Gebrauchte nette Kerle sind mit Vorsicht zu genießen, da sie sich in längeren Partnerschaften unter Umständen in → *Briefmarkensammler*, → *Auswärtsspielfahrer* oder → *Schwätzer* verwandeln.

Die Sau

<u>Unveränderliche Kennzeichen:</u> Es ist schon bitter – nein, blanker Hohn! –, dass ein solch reinliches und liebreizen-

des Tier wie die gemeine Haussau als Analogon zu der niedrigsten männlichen Lebensform herhalten muss. Das hat sie nicht verdient. Denn als »Sau« bezeichnet man Männer, die in Beziehungen die schlimmste aller sogenannten »Liebessünden« begehen – das Sich-gehen-lassen. Männliche Säue duschen nicht öfter als nötig, halten tägliche Unterwäschewechsel für Verschwendung und finden, es sei ein Beweis von Liebe und uneingeschränkter Vertrautheit, wenn sie im Beisein ihrer Partnerin ungehemmt furzen, sich dafür aber nicht entschuldigen, sondern noch ein gutgelauntes »Willkommen an der frischen Luft« hinterherschieben. Säue räumen den Geschirrspüler nur nach mehrfacher Aufforderung und unter märtyrerhaftem Gejammer aus. Mit seinem Verhalten bringt die Sau seine Partnerin gegen sich auf. Wenn sie das nicht mal mehr merkt, spricht man auch von einer »dummen Sau«.

<u>Lebensraum:</u> Der Lebensraum der Sau ist die langjährige Partnerschaft. In ihr hat es sich die Sau mal so richtig schön gemütlich gemacht, in ihr lässt sie es sich gutgehen. Dass sie auch anders kann, beweist sie in der Außenwelt – bei der Arbeit wirkt die Sau oft aufgeräumt und zuvorkommend. Nicht selten führen Säue auch Zweitbeziehungen, in denen sie ihre andere Seite ausleben. Das erkennen die Partnerinnen der Säue daran, dass die Sau die Unterwäsche jetzt doch täglich wechselt.

<u>Natürliche Feinde:</u> Wasser, Seife, Spüllappen. Der Weg zum Mülleimer. Und Frauen, die mit ihrer Geduld am Ende sind.

<u>Aufzucht und Pflege:</u> Hier gilt ganz deutlich: Eine Sau muss man werden, geboren wird man so nicht. Sollte die Sau im Mann in frühester Kindheit angelegt worden sein, bekommt man sie höchstens in einer Psychoanalyse nicht unter fünf Jahren wieder heraus. Sollte er erst im Rahmen einer Män-

ner-WG zur Sau geworden sein, besteht Hoffnung, das Problem schneller in den Griff zu bekommen. Leicht wird es trotzdem nicht. Denn wenn man sich erst einmal im Sausein eingerichtet hat, empfindet man diesen Zustand durchaus als gemütlich.

Wie's drinnen aussieht: Übel. Die Sau ist ein gutes Beispiel dafür, dass sich eine innere Unaufgeräumtheit oft auch äußerlich zeigt.

Prominente Vertreter seiner Gattung: Mario Barth, Alfred Tetzlaff, Lionel Messi (Achtung, Wortspiel!).

Vorsicht! Sollten Sie bei der Sau durch Ihren permanenten Sexentzug und ihre Drohungen, sie zu verlassen, eine Besserung in ihrem Verhalten festgestellt haben – trauen Sie dem, äh, Braten nicht. Eine Sau auszutreiben ist eine epische Aufgabe und endet in der Regel erst mit dem Tod der Sau.

Eine Sau-Sonderform ist die »coole Sau«. Auch die muss nicht zwingend durch Reinlichkeit auffallen, besticht aber durch lässig zur Schau gestellter Unangepasstheit und Unabhängigkeit. Auf Frauen hat die coole Sau eine fast magnetische Anziehungskraft. Na, bitte schön, wenn Sie meinen. Sie sollten nur wissen: Aus den meisten coolen Säuen werden in kürzester Zeit dumme. Oder → *Arschlöcher*. Auch nicht schön.

Der Schwätzer

Unveränderliche Kennzeichen: Man nimmt den Schwätzer meist schon durch akustische Signale wahr, bevor er im Blickfeld auftaucht. Diese in der Fachsprache auch »Redefluss« oder »super nervige Aneinanderreihung von schwach-

sinnigen Allgemeinplätzen, faulen Witzen, oft gehörten Anekdoten und ständiger Selbstbeweihräucherung« genannte
Verhaltensweise wird fälschlich für eine Kommunikations-
technik gehalten. Tatsächlich dient sie dem Schwätzer zur
akustischen Selbstbestätigung und als eine Art Klangmauer,
die ihm hilft, seine Umwelt auszublenden. Dies muss sein,
weil der Schwätzer sich für nichts und niemanden interessiert.

<u>Lebensraum:</u> Büros, Partys, Talkshows, WG-Küchen, germa-
nistische Pro-Seminare, Redaktionskonferenzen, Familien-
feiern.

<u>Natürliche Feinde:</u> Hörgeschädigte. Ansonsten kennt der
Schwätzer nur Opfer. Um sie zu stellen, wählt er beispielsweise auf Partys strategisch günstige Standorte in Büfett- oder
Bierkastennähe oder im Gang zum Klo, mit hochfrequen-
tiertem Publikumsverkehr und wenigen Fluchtmöglichkei-
ten.

<u>Aufzucht und Pflege:</u> Wenn Frauen sich zur Paarung mit
einem Schwätzer entschließen, tun sie dies meist aus über-
geordneten Überlegungen: weil der Schwätzer prominent ist,
ein Haus auf Sylt hat oder ein relativ hohes Alter und mehrere Bypässe oder alles davon. Im Regelfall jedoch entscheidet die Frau sich zur Paarungszeit für einen ganz normalen
→ *netten Kerl*, einen → *Ingenieur* oder einen → *Auswärtsspiel-*
fahrer, um dann nach einigen Jahren mit Entsetzen festzustellen, dass sie sich einen sogenannten Schläfer-Schwätzer
ins Haus geholt hat: einen Mann, der mit Eintreten der zweiten Lebenshälfte plötzlich zu labern anfängt und nie wieder
aufhört.

<u>Wie's drinnen aussieht:</u> Der Schwätzer hat einfach nur Angst.
Vor der Stille und allem, was sich aus Stille ergeben würde:

zum Beispiel Denken. Nachdenken über sich selbst. Und das ganze sinnlose Gelaber.

<u>Prominente Vertreter seiner Gattung:</u> Alle außer Thomas Schaaf und Thomas Pynchon.

<u>Vorsicht!</u> Die ersten Warnsignale der beginnenden Metamorphose eines x-beliebigen Mannes zum Schwätzer sind leicht zu erkennen. Phase eins: Fängt an, mit dem Fernseher zu reden, wenn »Wer wird Millionär?« läuft. Phase zwei: Bleibt in der Fußgängerzone an Parteiständen stehen, um seine Sicht der Dinge darzulegen. Phase drei: Freut sich, wenn die Zeugen Jehovas klingeln, und bittet sie herein, um ihnen von Gott (also sich selbst) zu erzählen.

Der Softie

<u>Unveränderliche Kennzeichen:</u> Hat Psychologie studiert, aber nicht zu Ende, weil ihm der Prüfungsstress zu hart war und weil ihm das irgendwie auch nicht so wichtig ist, »ist doch eh nur ein Stück Papier«. Zumal er sich im Grunde auch mehr für Esoterik interessiert, aber das kann man nicht studieren, außer vielleicht in Indien oder Freiburg. Wenn er gezwungen wird, ein Fußballspiel zu sehen, ist er immer für die, die gerade verlieren. Von Frauen hat er sich abgeschaut, immer zuerst über Gefühle zu reden und dann nachzudenken, wenn überhaupt. Dies aber weniger geschickt und ohne Charme. Wenn er überhaupt einmal Härte zeigt, dann darin, wie verbissen er weich sein will und wie unnachgiebig er alles ablehnt oder ignoriert, was nicht in sein Weltbild passt.

<u>Lebensraum:</u> Im Grunde ist er ein Fabelwesen, das hauptsächlich in den Köpfen von Frauen existiert, die sich beim

Kontakt mit einem → *netten Kerl* fragen: Ist der in Ordnung oder doch nur ein oller Softie? Und in den Köpfen netter Kerle, die sich selbstkritisch dieselbe Frage stellen.

<u>Natürliche Feinde:</u> Alle mit Ecken und Kanten, Autofahrer und Frauen, die im Bett unterdrückt werden wollen.

<u>Aufzucht und Pflege:</u> Falls es noch Softies gibt, sind sie ideal für Halterinnen mit stark überdurchschnittlichem Interesse an ausufernden Beziehungsgesprächen. Unabdingbar für das Leben mit einem Softie ist die Bereitschaft, ihn mitzufinanzieren, da er selten einer geregelten, geschweige denn einer ausreichend bezahlten Tätigkeit nachgeht. Der Umgang mit einem Softie erfordert Fingerspitzengefühl, denn er ist leicht verletzbar und weint schnell, wenn auch nicht laut.

<u>Wie's drinnen aussieht:</u> So wie draußen. What you see is what you get.

<u>Prominente Vertreter seiner Gattung:</u> Xavier Naidoo, Arminia Bielefeld.

<u>Vorsicht!</u> Beim Sex Wartezeit mitbringen, denn die einschlägigen Tantra-Rituale können mehrere Stunden, in Extremfällen sogar ganze Tage beanspruchen.

Der Super-Dad

<u>Unveränderliche Kennzeichen:</u> Wenn die Kinder klein sind, lernt er Krabbeln, denn es ist ihm wichtig, mit ihnen »auf Augenhöhe« zu sein. Er hat so viel davon gehört, dass Väter nicht verfügbar, nicht erreichbar, zu kalt und zu abwesend sind, dass er sich ganz fest vorgenommen hat: Ihm wird das

nicht passieren. Spricht daher bereits in der Schwangerschaft viel mit dem Kind, was die werdende Mutter oft bei der Körperpflege oder beim Einschlafen stört. Wenn die Kinder größer sind, spielt er ihre Spiele, hört ihre Musik und übernimmt ihre Sprache, auch wenn sie gar nicht anwesend sind: »Also, die neue Steuererleichterung von 2,90 Euro im Monat hat mich jetzt nicht so derbe geflasht.« Er würde abstreiten, dass er mit seiner Frau darum konkurriert, wer die bessere Mutter ist, aber die Art und Weise, wie er sich zum festen Bestandteil der Kinderwelt macht, hat deutliche Züge von Revierkämpfen. Falls der Super-Dad irgendeinen Zugang zur Medienbranche hat, wird er mit an Sicherheit grenzender Wahrscheinlichkeit zeitnah nach Geburt seines ersten Kindes ein sentimentales und völlig überflüssiges Buch darüber veröffentlichen, wie sehr es ihn umgehauen hat, Vater zu werden und zu sein.

<u>Lebensraum:</u> Egal, Hauptsache, die Kinder sind dabei. Daher nimmt er sie gern mal mit ins Büro, wo dann alle Kolleginnen und Kollegen süß finden müssen, wie die Gören an den Computern rumspielen und die Stuhlpolster vollsabbern. Ganz zu schweigen von teuren Restaurants, Ausstellungen japanischer Porzellanmalerei und runden Geburtstagen kinderloser Freunde.

<u>Natürliche Feinde:</u> Aus seiner Sicht müsste ihn die ganze Welt lieben, aber die Kinderfeindlichkeit in Deutschland findet er schon »ganz schön krass«. In Italien sind die Leute da viel entspannter!

<u>Aufzucht und Pflege:</u> Für beruflich voll ausgelastete Frauen ist die Haltung eines Super-Dads fast unabdingbar, denn bei allen unangenehmen Begleiterscheinungen ist er belastbar, flexibel und aufopferungsvoll. Und leicht unterzubringen, da er meist im Kinderzimmer auf dem Fußboden einschläft.

Seine volle Stärke kann er im Familienurlaub ausspielen, wo er unermüdlich wie ein junger Hund mit den Kindern den Strand rauf und runter rennt, während die Frau ein Buch in der Hand hält und schläft.

<u>Wie's drinnen aussieht:</u> Der Super-Dad sehnt sich nach Liebe und Anerkennung, darum verteilt er selbst so viel davon.

<u>Prominente Vertreter seiner Gattung:</u> Ursula von der Leyen.

<u>Vorsicht!</u> Viele enttäuschte Halterinnen berichten, dass der versprochene Betreuungs- und Entlastungseffekt nicht in vollem Umfang eintritt. Sie beschreiben den Eindruck, statt einem plötzlich zwei oder statt zweien plötzlich drei Kinder zu haben, da das Verhalten des Super-Dads sich von kindgerecht über kindlich zu kindisch entwickelt: Irgendwann ist er genauso an der Verwüstung des Kinderzimmers und der Überschwemmung des Bads beteiligt wie die eigentlichen Kinder. Hier hilft eine Auszeit, der stille Stuhl oder Arschvoll und ab ins Bett.

Kapitel 13
Unser Mann Nummer 1:
Über männliche Vorbilder

Wer sind wir? Wie sind wir? Und wie möchten wir eigentlich sein? Vorbilder prägen uns und unser Männerbild, manchmal für die Dauer einer Amtsperiode, manchmal ein ganzes Leben lang. Stephan Bartels hat drei sehr unterschiedliche Idole.

1. Patrick Duffy

Als mein Sohn mit drei Jahren in seinen Kindergarten kam, war Paddy schon da. Wir haben uns rechtschaffen gefreut: ein Mann, mitten in einem Kindergarten, und nicht nur, um jemanden abzuliefern – Paddy arbeitete dort. Ein imposanter Mann übrigens: Ende vierzig, groß, mit längeren weißen Haaren, einem Weihnachtsmannbart und einem seltsam fremden Akzent – Patrick Duffy (nein, nicht der Mann, der in »Dallas« Bobby Ewing spielte, das ist ein anderer) ist ein Ire, der in London groß geworden ist. Mitte der Sechziger wäre er fast mal Fußballprofi bei den legendären Tottenham Hotspurs geworden, aber dann ist sein Knie kaputtgegangen.

Er wurde erst Kaufmann, verliebte sich in ein Mädchen aus Hamburg, zog nach Deutschland und wurde dort Erzieher.

Einer der vielen Vorzüge von Paddy: Er ist ein Mann in einer Gegend, wo es nur sehr, sehr, und noch einmal, sehr wenige Männer gibt – und die genau dort schmerzlich vermisst werden. Im Normalfall nämlich sind Jungs die ersten zehn Jahre ihres Lebens allein unter Frauen. Die Erzieher in den Kindertagesstätten: fast immer Frauen. Grundschullehrer: meistens Frauen. Zu Hause warten zumeist: Mütter, ergo Frauen.

Frauen sind toll, man kann irre viel von ihnen lernen, das weiß niemand besser als wir. Aus kleinen Jungs werden in der Regel bloß keine großen Frauen, sondern Männer. Wie sollen sie lernen, was das bedeutet, wenn sie Exemplare dieser Gattung in freier Wildbahn eigentlich nur kurz vorm Schlafengehen sehen, nämlich wenn ihre Väter gerade von der Arbeit nach Hause kommen? Oder für zwei Wochen im Jahr auf Mallorca, was aber – und das begreifen selbst Vierjährige – nicht das wahre Leben ist? Jungs brauchen männliche Vorbilder, um zu verstehen, was es heißt, ein Mann zu sein. Und wie man das wird. Und was für Gefühle Männer haben. *Dass* Männer überhaupt Gefühle haben, denn die bloße Anwesenheit eines Mannes sagt nichts über dessen Innenleben aus.

Es nützt zunächst einmal gar nichts, bloß ein Mann zu sein, wenn man ein trantütiger Vollidiot ist und dabei Kinder erzieht. War Paddy aber nicht. Beziehungsweise: ist er nicht. Knapp über sechzig ist er inzwischen, und immer noch sitzt er morgens auf einem kleinen Stühlchen mit Kindern von drei bis sechs Jahren beim Frühstück, steckt sich Karottensticks in die Nasenlöcher, tobt, tollt, jagt völlig enthemmt und wild brüllend durch Büsche und Parks, macht über weite Teile des Tages Quatsch, geht jeden Mittwoch mit den Zwergen schwimmen und spricht mit ihnen in einem seltsamen Kauderwelsch aus Deutsch und Englisch – und ist der Held des

Kindergartens, seit einem Vierteljahrhundert. Nicht nur für die Jungs. Aber vor allem.

Moment mal. Das soll ein Vorbild sein? Ein Typ, der aussieht wie Captain Jack Sparrow kurz vor der Rente und sich genauso benimmt? Oh ja. Paddy ist wild und ungezügelt. Einerseits. So sind Jungs nun einmal auch, halbstark und kraftmeiernd, ohne so recht zu wissen, wohin mit ihrer Energie. Aber Paddy kann auch anders, und das sogar ziemlich oft.

Der Mann ist voller Gefühl, und das zeigt er auch. Sagt, wenn er traurig ist, wenn er sich von jemandem verletzt fühlt. Und er kann herrlich gerührt sein, mit Pipi in den blauen Augen und allem drum und dran. Es ist alles da. Das sehen die Jungs. Und wissen, dass sie auch so sein dürfen, wenn ihr Idol schon so ist. Das hält vor. Lange, sehr lange. Tom ist mittlerweile volljährig. Aber Patrick Duffy ist immer noch einer seiner Helden. Und wenn ich so drüber nachdenke: meiner auch. Weil er mir gezeigt hat, wie man das machen kann: Gefühle zeigen, ohne sich lächerlich oder angreifbar zu machen. Schade, dass ich manchmal vergesse, wie das geht.

2. Jogi Löw

Es gibt herausragende Fußballspieler, Genies auf dem Rasen, die in dem Augenblick, wo sie den Ball am Fuß haben, die Gesetze der Physik außer Kraft setzen und das Spiel, vielleicht die ganze Welt neu erfinden.

So einer war Joachim Löw nie, er war guter Durchschnitt in der zweiten Bundesliga.

Es gibt herausragende Trainer, die Vereine vor dem sicheren Abstieg retten oder einen Titel nach dem anderen erringen und dann von ihrer Mannschaft mit Weißbier aus riesigen Gläsern übergossen werden.

Auch so einer war Joachim Löw nie, als Vereinstrainer ist er meist entlassen worden oder auf andere Weise gescheitert.

Joachim Löw ist eigentlich nur eins: der beste Bundestrainer, an den ich mich erinnern kann.

Wie kann das sein?

Fußballspieler pflegen am Spielfeldrand auf derart komplizierte, grundsätzliche Fragen gern mit den einleitenden Worten »Ja, gut …« zu antworten, um ein wenig Zeit zum Nachdenken zu gewinnen. Also: Ja, gut … der Joachim Löw, genannt Jogi, hat bisher eigentlich nichts Richtiges gewonnen, Vize-Europameister und WM-Dritter sind für die deutsche Nationalelf nichts wirklich Besonderes. Ja, gut … er lässt seine (unsere) Jungs weiter diesen schnellen, mutigen, schönen Angriffsfußball spielen, den sein Vorgänger Jürgen Klinsmann zur WM 2006 für die Nationalmannschaft entdeckt hat. Doch damals war Joachim Löw der Co-Trainer, das heißt: Nüchtern betrachtet ist er so was wie eine Klinsmann-Fortsetzung, niemand, der den Fußball im Alleingang neu erfunden hat.

Trotzdem ist er der Beste. Um das zu verstehen, braucht man nicht viel über Fußball als Sport zu reden, nicht über Klinsis und Löws neue Methoden, individuelles Training für jeden Spieler, den ganzen Motivations-Kram, nicht über die Grundprinzipien des modernen Fußballs wie Spiel ohne Ball, Raumaufteilung, hohes Tempo dank optimaler Laktatwerte aller Spieler. Das ist schmückendes Beiwerk für Fußball-Junkies. Im Grunde geht es nur um Psychologie. Die großen internationalen Turniere wie Welt- und Europameisterschaften werden gern als »Fest der Emotionen« bezeichnet, und tatsächlich sind die Veranstaltungen nur mittelbar Sportereignisse; in erster Linie sind sie ein riesiger Psychologie-Kongress, an dem ein ganzer Kontinent oder die Welt teilnimmt. Da wird die Nationalmannschaft plötzlich zur Projektionsfläche für die Wünsche, Hoffnungen und Ängste eines ganzen Landes. Wie sonst ist zu erklären, dass bei solchen Spielen Menschen zu Nervenbündeln werden, die an einem normalen Bundesliga-Samstag Schalke 04 nicht von Borussia Dortmund unterscheiden können? Und wenn die Mannschaft die Projektionsfläche ist, dann ist der Trainer der Kristallisationspunkt all dieser Emotionen, das Zentrum, an dem alles auf- und zusammenläuft, was Fußball an Gefühlen in uns auslöst.

Im Grunde hat der Herr Löw einen völlig absurden Job.

Seine Mannschaft sieht er, wenn nicht gerade EM oder EM-Vorbereitung ist, bestenfalls alle paar Wochen für wenige Tage. So, als könnte Angela Merkel nur einmal im Monat regieren. Er allein entscheidet darüber, ob für einen deutschen Fußballer der größte Traum, das Trikot der deutschen Nationalelf zu tragen, wahr wird. Oder zerplatzt. So wie für den Stürmer Kevin Kuranyi. Vor der WM 2006 riefen Klinsmann und Löw ihn an, um zu sagen, dass er völlig überraschend nicht dabei ist, 2010 blieb er trotz bürgerinitiativengleichen Pro-Kuranyi-Kampagnen auch zu Hause. Es passiert immer wieder, dreißig bis fünfunddreißig Spieler machen sich jedes Mal ernste Hoffnungen auf ein großes Turnier. Nur dreiundzwanzig dürfen am Ende dabei sein. Ein Bundesligaspieler, der nicht spielt, kann immer noch den Verein wechseln. Wer nicht in die Nationalelf kommt, müsste auswandern. Es sind Weltuntergangsgespräche, die Löw dann führt. Damit muss man klarkommen können. Löw kann.

Noch absurder aber ist, welche Rolle der Bundestrainer im Bewusstsein der Fans spielt. Möglicherweise ist das ein Männer-Ding, wenn ja, umso besser. Dann kann ich hier vielleicht endlich erklären, wie sehr die Person des Bundestrainers die Psyche eines Mannes beschäftigt und prägt. Beschäftigt, weil kaum ein Mann vor dem Fernseher ernsthaft meint, einen Ball besser halten zu können als Manuel Neuer, besser reinmachen zu können als Mario Gomez, besser dem Gegner abjagen zu können als Philipp Lahm. Aber jeder von uns weiß, was der Bundestrainer besser machen könnte: Jetzt müsste er doch den bringen, der muss vom Platz, und der spielt auf der völlig falschen Position, das kann ja gar nichts werden. Wir alle sind auf unsere Art Bundestrainer, Jogi Löw ist unser Platzhalter, allerdings mit einem ausgeprägten eigenen Willen. Er ist dort, wo wir uns auf eine verquere Weise zu Hause fühlen. Und der Bundestrainer prägt uns, weil er für die Dauer einer WM oder EM der Mann Nummer eins im Lande ist. Die Art, wie der Bundestrainer am Spielfeldrand, auf der Pressekonferenz oder im Fernsehstudio auftritt, spiegelt das aktuelle Männerbild im Land wider – das Bild, an dem wir uns selbst abgleichen.

Werfen wir kurz einen Blick auf die Vorgänger von Joachim Löw.

Erinnert sich noch jemand an Jupp Derwall, diesen rundlichen, älteren Herrn mit Trainingsanzug und Helmut-Kohl-Brille, freundlich, bräsig, provinziell? So wollten wir Männer nicht sein, wir haben an Derwall gelitten in den Achtzigern.

Dann kam der komplette Stilwechsel, Franz Beckenbauer mit seiner aufreizenden Weltläufigkeit, den Superstar-Allüren: Als er die WM 1990 gewann, schritt er nach dem 1:0 gegen Argentinien allein über den Platz, abseits der ekstatisch feiernden Mannschaft, die Hände in den Taschen, den Blick in die Ferne gerichtet. Und was aussehen sollte wie Demut und Ergriffenheit, bedeutete in Wahrheit: Seht, es geht hier nur um mich. Beckenbauer beeindruckte uns, aber er machte uns auch Angst, und es ist kein Wunder, dass seine pathetische Selbstinszenierung in späteren Jahren in Selbstparodie kippte.

Ermüdet vom Glanz des Kaisers, bekamen wir Berti Vogts, dessen Unsicherheit uns erst verunsicherte und dann wütend machte.

Dann kam Rudi Völler. Moment, zwischendurch gab es noch Erich Ribbeck und Uli Stielike, aber die beiden interpretierten den Job als ein Duo halbseidener Gebrauchtwagenhändler, sie waren aus der Zeit gefallen und ganz schnell wieder weg. Rudi Völler schien, anders als Beckenbauer, einer von uns zu sein, einer, den wir »Tante Käthe« nannten, über den wir sangen, es gebe nur »ein Rudi Völler« – er war so knuffig, dass wir ihm nicht mal das korrekte Personalpronomen gönnten. Völler wurde Vizeweltmeister 2002, mit hässlichem Fußball, Arbeit, Quälerei, und nur durch Pech nicht auch noch Weltmeister. Kein Genie, keine Lichtgestalt, einer, der sich anstrengen muss, aber »authentisch« ist, wie es immer hieß – und so einer konnte so viel erreichen. Das hat uns verblüfft, aber nicht befriedigt: Wer braucht ein Idol, das so normal ist wie man selber?

Da war Jürgen Klinsmann schon ein anderes Kaliber, und das Geheimnis seines Erfolges war, wie sehr er sich entzog, wie sehr er auf Grenzen beharrte: wohnte in Amerika, verkrachte sich mit dem gesamten Deutschen Fußballbund, setzte Olli Kahn auf die Bank, haute am Ende einfach ab.

Um Joachim Löw zu begreifen, muss man verstehen, was ihn von seinen Vorgängern unterscheidet. Völler und Klinsmann waren im Vergleich zu Löw offene Bücher: Sie litten öffentlich unter dem Job, dem Druck, der gnadenlosen Aufmerksamkeit, am Ende platzte Völler der Kragen über den »Scheiß«, den »Mist«, den »Käse«, den die Medien, also die Öffentlichkeit, also wir, ihm zugemutet hatten, und Klinsmann gab zu, dass er erschöpft war, einfach viel zu erschöpft, um weiterzumachen.

Undenkbar, dass Löw ausrastet oder ausbrennt.

Ich habe ihn mal getroffen. Kurz vor der Europameisterschaft 2008 war das, er trug Jeans, ein hellblaues Hemd und schwarze Halbschuhe, die Haare wie immer nach links gescheitelt. Es war ein Interviewtag beim Deutschen Fußballbund in Frankfurt. Er begrüßte die Damen und Herren von der Presse mit festem Händedruck und schaute uns dabei aufmerksam in die Augen, jedem Einzelnen, so lange, dass es kurz davor war, unbehaglich zu werden. Irritierend entspannt sah er aus, der Mann, der für die deutsche Grundstimmung

217

in jenem Juni wichtiger war als jeder andere. Nahm sich ein Stück Birnen-Schmand-Kuchen und eine Tasse Kaffee vom Büfett, setzte sich an den Kopf des Tisches und wartete auf Fragen. Die dann kamen, waren die ganz großen: nach seiner Nervosität, dem Druck, der Verantwortung, der dauernden Beobachtung. All dies perlte derart elegant von ihm ab, dass seine Antworten austauschbare Leerstellen blieben. Es waren klassische Löw-Momente: Wer versucht, ihn zu fassen zu kriegen, greift daneben. Da ist Fußballsachverstand, da ist Bescheidenheit, Verbindlichkeit, aber was da nicht ist, ist ein Löw, den man verstehen oder erklären könnte. So flüchten Journalisten sich oft in Analysen seiner Garderobe. Zum Beispiel das Seidenhalstuch, das er zu jener Zeit oft trug. Er habe eine Vorliebe für dieses »durchaus heikle Accessoire«, schreibt die »Frankfurter Allgemeine Sonntagszeitung«, aber Löw umschiffe die durchaus gegebene Gefahr, »dandyhaft und altväterlich zu wirken«, indem er das Tuch »wie einen Wollschal knotet und es so zum Anzug wie zum Anorak trägt«. So werde es »zum selbstverständlichen Accessoire, das ihn trotzdem unverwechselbar macht«.

Vielleicht hat das Seidenhalstuch Symbolcharakter, weil es wie eine Art Ablenkungsmanöver ist, ein Blitzableiter: Ihr schaut mich an und versucht, mich zu verstehen, aber euer Interesse findet keinen anderen Anhaltspunkt als eben dieses Tuch. Und darum ist Joachim Löw der beste Bundestrainer, an den ich mich erinnern kann: Weil er ein Geheimnis bleibt, weil wir Männer ohne ein fest gefügtes Bild von ihm bleiben. Er wirft uns auf uns selbst zurück, er gibt uns keine Sicherheit.

Die Schwäche seiner Vorgänger war, dass sie als Klischee ihrer selbst anfingen und aufhörten. Das einzige echte Löw-Klischee ist der Spitzname, den er schon als junger Kicker bekam, wegen seiner Ruhe und Gelassenheit: Jogi. Selbst dieser Spitzname ist komplexer und geheimnisvoller als »Kaiser« oder »Tante Käthe«. Der Bundestrainer Löw verkörpert, dass die Zeit der einfachen Antworten für Männer ein für alle Mal vorüber ist, er steht für ein schillerndes, hochmodernes Männerbild. Und das gefällt mir so an ihm, deshalb taugt er für uns Männer als Vorbild. Weil unser Leben so vielschichtig und undurchschaubar geworden ist, die Anforderungen an uns kompliziert. Und wir gern damit genauso umgehen möchten wie der Bundestrainer: lässig und gelassen. Souverän und dabei ein bisschen geheimnisvoll. Freundlich und trotz allem undurchdringbar. Jogi Löw ist meine Nummer eins. Fragt mich aber vorsichtshalber noch einmal, wenn Jürgen Klopp Bundestrainer wird.

3. Klaus Liehr

Als ich klein war, bin ich einmal als Cowboy zum Fasching gegangen (und fand es langweilig) und einmal als Ballerina (und habe es aus Imagegründen bitter bereut). An all den anderen Faschingsdienstagen meiner Kindheit bin ich als Ritter verkleidet in den Kindergarten oder die Schule gelaufen. Ritter waren mein Schönstes, ich hatte eine Burg aus Plastik und baute mir Dutzende andere aus Lego. Ritter waren für mich die perfekte Ausgabe eines Mannes. Denn ihnen konnte einfach nichts passieren, sie waren geschützt. Sie trugen ja Rüstungen, die alles, was ihnen schaden konnte, von ihnen fernhielt. Und jeder mochte sie, schließlich waren sie ja Edelmänner. Edel fand ich super.

Im Grunde finden wir Männer Ritter immer noch toll. Edel, hilfreich und gut sein finden wir theoretisch absolut erstrebenswert, vor allem aber hätten wir gern eine dicke Rüstung. Nur: Ritter gibt es nicht mehr. Oder fast nicht mehr. Ich kenne bloß einen. Den habe ich dafür allerdings über Jahre fast täglich gesehen: Klaus Liehr.

Klaus arbeitete in der Poststelle von Gruner + Jahr, dem

Verlag, in dem »Brigitte« erscheint. Wenn man so will, war er unser Redaktions-Postbote. Man konnte ihn leicht übersehen, Klaus ist nicht sehr groß, dafür aber sehr dünn. Er hatte einen blonden Schnauzer, ein bisschen erinnerte er an Asterix. Seinen Job erfüllte er immer unaufgeregt und zuverlässig, manchmal pfiff er dabei leise vor sich hin. Till und ich haben uns immer gefreut, wenn wir ihn gesehen haben, man konnte gut mit ihm scherzen, er hat auch noch beim zehnten Mal freundlich gelacht, wenn ihn jemand shakespeareverballhornend »King Liehr« nannte. Aber es hat eine ganze Zeit gedauert, bis ich gemerkt habe: Klaus ist eigentlich der perfekte Ritter, Version 20. Jahrhundert. Wenn jemand auf eine geschlossene Tür zulief, hielt er sie auf, wenn jemand seinen Laufwagen leihen wollte, war er da. Er ertrug die kleinen Zickereien, die es in einer Frauenredaktion gibt, mit Humor und Gleichmut. Und ließ sich eigentlich nie aus der Ruhe bringen.

Kleine dünne Männer haben oft die Angewohnheit, sich aggressiv bemerkbar zu machen, wie Terrier, die sich in Waden verbeißen. Angriff ist für sie die beste Verteidigung. Klaus hatte das nicht nötig. Er hatte eine Rüstung aus Freundlichkeit angelegt, an der alles abprallte, was an Unbill auf ihn zukam. Und Gleichmut war sein Helm. Er war eine Art Mensch gewordene Chill-Out-Area, wenn um ihn herum Stress aufkam. Und er konnte jeden so nehmen wie er war, er lebte das Motto der Siebziger: Du bist okay, ich bin okay, zusammen sind wir … was auch immer. Abends ging er nach Hause und hörte Jazz, am Wochenende goss er die Blumen in seinem Kleingarten.

Das Faszinierende für mich war die ungeheure Ausgeglichenheit, die er ausstrahlte. Diese Aura totaler Zufriedenheit, die ihn umgab. Umgeben konnte, weil er sich einfach geweigert hat, Störfaktoren unter seine Rüstung zu lassen. Darum habe ich ihn beneidet. Denn das Talent zur Zufriedenheit ist ein echtes Geschenk. Auch sie ist eine Rüstung.

Letztes Jahr ist er in Rente gegangen. An seinem letzten Tag im Verlag stand er eigentlich zum ersten Mal nach all den Jahren im Mittelpunkt, für eine knappe Stunde. Und alle waren gekommen, um ihm zu sagen, dass sie ihn vermissen würden. Ein paar haben geweint. Er nicht. So etwas machen Ritter nicht.

Kapitel 14
Frauen nennen es Leben, wir nennen es Burn-out:
Männer am Rande des Nervenzusammenbruchs

Wir scheitern daran, viele verschiedene Rollen unter einen Hut zu bringen: erfolgreich im Beruf, guter Vater, Spitzen-Partner. So lange, bis wir zusammenbrechen. Weil wir am gleichen Perfektionswahn leiden wie Frauen, meint Till Raether.

Wenn etwas mit dem Wort »neu« gekoppelt wird, kann man nicht vorsichtig genug sein. Oft verbirgt sich dahinter etwas Ungutes. Neue Herausforderungen: anderer Ausdruck für Kündigung. Neues Auto: anderer Ausdruck für Schulden. Neuer Vater: anderer Ausdruck für – ja, wofür eigentlich? Für einen Träumer? Für einen Überforderten? Nachmittags sieht man auf deutschen Spielplätzen viele Männer, die sich vorgenommen haben, es anders zu machen. Mehr Zeit mit ihren Kindern zu verbringen; verfügbar zu sein; im Haushalt nicht nur »zu helfen«, sondern einen halbwegs gerechten Teil der dort anfallenden Arbeit zu erledigen. Man könnte sie »neue Väter« nennen, aber die meisten der Spielplatz-Väter würden diesen oder einen anderen Titel gar nicht für sich beanspruchen. Sie haben nicht groß darüber nachgedacht, sie tun einfach, was sie für richtig halten.

Warum? Es gibt ja für Männer immer die Option, mit der alten Nummer durchzukommen, die da heißt: Voll arbeiten, sich im Haushalt so blöd anstellen, dass man in Ruhe gelassen wird, und für die Kinder ein geschätzter Ins-Bett-bring- und Wochenend-Papi sein. Millionen kommen damit durch, warum sollte man sich dagegen entscheiden?

Weil es eben auch ein Männergefühl gibt, das etwa in folgende Richtung geht: Die alte Rollenverteilung ist dumm und öde und schränkt uns ein; wir wollen uns und anderen (nicht zuletzt den Frauen) beweisen, dass wir mehr können als nur die eine klassische Rolle, nämlich: alles. Weil wir Romantiker sind, die von einem besseren Leben träumen. Und weil wir dazu neigen, uns selbst zu überschätzen. Wir fühlen uns als Übergangsgeneration, die nicht einfach in den alten Rollen weitermachen will, sondern neue ausprobieren möchte. Im Grunde sind wir Teil einer großen Versuchsanordnung. Mal sehen, wie es den Spielplatz-Vätern dabei ergeht.

André hat sich selbständig gemacht, als seine Tochter geboren wurde. Er ist Web-Designer und arbeitet von zu Hause, das heißt, er hat eigentlich immer Zeit oder nie, sein Eindruck schwankt zwischen diesen beiden Polen. Seine Frau arbeitet Teilzeit in Festanstellung.

Philipp arbeitet im Schichtdienst in einem Pflegeberuf, Vollzeit, seine Frau auch, sie haben beide die gleiche Stundenzahl und stimmen ihre Einsatzpläne nach Möglichkeit so ab, dass immer einer von beiden zu Hause ist, wenn ihr Sohn nicht in der Kita betreut wird.

Mareks Frau ist wieder in Elternzeit, sie haben gerade das zweite Kind bekommen, aber er hat sich in seinem Job als Bauingenieur immerhin den Mittwochnachmittag freischlagen können. Jetzt stehen sie hier, Pappbecher mit Milchkaffee in der Hand, und sehen ihren Kindern mit müden Augen beim Spielen zu. Anfangs, als sie sich auf dem Spielplatz kennenlernten, haben sie über Fußball geredet. Durchaus auch über ihre Kinder, mit diesem schlecht kaschierten Stolz junger Eltern. Inzwischen reden sie eigentlich nur noch darüber, wie fertig sie sind. Nie genug Schlaf. Der Stress im Job, den man mit nach Hause bringt, und der Stress zu Hause, der es einem unmöglich macht, sich vom Stress im Job jemals zu erholen. Bandscheibe; bei André Vorwölbung, bei Marek Vorfall, wird aber konservativ behandelt. Ärger mit ihren Frauen, die doch irgendwie immer gefordert haben oder stillschweigend davon ausgegangen sind, dass ihre Männer an die fünfzig Prozent von allem übernehmen und trotzdem den größeren Teil der Kohle ranschaffen, und jetzt passt es den Frauen auch wieder nicht, weil die Männer am Wochenende schlechte Laune haben oder allerhand Wehwehchen oder, noch komplizierter, weil die Väter ihnen, den Müttern, die Kernkompetenz streitig machen.

Alle drei sehen richtig mies aus, blass, abgespannt, Augenringe. Klar, sie steigern sich, wenn sie zusammen hier stehen, auch in was rein, aber wenn sie tschüss gesagt haben und jeder für sich die Kinderkarre nach Hause schiebt, hat jeder von ihnen das Gefühl, am Ende zu sein.

Dabei hat doch alles gerade erst angefangen. Die Kinder sind noch klein. Und die gesellschaftliche Entwicklung, in der die Spielplatz-Väter stecken, hat auch gerade erst begonnen: weg von der traditionellen Familie, weg vom Ideal der Hausfrauen-Ehe, hin zu einer neuen Rollenverteilung. Einen Moment lang sah es so aus, als könnte das klappen, weil die Zahl der »neuen Väter« langsam, aber stetig wächst. Jetzt aber ist diese Entwicklung bedroht, weil die Väter, die sie vorantreiben könnten, überfordert sind, erschöpft und ausgebrannt.

Häme ist eine nahe liegende Reaktion auf diese Mitteilung: Ui, die armen Männer, kaum wagen sie sich auf das Problemfeld »Vereinbarkeit von Kind und Beruf«, auf dem Frauen sich seit Jahrzehnten abrackern, und schon klappen sie zusammen! Man könnte den Männern auch einfach zurufen:

»Reißt Euch zusammen und haltet den Mund, darin seid ihr doch sonst unschlagbar!« Aber weder mit Spott noch mit Ignorieren wird man das Thema in den Griff kriegen. Der Personalchef eines großen deutschen Unternehmens sagt: »Uns kippen die Väter aus den Latschen, bis rauf ins mittlere Management.«

Die Krankenkassen, die in regelmäßigen Befragungen von Test-Gruppen den Zustand ihrer Versicherten überwachen, und für die Vorsorge die wichtigste Investition ist, bieten Burn-out-Präventions-Seminare speziell für Männer allgemein und Väter im Besonderen an. Früher gab es diese Seminare nur für Frauen. Die Präventionsexpertin einer großen deutschen Krankenkasse sagt, dass Männer sich schwerer eingestehen können als Frauen, dass sie unter der Doppelbelastung von Kindern und Beruf leiden: »Dabei spielen Väter heute eine viel zentralere Rolle als früher, und sie sind stärker betroffen von Stress- und Erschöpfungskrankheiten als vor zehn, zwanzig Jahren.« Die Psychologin Christina Zimmermann, die Burn-out-Präventions-Seminare für Väter geleitet hat, hat schon vor drei Jahren in »Brigitte« gesagt: »Es brennt bei vielen, es ist langsam kein Tabu-Thema mehr.« Und der Diplom-Pädagoge und Autor Robert Richter ergänzte an der gleichen Stelle: »Männer mit kleinen Kindern engagieren sich nicht unerheblich in der Familie, reduzieren aber nicht beruflich, sondern knapsen sich das in den Bereichen Freizeit, Regeneration, Beziehung und Schlaf ab. Das heißt, sie powern sich total aus.«

In einer Zeitverwendungsstudie des Soziologen Peter Döge steht: »Dem Leitbild des ›neuen‹ oder modernen Mannes entsprechend, erhöhen Männer ihr Engagement in der Haus- und Familienarbeit, wenn sie Väter werden. Leben sie dann mit einer Partnerin zusammen, die nicht erwerbstätig ist, liegt ihr zeitlicher Einsatz für bezahlte und unbezahlte Arbeit zusammengenommen sogar mehr als eine Stunde über dem ihrer Partnerin.« Aus dieser Studie und speziell dieser

Passage ziehen manche Väter-Aktivisten den Schluss, dass Männer sowieso mehr tun als Frauen und dass das, bitteschön, ziemlich ungerecht ist. Ein guter Anlass, um ganz kurz innezuhalten und uns klarzumachen, worum es hier eigentlich geht: Um Gerechtigkeit für die Väter? Mehr Verständnis? Vielleicht sogar um ein paar Streicheleinheiten, Komm, setz dich mal hin, du müder, neuer Mann, ich hol dir ausnahmsweise ein Bier aus dem Kühlschrank?

Nein. Der Gerechtigkeitskampf wird in vielen Partnerschaften und Familien geführt, meist in der speziellen Spielart der Erschöpfungskonkurrenz: Ich hab weniger geschlafen als du, mir tut der Rücken noch mehr weh als dir, ich bin gestresster im Job und noch genervter von den Kindern, und am Ende gewinnt, wer dichter vorm Zusammenbruch steht als der andere. Dabei sitzen, Binsenweisheit Nummer eins, in der Familie alle im selben Boot. Die Literaturkritikerin Iris Radisch hat in »Die Schule der Frauen«, ihrem Buch über die Probleme moderner Familien, geschrieben: »Es gibt keine Vereinbarkeit von Beruf und Kindern, sondern nur etwas zu addieren.« Also kann es nicht darum gehen, wer erschöpfter ist und daher mehr Mitgefühl verdient, sondern nur darum, wie man das alles, was da addiert wird (Kinder, Beruf, Partnerschaft, Freizeit) gegen alle Wahrscheinlichkeit doch irgendwie hinkriegt.

Binsenweisheit Nummer zwei: Die Männer erleben jetzt einfach das, was für berufstätige Mütter seit Jahren grauer oder allzu bunter Alltag ist. Könnte es aber sein, dass Männer schlechter als Frauen damit zurechtkommen? Und sind möglicherweise ihre Frauen dafür mitverantwortlich? »Es gibt ein paar Faktoren, die es für Väter besonders schwierig machen«, sagte die Psychologin Christina Zimmermann in »Brigitte«. »Väter leiden besonders unter dem Spill-over-Effekt: der Stress aus dem Beruf schwappt hinüber in die Familie. Außerdem sehen sie sich als Einzelkämpfer, sie haben den Anspruch, Probleme selber zu lösen. Gleichzeitig haben sie

Schwierigkeiten, die Vaterrolle zu definieren, oft auch, weil sie Probleme mit ihrem eigenen Vater haben und weil es an Vorbildern mangelt.«

Überspitzt zusammengefasst: Während Mütter seit Jahren über kaum etwas anderes reden, sind Väter meist schlecht vorbereitet auf die Herausforderungen der chaotischen modernen Familie. Kein Wunder, dass es sie umhaut. Marek, der Bauingenieur mit dem freien Mittwochnachmittag, erzählt, wie er das Familienleben mit dem gleichen Instrument in Angriff genommen hat wie alles andere: »Meine Erfahrung früher vom Sport, aus dem Studium und den ersten Jahren im Beruf war immer: Wenn ich mich noch ein bisschen mehr anstrenge, kriege ich das hin, und wenn vielleicht nicht beim ersten Mal, dann beim nächsten Mal. Also so ein Selbstverständnis, dass man, wenn man dahin geht, wo's wehtut, so gut wie alles schaffen kann. Die ersten ein, anderthalb Jahre mit Kind habe ich in diesem Sinn so richtig als sportliche Herausforderung angesehen: Noch mehr arbeiten mit noch weniger Schlaf? Super im Job, super als Papa, irgendwann auch wieder super als Partner, und alle klagen, das geht nicht? Dann erst recht!« Er lacht. »Am meisten nervt mich eigentlich, dass alle, die sich darüber immer beklagen, recht behalten haben: Es geht wirklich nicht.«

Es ist aber nicht nur der Mangel an Flexibilität und Erfahrung, der den modernen Vätern besonders zu schaffen macht; es ist auch die manchmal fast absurde Alleinstellung, die sie in einem Land haben, in dem, wie meine Kollegin Julia Karnick vor einiger Zeit in »Brigitte« schrieb, »Väter als Memmen gelten, wenn sie die Familienarbeit mit der Frau teilen«.

André, der Web-Designer mit den flexiblen Arbeitszeiten, kommt sich manchmal »einfach nur bescheuert vor. Am Anfang fand ich es ganz lustig, vormittags zum Kinderarzt oder zum Babyschwimmen zu gehen, und da sind ansonsten nur Frauen mit ihren Kindern und glotzen blöd, aber irgendwann hat das angefangen, an mir zu nagen und mich zu nerven.

Und dann kommt man aus dieser Kinder- und Mütterwelt und soll sich abends an den Schreibtisch setzen und Geschäftspost erledigen. Ich weiß nicht, woran es liegt, aber ich fühle mich in keiner dieser Welten mehr richtig wohl, die Kontraste sind zu krass und gleichzeitig verschwimmt alles miteinander.«

Möglicherweise scheitern die »neuen Väter« an einer Aufgabe, die schlicht nicht zu bewältigen ist. Robert Hettlage, Soziologe an der Universität Regensburg, spezialisiert sowohl auf Familien- als auch auf Glücksforschung, sagt ganz kategorisch, dass es für Männer in Wahrheit »keine Alternative« zur traditionellen Ernährer-Rolle gibt: »Das gesellschaftliche Bild von Männern lässt bis heute keine Abweichung zu.«

Vielleicht muss man ergänzen: und auch die Frauen lassen bis heute wenig Abweichung zu. Philipp, der Krankenpfleger, verbringt genauso viel Zeit mit dem Kind wie seine Frau, sie arbeitet genauso viel wie er. Aber wenn sie von ihrer Schicht kommt, zieht sie dem Sohn erstmal Hausschuhe an und eine Strickjacke, und im Vorbeigehen kratzt sie demonstrativ ein bisschen festgebackene Milch vom Ceranfeld. Wenn sie Geldsorgen haben, weil zwei Gehälter aus Pflegeberufen alles andere als üppig sind und sie haarscharf über ihre Verhältnisse leben, hat Philipp das Gefühl: »Der Schwarze Peter ist bei mir, ich müsste mal eine Fortbildung machen, ich müsste doch eigentlich mehr verdienen.«

All diese Spielplatz-Väter haben den Eindruck, mit ihren Frauen immer wieder darum zu wetteifern, wer die bessere Mutter und Hausfrau ist (tatsächlich gibt es genug Bücher mit programmatischen Titeln wie »Papa ist die beste Mama«). Eigentlich möchte niemand diesen absurden Wettkampf, aber er entsteht, weil die Mutter-Rolle im Gegensatz zur Vater-Rolle klarer definiert scheint. Dem traditionellen Bild zufolge ist eine Mutter fürsorglich und häuslich. Dieses viel zu eindimensionale Bild haben wir im Kopf, auch wenn wir es ablehnen. Sobald Väter sich in diesen Bereich vorwagen, gibt es Probleme. »Manchmal denke ich, unser Kind wächst ohne Vater auf: Es hat zwei Mütter«, sagt Philipp. Bei Marek, dem Bauingenieur, ist das Rollen-Chaos ähnlich groß, aber mit anderen Folgen: »Ich spiele tagsüber im Betrieb den guten alten Vater, der Fotos von seinen Kindern und seiner Frau auf dem Schreibtisch hat und der zum Jagen geht, damit der Braten auf den Tisch kommt. Und abends, wenn ich nach Hause komme, will meine Frau sich ausruhen, und dann spiele ich die Mutter, bis die Kinder schlafen. Und dann soll ich den Partner spielen. Vielleicht sogar noch den Lover. Logischerweise will ich dann nur meine Ruhe. Das heißt, ich frage mich, wo und wer bin ich eigentlich bei all dem?«

»Tatsächlich kann und muss niemand immer nur eine Rolle spielen, erst recht nicht in der Familie«, so die Psychologin Christina Zimmermann. »Im besten Fall gleiten wir flexibel hin und her zwischen den Rollen, die wir spielen. Für Frauen ist das nichts Neues, Männern fehlt es da an Erfahrung und an Übung.«

Wer es bis in eines ihrer »Work-Life-Balancing-Seminare für Männer« geschafft hat, hat erkannt, dass er vom Burnout-Syndrom bedroht oder schon betroffen ist, das heißt, er leidet darunter, den Umständen ohnmächtig ausgeliefert zu sein und das eigene Tun als sinnlos zu empfinden. »Das Ziel ist, herauszufinden, wo ich meinen Sinn sehe im Leben«, sagt die Psychologin. »Und schließlich geht es darum, das große Ziel in kleinen Schritten in den Alltag zu holen.«

Bevor sie im Rollenchaos und Alltagsmist ausbrannten, sind die Spielplatzväter genau von diesem Punkt aus gestartet: Das große Ziel war, ein guter Vater zu sein, glückliche Kinder zu haben, eine gerechte Partnerschaft. Und die kleinen Schritte waren jedes einzelne verdammte Milchfläschchen, jede Windel, jeder nachts um drei unter dem Gitterbett hervorgeangelte Lieblingsschnuller, jeder freigeschaufelte Nachmittag, jedes »Ich kann nicht zum Kunden, mein Kind hat Windpocken«.

Und jetzt? Manchmal, wenn sie zusammen an der Sandkiste stehen, wünschen sie sich, ihre Frauen würden »so richtig Karriere« machen, dann müssten *sie* »nie mehr arbeiten«. Oder sie sehnen sich, gesprächsweise, nach klaren Verhältnissen zurück: Vati vierzig, fünfzig Stunden die Woche im Büro, und dafür darf er dann zu Hause der King sein, mit Pantoffeln, »Tagesschau« und Kindern, die an seinen Lippen hängen.

Aber das sind Fluchtphantasien. In Wahrheit wollen wir das nicht. Berufstätige Mütter und Väter schlagen sich zu Hause mit den Problemen herum, die die Gesellschaft nicht gelöst hat, sie bekommen die unerledigten Hausaufgaben der Politik aufgebrummt: miserable Betreuungsangebote, zu wenig Geld und zu wenig Zeit für die Familie. Wenn sie die Kraft noch haben, können Mütter und Väter sich engagieren, damit sich gesellschaftlich und politisch etwas bewegt. Aber lösen können sie die Probleme der großen Welt in der eigenen kleinen Welt nicht.

Und nun? Alle Experten, mit denen ich gesprochen habe, sagen in etwa dasselbe: Das Zauberwort heißt *Aufgabenverteilung*, nicht Rollenverteilung. Eine Liste machen, verhandeln und aufschreiben, wer macht was – heute, morgen, so lange es sein muss. Pragmatismus statt idealistischer Überhöhung. Im Grunde ist dies der Abschied vom »neuen Vater«, der ganz selbstverständlich die Ernährer- und die Vaterrolle und Teile der Mutterrolle übernimmt. Am Ende bleibt eine Familie, in der Vater und Mutter über jede große und jede kleine Aufgabe, über jeden Alltagsmist und jede existentielle Entscheidung immer wieder aufs Neue verhandeln müssen, im Zweifelsfall jeden Tag. Sicher ist das weniger vergeblich, als das sinnlose Ringen um Mütter- und Väterrollen. Aber wollten wir nicht auch die Welt verändern, indem wir anders leben als die Generationen vor uns?

Du brichst auf, um alles anders zu machen, und am Ende sitzt du da und schreibst zur Aufgabenverteilung eine weitere

To-Do-Liste. Es bleibt das Gefühl: Das kann es nicht gewesen sein. Das Gefühl: Der Fehler muss woanders liegen. Wer das mit der Aufgabenverteilung hinkriegt: Respekt und weiterhin viel Erfolg und viel Vergnügen. Aber wäre es nicht sinnvoller, sich als Paar erstmal über die Grundlagen einig zu werden, über die weltanschauliche Ausgangsposition? Im Grunde haben Männer sich vom Perfektionsdrang der Frauen anstecken lassen. Ein Perfektionsdrang, den Frauen in den Jahrzehnten, in denen sie die Welt erobert haben, sozusagen perfektioniert haben. Wir, die Autoren, sind an dieser Stelle durchaus unterschiedlicher Meinung. Stephan Bartels wird im nächsten Kapitel argumentieren, warum Männer all dies besser hinkriegen: weil Männer grundsätzlich immun sind gegen Perfektionswahn und *andere* Strategien gefunden haben, mit dem Druck und den Anforderungen fertigzuwerden.

Die Welt ist bunt, alle sind verschieden und: Was Bartels sagt, entspricht nicht meiner Erfahrung. Perfektionsdrang ist ansteckender als schlechte Laune und ein Magen-Darm-Virus. Darum müsste die Grundsatzerklärung jedes zeitgenössischen Paares, das gut über die Runden kommen will, in meiner Welt folgende sein:

Wir, die Unterzeichneten, vereinbaren, in allen Lebensbereichen nur noch achtzig Prozent zu geben. Wir versichern einander und uns selbst, dass achtzig Prozent genug sind. Wir akzeptieren, dass wir nicht gleichzeitig eine gute Beziehung führen, beruflich erfolgreich, die besten Eltern der Welt sein und unsere verbleibende Freizeit außerordentlich anregend und abwechslungsreich gestalten können.
Wir arbeiten, um das alles hier bezahlen zu können, um unter Leute zu kommen und hin und wieder Anerkennung zu kriegen. Nicht, um die Erwartungen von Vorgesetzten zu erfüllen oder die Umsatzrendite von börsennotierten Unternehmen zu steigern.
Wir führen eine Beziehung, die wir als gelungen betrachten,

*solange die Gründe, zusammenzubleiben, stärker sind als
die, sich zu trennen. Wir nennen es Glück, wenn das Verständnis die Missverständnisse überwiegt, egal, wie viele
das sein mögen.*

*Wir akzeptieren, dass gute Eltern solche sind, die Zweifel
haben, Fehler machen und zu achtzig Prozent mit sich im
Reinen sind. Daran wollen wir arbeiten, statt durch die
Gegend zu hetzen, um die Kinder eine Viertelstunde früher
abzuholen. Wir einigen uns darauf, dass es besser ist, ein
Faschingskostüm im Internet zu bestellen, statt selber eins
zu basteln und dabei die Kinder anzuschreien, weil man im
Grunde keine Zeit zum Basteln hat.*

*Wir einigen uns darauf, im Zweifelsfall der Welt gemeinsam
den Stinkefinger zu zeigen, statt einander das Leben zur
Hölle zu machen, weil der Dispo ausgereizt ist, abends noch
die Krümel vom Frühstück unterm Tisch liegen und wir seit
Wochen keinen Sex mehr miteinander hatten.*

*Wir nehmen uns vor, zur Erleichterung und Unterhaltung
aggressiv und verletzend über befreundete Paare zu lästern,
die »immer alles richtig« machen.*

*Wir vereinbaren, dass wir über alles streiten, schimpfen und
schmollen dürfen, so lange wir uns hierüber einig sind: »Gut
genug« ist für uns »perfekt«, durchwursteln ist vorbildlich,
und irgendwie werden wir das schon hinkriegen.*

Dies wäre ein großer Schritt für Männer und Frauen aus unserer Generation, die wir aufgewachsen sind mit Madonnas
psychosozialem Postulat »Don't go for second best, baby«.
Aber wir wollen ja auch gar nicht das Zweitbeste, sondern
das für uns Beste: Zufriedenheit angesichts der Tatsache, dass
alles ein einziges großes Chaos ist. Und diese Zufriedenheit
kriegen wir nur gemeinsam hin.

Kapitel 15
Leichter leben: Warum Männer (manchmal)
die besseren Frauen sind

Gegenrede zum vorigen Kapitel: Wir versuchen gar nicht erst, viele verschiedene Rollen unter einen Hut zu bringen. Weil uns so gute männliche Eigenschaften wie Ignoranz und Aussitzen davor bewahren, uns vom Perfektionswahn der Frauen anstecken zu lassen, meint Stephan Bartels.

Die Welt der Männer hat sich im Lauf der letzten Jahrzehnte immer weiter an die Welt der Frauen angenähert. Wir kümmern uns um den Haushalt, ziehen die Kinder an, bringen sie zur Schule, holen sie wieder ab und machen zwischendrin den Wochenendeinkauf. Und das mit einer unhinterfragten Selbstverständlichkeit. Unser Rollenverständnis hat sich verändert.

Aber angefangen hat das eigentlich damit, dass sich die Welt der Frauen geändert hat. Sie haben sie auf Eigeninitiative einmal auf links gedreht, warm durchgespült und kopfüber aufgehängt – das, was für Frauen früher einmal das richtige Leben war, ist heute ein böser Schatten aus dunklen Zeiten. Und die sind noch gar nicht so lang her.

Da ist diese fabelhafte US-Serie »Mad Men«. Werbetreibende Männer sitzen Anfang der sechziger Jahre tagsüber in ihrer Agentur in der New Yorker Madison Avenue, trinken Whiskey, rauchen ohne jede Unterbrechung und betrügen ihre Frauen, zu denen sie am späten Abend heimkehren. Die Frauenfiguren in dieser Serie sind Hausfrauen oder Sekretärinnen. Peggy Olsen, eine von ihnen, schafft es, eine Texterstelle in der Agentur zu bekommen. Unter Mühen, obwohl sie viel mehr auf dem Kasten hat als die ganzen Machos in dem Laden. Und trotzdem wird sie als Kollegin kaum ernst genommen. Der Fernsehsender ZDF_neo, der die Serie in Deutschland ausstrahlt, bewarb sie so: »Hinter jeder erfolgreichen Frau steht ein Mann, der ihr auf den Arsch glotzt.«

Mit viel Liebe zum Detail erzählt »Mad Men«, welche Rolle die Frauen vor fünfzig Jahren hatten. In New York, der modernsten, fortschrittlichsten Stadt der Welt! Welchen Platz in der Männerwelt mögen da erst die frühen Sechziger-Jahre-Frauen in Recklinghausen oder Niederaula gehabt haben? Was Peggy Olsen als Ausnahmeerscheinung in »Mad Men« wollte, wollen heute alle Frauen: ernst genommen werden. Aber nicht nur im Beruf, sondern auch in jedem anderen Bereich des Lebens. Als Frau, als Freundin, als Mutter, als – übrigens ganz wichtig – Tochter. Als … na ja: eigentlich alles.

Frauen wollen alles. Und sie wollen, dass dieses Alles sich auch noch perfekt anfühlt. Die Kinder sollen sich immer gesund ernähren, niemals krank werden und wenn doch, dann möglichst homöopathisch behandelt werden. Das Steinpilzrisotto soll schön schlotzig sein. Der Bauch des Mannes nicht zu dünn und nicht zu dick, sondern noch so gerade eben gemütlich. Der Chef soll fair und zugewandt sein und alle mit Respekt behandeln. Und wenn wir schon mal dabei sind, der eigene Mann soll das gefälligst auch: respektvoll sein. Immer, überall. Beim Frühstück, beim Fensterputzen, im Bett.

Außerdem wollen Frauen immer entspannt im Hier und Jetzt leben, den Augenblick genießen, es sich gutgehen lassen. Wollen gute Bücher lesen, endlich mal was über gute Weine lernen und sich auch für Fußball interessieren – aber nur während der WM.

Das ist schon okay, ist ja gar keine Frage. Das alles steht den Frauen zu. Eigentlich steht es mir nicht einmal zu, hier zu sagen, dass es ihnen zusteht, so selbstverständlich ist es. Überhaupt jedem Menschen steht es zu, sich genau das Leben zu basteln, das er möchte, solange er dabei nicht am Zebrastreifen Senioren überfährt oder im Supermarkt Schafskäsewürfel klaut. Wenn Frauen sich also ein perfektes Leben wünschen, ist das ihr sehr gutes Recht.

Perfektion hat nur leider einen gravierenden Haken: Es gibt sie nicht. Sie ist eine Illusion, wie der Topf Gold am Ende des Regenbogens, wie der Yeti im Himalaya: Vereinzelt sollen Menschen ihn schon gesehen haben, es gibt auch Hinweise und Spuren auf ihn – aber bei genauerem Hinsehen hat niemand wirklich jemals ein aussagekräftiges Foto von ihm gemacht. Perfektion beinhaltet nämlich ein Paradoxon: die Fähigkeit, auf Perfektion manchmal zu scheißen. Fehlerhaftes aushalten zu können. Den Moment so zu nehmen, wie er ist. Das ist nicht gerade weibliche Kernkompetenz.

Ich wohne in Hamburg ziemlich nah an der Elbe, ungefähr fünf Fußminuten vom Altonaer Balkon. Das ist ein wunderbarer Aussichtspunkt, knapp dreißig Meter über dem Fluss, für Hamburger Verhältnisse also Hochgebirge. Gegenüber liegt der Hafen mit Hunderten von Kränen, auf dem Wasser ziehen im Minutentakt riesige Containerschiffe vorbei, in denen man ganze Hochhaussiedlungen verstecken könnte. Eine imposante Aussicht, alles in allem, ich bin ganz gern da.

Wie auch an einem milden Tag im späten Winter. Ich setzte mich auf eine Bank, als die Sonne gerade im Begriff war, orangerot in der Elbe zu versinken. Der Himmel war tiefblau, der Tag extrem friedlich. Die Bank neben mir war von einem Paar besetzt, beide etwa Anfang dreißig. Der Mann saß, seine Freundin lag quer auf der Bank, hatte ihren Kopf in seinen Schoß gelegt und blinzelte in die Sonne. Er kraulte ihren Na-

cken. Ein schönes Paar, die beiden, dachte ich und zündete
mir eine Zigarette an. Und echt süß miteinander.

Dann begann sie zu reden.

»Das ist perfekt«, sagte sie.

Der Mann sagte nichts.

»Wirklich«, sagte sie, »guck mal der Himmel, was für'n
geiles Blau.«

»Hmmm«, brummte der Mann.

»Wir haben schon ein verdammtes Glück, dass wir hier
wohnen«, sagte sie.

Er schwieg.

»Bei schönem Wetter ist Hamburg ein absoluter Traum«,
sagte sie.

Ich konnte sehen, dass er die Augen zugemacht hatte. Sagen mochte er immer noch nichts.

»Wenn jetzt noch nicht so viele Leute hier wären, dann
wär' es noch geiler«, sagte sie.

Er kraulte bloß weiter ihren Nacken.

»Und schade, dass die Elbchaussee hier so laut ist«, sagte
sie.

Die Straße wird erst hundert Meter weiter zur Elbchaussee,
hier heißt sie noch Palmaille, dachte ich, sagte aber nichts.
Der Mann auch nicht.

»Findste nicht?«, fragte die Frau.

Der Mann schwieg einen sehr langen Moment. Ich hatte
schon keine Antwort mehr erwartet.

»Nö«, sagte er schließlich.

»Was ›nö‹?«

»Stört mich nicht.«

»Was?«

»Die Leute. Und die Autos.«

»Ach so. Na ja.« Sie setzte sich auf. »Ich mein ja bloß.«

Er sagte nichts.

Sie dachte einen Moment nach. Dann seufzte sie und sagte:
»War ja auch irgendwie klar, dass dir das egal ist.«

»Hä?«

»Na, ist doch so. Du hast nie was zu meckern. Wenn einer was auszusetzen hat, dann ich«, sagte sie.

»Ey, der Tag ist super, ich bin mit meiner Freundin zusammen, mir geht's gut – was soll ich denn hier blöd finden?«

»Ich meine generell. Nie findest du irgendwas scheiße. Wer beschwert sich bei den Nachbarn über Lärm? Ich. Wer geht an der Algarve an die Rezeption, weil das Zimmer zur Straße liegt? Ich. Wer holt die Kellnerin an den Tisch, wenn der Kaffee zu kalt ist?«

»Du«, sagte er.

»Genau. Ich allein. Ich bin die Einzige in unserer Beziehung, die Probleme hat«, sagte sie.

Er lachte laut auf.

»Das stimmt nicht. Du bist nur die Einzige, die mit Problemen nicht leben kann.«

»Im Unterschied zu dir, oder was? Weil du immer schön bräsig alles verdrängst und aussitzt? Soll das jetzt auch noch 'n Qualitätsmerkmal sein?«

Er seufzte und nahm sich einen Moment Zeit.

»Ja«, sagte er dann, »ich denke, das ist es.«

Jetzt sagte sie nichts und schüttelte bloß den Kopf. Die beiden hatten keinen Körperkontakt mehr und sahen geradeaus auf die Kräne am anderen Ufer, die jetzt in orangefarbenes Licht getaucht waren.

»Weißt du«, sagte er schließlich, »ich glaube wirklich, dass es irgendwie hilft, Dinge manchmal hinzunehmen, wie sie sind. Kalter Kaffee, Lärm, Zimmer zur Straße – das ist Kleinkram, das ist nichts, was mich wirklich stört. Wenn ich ständig auf dem Sprung wäre, um alles zu beseitigen, was nicht perfekt ist – was wäre denn das für ein Leben? Wann käme ich dann mal runter? Alter! Herzinfarkt mit einundvierzig! Oder wenigstens Bluthochdruck! Brauche ich das? Brauche ich nicht. Ich bin zufrieden. Und wenn ich mit dir einen perfekten Sonnenuntergang an der Elbe erleben darf, dann suche ich mir nicht irgendetwas, das diesen Moment kleiner macht. Und ja, je länger ich drüber nachdenke, desto besser finde ich, dass mir die Elbchaussee scheißegal ist.«

Er machte eine kleine Pause.

»Ist hier übrigens gar nicht die Elbchaussee. Die beginnt erst hinter der Kirche.«

»Klugscheißer.«

»Wenn's doch stimmt.«

»Dann heißt das noch lange nicht, dass du recht hast«, sagte sie.

»Doch«, sagte er, »hier ist noch Palmaille, dann ein paar Meter Klopstockstraße, dann erst ...«

»Das meine ich nicht. Das mit dem Aussitzen und Scheißegalfinden. Das ist nicht richtig«, sagte sie.

Er sagte nichts.

»Lass uns los, ich hab' keinen Bock mehr«, sagte sie.

Sie stand auf, er blieb noch paar Sekunden sitzen und atmete ein und tief aus. Diese Art von Diskussion hatte er definitiv nicht zum ersten Mal geführt. Er erhob sich, und beide verschwanden Richtung Straße, die Hände in den Jackentaschen, einen halben Meter Sicherheitsabstand zwischen sich.

Ein möglichst perfektes Leben zu führen kann irre anstrengend, ja, stressig sein. Frauen neigen dazu, diesen Stress ungefiltert an uns Männer weiterzugeben, weil sie ihre Erwartungshaltung eins zu eins übertragen, das ist ansteckender als jede Tröpfcheninfektion. Und es mag sein, dass es Männer gibt, die sich tatsächlich davon infizieren lassen. Aber ich glaube, Till und die Jungs vom Spielplatz aus dem letzten Kapitel sind nicht so richtig repräsentativ für uns Männer. Die Mehrheit ist eher so wie der Typ von der Parkbank am Altonaer Balkon: Wir können in vielen Momenten nichts hören, nichts sehen, nichts sagen. Einfach mal alles um uns herum ausblenden. Probleme einfach nicht sehen, auch nicht die Probleme, die unsere Frauen an uns weitergeben wollen.

Das kann mehrere Ursachen haben. Vielleicht haben wir gerade andere, eigene Probleme im Kopf – ich weiß, wir reden nicht besonders viel darüber, aber auch wir haben so etwas: Probleme. Vielleicht wollen wir gerade im Moment auch einfach mal kein Problem haben, weil ein Champions-League-Halbfinale ansteht oder wir uns am Nachmittag die neue Lloyd-Cole-CD gekauft haben, auf die wir seit drei Monaten gewartet haben. Oder wir wollen einfach mal wieder dieses angenehm leise Grundrauschen eines leeren Kopfes spüren. Das sind Momente, in denen uns Frauen einfach nicht erreichen.

Ich weiß, dass das die Frauen wahnsinnig macht. Es sind diese Momente, in denen sie an uns verzweifeln. In denen sie das Gefühl haben, sie wären allein auf der Welt, weil sie mit einem bescheuerten Ignoranten zusammen sind. Wir sind aber keine bescheuerten Ignoranten. Wir stehen ihnen gern zur Verfügung. Aber nicht immer nur uneingeschränkt zu ihren Bedingungen. Alles hat seine Zeit, und das muss nicht unbedingt die gleiche sein, an denen Frauen uns gern für Problemlösungen begeistern wollen. Es mag überraschend klingen, aber auch wir haben unsere Zeiten dafür. Und solche, in denen die Welt uns tendenziell mal kreuzweise kann. Und damit erfüllen wir eigentlich nicht mehr als eines der zu erreichenden Klassenziele, die sich Frauen ganz dick unterstrichen auf ihre Fahne geschrieben haben:

Wir sind ganz bei uns selbst.

Was ist mit diesen anderen klassisch weiblichen Lebenswünschen? Zum Beispiel: im Hier und Jetzt leben? Schwierig. Vor allem für Frauen, die in den meisten Beziehungen das diffuse Gefühl haben, sie müssten den Alltag sämtlicher Familienmitglieder im Alleingang optimieren. Und zwar im Detail. Männern ist das Detail nicht so wichtig, wir sehen mehr das große Ganze, dafür können wir mit den kleinen Unebenheiten, dem abblätternden Lack und dem kleinen Wasserschaden, der dem großen Ganzen ein paar Schönheitsfehler gibt, ganz gut leben. Und zwar ohne uns dabei unerhört viele Gedanken über die Zukunft zu machen. Wir denken manchmal bis zur nächsten Straßenecke, wenn überhaupt. Könnte auch der Bauch oder die Spitze unseres Penis sein, zugegeben – aber das reicht uns, denn:

Wir sind dann ganz im Hier und Jetzt.

Das Schöne daran: Das, was Frauen männliche Ignoranz und Verdrängung nennen, ist ein fabelhaftes Energiesparmodell. Wer ausblenden kann, wer einen Schalter im Kopf hat, der Probleme automatisch auf Wiedervorlage switcht, der schafft Kapazitäten. Für sich, aber auch für seine Familie. Und für seine Beziehung.

Frauen sind auch deshalb so oft erschöpft, weil sie das Gefühl haben, ihre Männer erziehen zu müssen. Sie in Sachen Gesprächs- und Streitkultur und Problembewusstsein auf ihr eigenes Niveau bringen zu wollen. Ihnen die Augen zu öffnen für die Schwierigkeiten, mit denen Frauen sich Tag für Tag herumquälen – und dann dafür zu sorgen, dass Männer diese Schwierigkeiten ab sofort zu gemeinsamen machen. Denn in einer guten Beziehung wird gleichberechtigt alles geteilt. Auch der Unrat.

Wie wäre es eigentlich, wenn Frauen endlich anfangen würden, bei uns in die Schule zu gehen? Wir hätten da drei äußerst hilfreiche Fächer anzubieten, in denen man zur Abwechslung mal wirklich fürs Leben lernt und nicht für die Schule. Nämlich: Ignoranz, Desinteresse und Verdrängung. Gute Schülerinnen werden danach viel leichter durch das Leben kommen.

Ich wurde Mitte der neunziger Jahre von einer Hamburger Tageszeitung ins Holsteinische geschickt, um über den »Club der Optimisten« zu berichten. Der Vorsitzende hat mir lange von dem Konzept erzählt, das im Grunde daraus bestand, sich einfach mal nicht über alles einen Kopf zu machen. Ich fand das etwas abstrus, als Vater eines Jungen von damals drei

Jahren machte ich mir ständig einen Kopf um alles. »Machen Sie es sich da nicht etwas einfach?«, fragte ich den Mann. Er sah mich verblüfft an. Und hat dann gesagt:

»Klar. Warum sollte ich mir das Leben auch schwermachen?«

Diesen Satz habe ich mir gemerkt. Denn irgendwie hat er ja recht. Schwer, leicht, wenn man es sich aussuchen kann, ist die Entscheidung einfach. Und deshalb nehme ich seitdem gern mal die Abkürzung, auf der »leicht« steht.

Aber weil ich weiß, dass Frauen sich durch gutgelaunte Holsteiner nicht überzeugen lassen werden, möchte ich hier auch eine kluge und sehr lebenserfahrene Frau zitieren. Die Journalistin Ursula Lebert war Mitte siebzig, als sie ein Interview gab. Und im Rückblick auf ihr ereignisreiches Leben sagte: »Heute denke ich, 90 Prozent meiner Sorgen hätte ich mir sparen können.«

So will ich seitdem leben. Mit 90 Prozent eingesparter Sorgen. Wenn das kein guter Plan ist, dann weiß ich's auch nicht.

Kapitel 16
Männergefühle: Eine Gebrauchsanweisung

Was wollen wir jetzt eigentlich? Wo ist, im übertragenen Sinne, der männliche G-Punkt? Also jener Ort, an dem Frauen uns bei unseren Gefühlen packen können, ohne dass wir genervt sind und abblocken? Wie verstehen wir einander besser? Um dahin zu kommen, schließen wir mit ein paar Ratschlägen. Und weil wir widersprüchliche Wesen sind, gibt es zu jedem Vorschlag einen Gegenvorschlag.

Vorschlag: Lasst uns doch einfach mal machen!

In den Top Ten aller Sätze, die Männer von Frauen so wenig wie möglich hören wollen, liegt der Satz »Immer muss ich dir sagen, was du machen sollst!« ganz weit vorn, nur geschlagen von »Es hat nichts mit dir zu tun« und »Nicht schlimm, das kann doch jedem mal passieren«. »Immer muss ich dir sagen, was du machen sollst« beruht nämlich auf der irrigen Annahme, dass Männer sich einen Scheißdreck um die Alltagsbelange einer Beziehung kümmern und sie aussitzen, bis man sie mehr oder minder freundlich an sie erinnert. Das ärgert uns maßlos, denn: Es macht uns klein. Es diskreditiert uns. Und es ist einfach nicht wahr.

Wir sehen dieselben Dinge wie Frauen, nehmen sie auf der Raum-Zeit-Achse aber nicht unbedingt genauso wahr. Wenn ihr abends nach Hause kommt und der morgens hastig verlassene, komplett bekrümelte Frühstückstisch ist immer noch nicht abgeräumt und abgewischt, obwohl wir schon seit gut einer Stunde zu Hause sind, dann heißt das nicht: Der Tisch ist uns egal, sondern: Wir haben in der letzten Stunde anderes zu tun gehabt. Zeitung lesen, Fahrrad aufpumpen, zwei Folgen »Two and a half men« gucken, völlig wurscht. Es ist *unsere* Entscheidung, bewusst getroffen.

Wenn wir die Wäsche einen Tag länger liegen lassen als ihr, hat das meist ähnliche Gründe. Wenn wir den Wein für die Party am Wochenende donnerstags noch nicht besorgt haben? Auch. Wenn wir es Samstagvormittag nicht schaffen, mit den Kindern neue Schuhe zu kaufen, dann nicht, weil wir euch ärgern wollen, sondern weil uns etwas anderes in diesem Moment wichtiger war. Und dann kommen wir ohne Schuhe nach Hause und bekommen die volle Packung ab: Ob es eigentlich zu viel verlangt sei, dass wir einmal (!) selbst an so etwas Einfaches wie den Schuhkauf denken könnten. Und warum schon wieder sie den Geschirrspüler ausräumen musste. Könnten wir nicht einmal (!) von allein auf die Idee kommen, dass das genauso gut unsere Aufgabe sei? Ob uns eigentlich klar sei, dass es gewisse Regeln des Zusammenlebens gäbe, ohne die das alles hier nicht funktionieren würde? Das sei wie bei einem kleinen Kind, denn: »Immer muss ich dir sagen, was du machen sollst!«

Bleiben wir bei diesem Vorwurf. Er entspringt eurem Gefühl, betrogen worden zu sein. Denn als ihr diesen Mann da zu dem an eurer Seite gemacht habt, gab es eine Prämisse: dass ihr gleichberechtigt alles teilen würdet, Rechte, Pflichten, Arbeit, Spaß und nicht zuletzt Emotionen. Und jetzt gärt in euch das Gefühl, dass der Typ das gar nicht wirklich will. Dass er all die gemeinsamen Vereinbarungen torpediert, unterläuft und euch mit dem ganzen Mist allein lässt.

Zwischenfrage: Gibt es immer den richtigen Zeitpunkt, um das Richtige zu machen? Oder reicht es, dass das Richtige irgendwann schon getan wird? Männer sind in der Regel ein bisschen langsamer, behäbiger, lassen sich leichter ablenken. Aber auch wir beseitigen irgendwann Schmutzreste von Esstischen und legen Socken zusammen. Bloß: zu *unseren* Zeiten. In unserem Tempo. Wir wissen, das ist schwer auszuhalten für euch. Ihr habt eine feste Vorstellung davon, wie eure Umgebung, euer Leben aussehen soll. Aber wenn wir darin einen Platz haben sollen, dann müsst ihr verstehen, dass auch wir eine Vorstellung von diesem Leben haben. Und unsere Art, mit ihm umzugehen. Beziehungen brauchen Kompromisse, keine Frage. Aber wenn die darin bestehen, dass wir unsere Leben nach eurem Zeitplan ausgestalten, dann kann es nicht gutgehen.

Deshalb: Lasst uns doch einfach mal machen. Wenn der Esstisch aussieht wie Sau, dann lasst ihn so. Schmiert euch 'ne Stulle, setzt euch in den Sessel eurer Wahl, lest ein gutes Buch und wartet ab. Übt Lektionen in Gelassenheit und Vertrauen. Denkt daran: Die wenigsten von uns habt ihr aus irgendwelchen Drecklöchern gerettet, wir sind auch vor euch ganz okay über die Runden gekommen. Irgendwann sind wir so weit, dann räumen wir auf, waschen eure Unterwäsche und holen eure Winterstiefel vom Schuster. Spätestens zum ersten Schnee, versprochen.

Wann ist das die richtige Maßnahme?

Diese Maßnahme ist eine, die Normalität werden sollte – immer dann, wenn wir auf euch prinzipiell gefestigt wirken, solltet ihr uns einfach in Ruhe unser Zeug machen lassen. Der ganz normale, dusselige Alltag wird dann ein wenig entspannter werden. Wir brauchen nicht drumherum zu reden – Frauen mit einem hohen Anspruch an Perfektion könnten Schwierigkeiten bekommen, das Ergebnis zu akzeptieren. Aber »loslassen« ist eine der Lektionen des Lebens. Und dazu gehört, auch mal die Kontrolle darüber zu verlieren, welches Familienmitglied welche Pflichten erfüllt. Wenn ihr das einmal verinnerlicht habt, wird euer Leben leichter. Definitiv.

Gegenvorschlag: Sagt uns, was wir tun sollen!

Kehren wir noch einmal zu dem Satz von eben zurück:
»Immer muss ich dir sagen, was du machen sollst!«
Wie gesagt, nur wenige Sätze hören Männer weniger gern als diesen. So. Und jetzt wechseln wir einfach mal ein Wort und ein Satzzeichen aus:
»Manchmal muss ich dir sagen, was du machen sollst.«
Und schon haben wir eine Aussage, die wir Männer ohne Wenn und Aber unterschreiben würden. In sehr vielen Beziehungen besteht immer noch das romantische Ideal einer symbiotischen Persönlichkeitsergänzungspartnerschaft – der eine soll möglichst genau wissen, welche Bedürfnisse der andere hat, was ihm wichtig ist, und am besten auch, wann. Dass das nicht so richtig funktioniert – funktionieren kann –, merken wir alle relativ schnell, schließlich teilen wir zwar Tisch und Bett, aber nicht unsere Gehirne. Leider kommt die persönliche Erwartungshaltung mit dieser Er-

kenntnis nicht immer so ganz mit. Und das führt zu Enttäuschungen.

Ein Beispiel. Thomas kann nichts mit Pflanzen anfangen. Mit vierzehn hatte er mal einen Ficus in seinem Zimmer, wie geschlechterübergreifend alle anderen in seiner Klasse. Der von Thomas ging ein, bevor man das Wort »Photosynthese« zu Ende buchstabiert hatte. Ähnlich ging es ihm mit der an und für sich pflegeleichten Stechpalme, die er zum Achtzehnten bekommen hatte. Wenn es so etwas wie das Gegenteil vom grünen Daumen gibt: Thomas hat ihn.

Claudia hingegen liebt Pflanzen. Das Haus ist voll davon, dafür hat sie gesorgt. Leider ist sie beruflich oft unterwegs und kann sich in dieser Zeit nicht um sie kümmern. Umso schöner, dachte sie, dass sie mit Thomas einen häuslichen Typen geheiratet hat, der abends eigentlich ständig zu Hause ist. Sie hatte erwartet, dass er wie selbstverständlich ihre Blumen gießen würde, als sie das erste Mal für eine Woche zu einer Tagung in die Schweiz fuhr. Als sie zurückkam, hatte das Grünzeug keinen Tropfen Wasser abbekommen. Als sie Thomas fragte, warum er ihre Pflanzen nicht gegossen hat, sah er sie verblüfft an und fragte: »Welche Pflanzen?«

Wahre Geschichte. Und mindestens ein Jahr lang Gegenstand fruchtloser Erziehungsmaßnahmen – Thomas sind Pflanzen derart egal, dass er sie nicht einmal wahrnimmt, wenn er davor steht. Und das ist auch nicht in seinen Schädel hineinzubekommen. So etwas gibt es, und es ist nicht mal selten.

Claudia hat wahnsinnig lang damit gehadert. Sie hat es als mangelnde Wertschätzung verbucht – wenn ihr etwas so elementar wichtig ist, wie kann es dann sein, dass Thomas es fortgesetzt ignoriert? Inzwischen hat sie begriffen, dass es nichts Persönliches ist, sondern ein Overload auf der männlichen Festplatte. Sie hat jetzt ihren Frieden damit gemacht. Wenn sie unterwegs ist, ruft sie jeden zweiten Tag an und sagt Thomas, dass er Blumen gießen muss. Kein »Bitte«, kein »Würdest du«, nein: »Du musst.« Und Thomas findet das gut. Er tut es ja auch gern. Er weiß, dass es sie glücklich macht, schließlich liebt er sie, und eine glückliche Frau ist gut für ihn.

Wann ist das die richtige Maßnahme?

Zunächst einmal ein paar Hinweise zur emotionalen Ausgangslage: Diese Maßnahme sollte erst angewendet werden, wenn ihr eure Gefühle in der betreffenden Sache möglichst neutralisiert habt. Das Beispiel von Thomas und Claudia ist tatsächlich typisch. Ihr müsst die Enttäuschung, die Fassungslosigkeit über die fast bodenlose Ignoranz des Mannes verarbeitet haben. Und begreifen: Auch wenn er es nicht versteht, wenn er keine Ahnung hat, warum es euch wichtig ist – wenn ihr ihn darum bittet, tut er es gern für euch. Ihr dürft in diesem Punkt bloß keine Eigeninitiative von ihm erwarten, jetzt nicht und nicht in Zukunft.

Das ist nicht so schlimm, wie ihr jetzt denkt. Im Gegenteil: es entemotionalisiert die Beziehung auf eine gesunde Weise und sorgt für sachliche Nüchternheit an den richtigen Stellen. Und nimmt Druck vom Kessel, das mindert die Explosionsgefahr.

Manchmal ist Liebe eben bloß wie Physik.

Vorschlag: Nehmt nicht alles ernst, was wir sagen!

Ja, wir reden viel, wenn der Tag lang ist. Wir erklären, dass wir unseren Job an den Nagel hängen wollen und endlich den Taxischein machen wollen. Wir fabulieren über Todesarten, die wir James Blunt wünschen. Wir erzählen, dass wir vom nächsten freiwerdenden Geld einen Pontiac Firebird kaufen wollen. Wir sagen, dass wir die Berge hassen. Wir erklären Lübzer Pils zum besten Bier der Welt. Wir kündigen an, dass wir uns einen Bart wachsen lassen werden. Nach zehn Sekunden »Anne Will« haben wir ausführliche und drastische Meinungen über Politiker, die wir nie zuvor gesehen haben. Wir können wortreich begründen, warum wir uns nie wieder eine französische Komödie anschauen werden. Wenn wir uns den Zehnagel gequetscht haben, erwähnen wir, dass Bob Marley genau daran gestorben ist, also nicht genau, aber mittelbar: an einer Infektion, die so anfing. Und dann reden wir über unseren Tod.

Und all das an manchen Tagen im Laufe eines einzigen Abends. Tatsächlich ist das alte Klischee, das Frauen viel mehr reden als Männer, längst durch einschlägige Studien widerlegt. Wir reden fast genauso viel, aber wir reden anders.

Während Frauen direkt oder indirekt über Gefühle reden, verkünden wir Pläne, geben Meinungen zum Besten oder stellen Tatsachen fest. Zumindest, und das ist uns im Laufe der Zeit dann irgendwann doch klargeworden, zumindest kommt es so rüber, als würden wir Pläne, Meinungen und Tatsachen verkünden.

Langsam schwant uns, dass wir Frauen mit unseren Mitteilungen verwirren. Das merken wir daran, wenn wir dafür kritisiert werden, dass wir menschenverachtend, ungerecht oder unqualifiziert sind. Oder am leichten Aufflackern von Panik in den Augen, wenn wir sagen, dass wir kündigen, uns einen Bart wachsen oder die Haare färben wollen. Und wir merken es daran, dass plötzlich immer Lübzer im Kühlschrank ist, obwohl das eigentlich ein ziemlich langweiliges Bier ist. Nur einmal, an einem heißen Sommernachmittag, als noch eine einzige Flasche davon da war, kam es uns vor wie das beste Bier der Welt. Daran können wir uns jetzt, wo ihr immer Lübzer kauft, weil wir das damals gesagt haben, aber schon gar nicht mehr erinnern.

Es käme uns nie in den Sinn zu sagen: »Boah, eigentlich

ein langweiliges Bier, aber jetzt, wo ich das hier so durstig trinke und die Flasche genau die richtige Temperatur hat, kommt es mir vor, als wäre es das Beste auf der Welt.« Stattdessen sagen wir: »Lübzer ist definitiv das beste Bier der Welt. Mit Abstand. Forget about the rest, Lübzer is the best. Weltklasse.«

Es macht uns Spaß, unseren flüchtigen Meinungen rhetorisch völlig übertrieben als Tatsachenbehauptungen zu tarnen. Weil es uns selbst amüsiert und weil es uns so lange, wie wir es aussprechen, das Gefühl gibt, es könnte wirklich so sein. Im Guten wie im Bösen: Natürlich möchten wir nicht im Ernst, dass James Blunt an seiner eigenen Zunge erstickt. Aber unser Leben ist ein bisschen interessanter, wenn wir das so ausdrücken, als wenn wir einfach sagen würden: »Schatz, magst du mal deine andere CD anmachen?«

Außerdem sagen wir gern Dinge, die wir nicht so meinen oder die sogar richtiger, amtlicher Unsinn sind, weil das Aussprechen uns hilft, uns genau darüber klarzuwerden. »Nächste Woche lass ich mir die Haare hellblond färben wie H. P. Baxxter von Scooter« bedeutet in Wahrheit: »Komisch, wenn ich den alten H. P. Baxxter hier so bei ›Wetten, dass ...?‹ sehe, fällt mir auf, dass ich nie in meinem Leben gefärbte Haare hatte. Eigentlich könnte ich das immer noch machen, der Baxxter ist schließlich noch älter als ich. Obwohl, wenn ich jetzt so nachdenke: Vielleicht eher doch nicht, das sieht ja total beknackt aus, wenn man nicht hauptberuflich in der Technobranche tätig ist. Und genau genommen sogar dann.« Und so weiter. So zu reden wäre Logoröe. Niemand würde uns mehr zuhören. Unsere apodiktischen Statements aber werden gehört, und wir lassen sie auch deshalb in die Welt, weil wir uns über Reaktionen freuen. Sie sind ein Kommunikationsangebot. Und ein Vertrauensbeweis: Wir teilen mit, was uns gerade alles an Versuchsballons durch den Kopf schwebt, und zwar einem äußerst sorgfältig ausgewählten Publikum: euch. Nur eins solltet ihr nicht: Das, was wir sagen, immer so ernst nehmen. Und uns im schlimmsten Fall nachher noch drauf festnageln wollen.

Wann ist das die richtige Maßnahme?

Ehrlich gesagt: eigentlich immer. Es gibt aber eine einfache Faustregel, die dabei hilft zu erkennen, wann wir etwas ernst meinen. Im Allgemeinen ist das immer erst dann der Fall, wenn wir einen Plan oder eine Meinung mindestens dreimal in unterschiedlichen Zusammenhängen und vor wechselndem Publikum wiederholt haben. Der Zusatz »Ohne Scheiß« ist hingegen meist eher ein Warnhinweis aufs Gegenteil. Ohne Scheiß.

Und noch etwas. Eine Schlüsselerkenntnis, die sich hinter der Aufforderung verbirgt, uns nicht immer so ernst zu nehmen: Bezieht nicht immer alles, was wir sagen oder tun, auf euch. Wir sind unsere eigenen Menschen. Nicht alles, was wir sagen, ist eine versteckte Botschaft an euch.

Gegenvorschlag: Hört doch mal zu!

Wir haben keine Ahnung, wann das alles eigentlich angefangen hat. Vielleicht mit Paul Watzlawick und seinen Kommunikationsregeln? Oder war es Samy Molcho, der in die Gesprächskultur auch noch den Aspekt der Kommunikation durch Körpersprache eingefrickelt hat? Oder ging es los mit den ersten Interpretationen, die wir alle in der Schule schreiben mussten, dieses von Amts wegen geförderte Lesen zwischen den Zeilen?

Wir wissen es nicht. Wir wissen nur: An irgendeinem obskuren Punkt der Beziehungsgeschichte habt ihr Frauen aufgehört, uns zuzuhören. Ja, auch wir Männer fanden Watzlawick erhellend und Samy Molcho spannend. Aber kann es sein, dass ihr Frauen von all dem so fasziniert seid, dass ihr manchmal vergesst, dass es noch eine andere Ebene gibt als die, auf der man erstmal alles interpretieren muss? Manche Dinge sind einfach eins zu eins.

Wir haben die Erfahrung gemacht, dass Gespräche mit euch über unsere Gefühle extrem frustrierende Angelegenheiten sein können. Wir haben es vorher schon gesagt und wiederholen es noch einmal: Ihr haltet Gefühle für euer Hausrevier, eure Domäne, euer Hoheitsgebiet. Und auf dem agiert ihr, Entschuldigung, manchmal mit einer schwer zu ertragenden Arroganz. Das liegt daran, dass ihr uns in Sachen Gefühl für komplett unterbelichtet haltet, so habt ihr es in den letzten vierzig Jahren gelernt, und wir haben diese These brav mitgetragen. Deshalb glaubt ihr, dass es euer verbrieftes Recht ist, jede unserer Gefühlsstandsmitteilungen durch euren erprobten Filter laufen zu lassen: Passt das Gesagte zu seiner Mimik, zu seiner Körpersprache? Wie war die Satzmelodie? Welche versteckten Botschaften transportiert das Gesagte?

Wisst ihr was: das ist *euer* Problem. Unseres ist, dass ihr uns einfach nicht zuhört. Die Art, wie wir auf verschiedenen Ebenen aneinander vorbeireden, hat uns nicht wirklich weitergebracht. Das ist schade, denn wir wollen nichts lieber, als wirklich von euch verstanden werden.

Ein Vorschlag: Probiert es doch einfach mal aus. Vergesst die ganzen Zwischen- und Metaebenen, hört einfach mal auf das, *was* wir sagen – und schaut euch an, was dann so passiert.

Ihr habt dabei nichts zu verlieren, oder?

Wann ist das die richtige Maßnahme?

Immer.

Vorschlag: Tretet uns in den Arsch!

Hin und wieder verzehren wir uns geradezu danach, dass uns jemand aus unserer Erstarrung und Antriebslosigkeit weckt. Und zwar nicht irgendjemand, sondern die Frau, die wir lieben. Manchmal möchten wir die Verantwortung abgeben, manchmal möchten wir, dass jemand anderes uns die Entscheidung abnimmt: eine Frau, die uns so gut kennt wie niemand anderes, und an die wir in bestimmten Situationen gern delegieren würden, zu entscheiden, was für uns das Beste ist. Und zwar nicht behutsam und subtil, es geht nicht darum, dass wir zarte Andeutungen für die Entscheidungshilfe oder versteckte Anregungen für die Lebensverbesserung brauchen. Nein, manchmal brauchen wir einen richtigen Tritt, und zwar nicht in den Hintern, sondern in den *Arsch*. Einen Tritt mit Anlauf, der uns in die richtige Richtung befördert, und der uns aufwachen lässt.

Wann ist das die richtige Maßnahme?

Ein Beispiel, damit wir einander richtig verstehen: Wir brauchen keinen Tritt in den Arsch, wenn wir uns ganz zufrieden in einem eher mittelmäßigen Job eingerichtet haben. Das entscheidende Wort ist hier »zufrieden«: Man merkt doch, ob wir zufrieden sind. Und wenn wir zufrieden sind, bringt es nichts, uns mit Hilfe verbaler Tritte dazu aufzufordern, uns um den Posten des stellvertretenden Abteilungsleiters zu bewerben. Das wäre frustrierend. Es bringt nichts, uns einzureden, wir wären gar nicht zufrieden.

Aber man merkt ja auch, wenn wir nicht zufrieden sind: Wenn wir seit Monaten darüber reden, dass wir eigentlich endlich mal eine Fortbildung machen müssten, weil uns der Job unterfordert und weil es uns ärgert, dass der unfähige Kollege 300 Euro mehr verdient im Monat; wenn wir immer wieder um diese Themen kreisen, anfangs ausgesprochen, später unausgesprochen – dann ist es soweit, dann hilft uns nur noch ein Tritt in den Arsch.

Oder ein anderes Beispiel: Wir verfallen körperlich. Sport ist nur noch eine vage Erinnerung, und wir schimpfen auf den Trockner, weil alle Kleidungsstücke plötzlich zwei Nummern zu klein sind. In dieser Situation bringt es nichts, das zu tun, was Frauen viel zu oft tun: mehr oder weniger offene Andeutungen machen. Von »Die Erdnussflips schmecken dir heute ja wieder richtig gut, nicht wahr?« über »Im Yoga-Kurs sind auch ein paar Männer, vielleicht wär' das ja auch mal was für dich?« bis hin zu »Bist du eigentlich immer noch Mitglied in diesem Fitnessclub?«: Das bringt alles gar nichts, das ärgert uns nur, weil wir erstens zwar wissen, dass die Frauen recht haben, zweitens aber nicht verstehen, warum sie um den heißen Brei herumreden. Wenn wir verfallen und uns gehenlassen, brauchen wir einen Tritt. Dann hilft es, wenn man uns ganz offen sagt: »Ich mache mir Sorgen um deine Gesundheit«, »Ich finde dich nicht mehr so attraktiv wie früher«, »Ich merke doch, wie unzufrieden du bist«. Wir werden uns furchtbar aufregen, wir werden verletzt sein und uns vielleicht erstmal zurückziehen. Aber nicht lange. Und am Ende setzen wir uns endlich in Bewegung und sind dankbar.

Gegenvorschlag: Seid lieb zu uns!

Ach, »lieb«: kein schönes Wort. Eigentlich fällt uns kein Zusammenhang ein, in dem wir dieses Wort gern verwenden. Gut, an den »lieben Gruß« unter Mails haben wir uns gewöhnt, aber meistens schreiben wir ja sowieso nur »LG«. An dieser Stelle aber wählen wir dieses Wort mit Bedacht. Denn bis hierhin haben wir auf 253 Seiten darüber geschrieben, wie Gefühle sich einen brutalen Verdrängungskampf liefern:

die verdeckten Männergefühle, die manchmal schwer zu ent-
schlüsseln sind, und die alles beherrschenden Frauengefühle,
der FC Barcelona der Gefühlswelt. Und immer wieder haben
wir davon geredet, wie dieser Gefühlskampf zu Frustration,
Streit und Hautalterung führt. Manchmal kann man eine
solch unübersichtliche Situation nur klären, indem man ihr
eine neue und überraschende Komponente hinzufügt. Zum
Beispiel eben: lieb sein. Wir haben lange mit uns gerungen,
das zuzugeben, aber was soll's: Einer der besten Wege, um
einen Mann aus der Reserve zu locken, um ihn anzuregen,
sich zu öffnen, um ihm ein Friedensangebot zu machen, um
diesen ganzen verdammten Streit- und Stresskram hinter
sich zu lassen, ist: einfach mal lieb sein.

Nett sein ist gut, freundlich sein auch, aber lieb ist noch
besser, denn es geht bis an die Schmerzgrenze der Peinlich-
keit, zuzugeben, dass man es mag und dass es einem hilft,
wenn jemand lieb zu einem ist. Nie würden wir verlangen,
dass unsere Kollegen lieb zu uns sind oder die Hausmeisterin
oder der Mann vom TÜV. Das wäre absurd. Aber zu Hause:
Ja. Das wäre gut. Es würde uns überraschen. Nicht, weil Frau-
en immer so lieblos sind, sondern weil wir vermuten, dass
ihr glaubt, wir brauchen das nicht. Anders können wir uns
nicht erklären, dass ihr selten lieb seid. Wir hingegen haben
ziemlich viel Übung im Liebsein, denn von euch wird es im
Allgemeinen ja doch recht aktiv eingefordert.

Und wir verraten gern ein kleines Geheimnis: Liebsein
macht eine diebische Freude. Ungefähr so, wie Kinder außer
der Reihe zu beschenken. Probiert's halt mal aus!

Wann ist das die richtige Maßnahme?

Immer dann, wenn die Situation noch nicht klar genug ist,
um uns in den Arsch zu treten. Genauer gesagt:

Wenn wir uns verkriechen, bratet uns ein Steak.

Wenn wir schlechte Laune haben, kitzelt uns durch.

Wenn wir gestresst sind, nehmt uns was ab, ohne groß und breit darüber zu reden.

Lasst uns ausschlafen, wenn wir verkatert sind.

Deckt uns zu, wenn wir auf dem Sofa eingenickt sind.

Und vor allem, ganz im Ernst: Wenn ihr einen Streit anfangen könntet, haltet inne und versucht es stattdessen mit einer schweigenden Umarmung.

Das wäre lieb.

Kleines Lexikon der Männergefühle

»Aldi informiert«

Lieblingslektüre vieler Männer, weil das Wort »Information«
drin steckt und explizit nicht »Gefühle« (Kapitel 4).

Allein sein

Können Männer eigentlich nur noch im Auto (Kapitel 1)
oder auf dem Klo (Kapitel 11 a). Ansonsten sind sie meist
von Menschen umgeben, die über Gefühle reden.

Angst davor, etwas zu verpassen

Ist der Grund dafür, warum Männer nachts oft nicht ins Bett
finden – sie surfen lieber im Internet oder zappen die halbe
Nacht sämtliche Fernsehprogramme durch, weil ja irgend-

was Interessantes passiert sein könnte, bei dem man gern live dabei wäre. Führt in der Regel dazu, dass der Mann auf dem Sofa einschläft (Kapitel 8).

Anti-Perfektionismus

Müssen Paare gemeinsam anstreben, um sich nicht kaputtzumachen (Kapitel 14).

Haben Männer sowieso verinnerlicht, weil sie mehr Talent zum Aussitzen und Improvisieren haben (Kapitel 15).

Barth, Mario

Unbehagen beim Auftauchen des außerordentlich erfolgreichen Berliner Komikers, der von Witzen über die Unterschiede zwischen Männern und Frauen lebt. Weil er so tut, als kämen Männer und Frauen von unterschiedlichen Planeten und als wären diese Unterschiede größer als die Gemeinsamkeiten.

Blaumann oder Rotwein

Die Erkenntnis, offener darüber reden zu müssen, was man voneinander erwartet: Sollen wir den Blaumann anziehen und das Problem lösen oder den Rotwein aufmachen und einfach nur zuhören (Kapitel 4)?

Bonuspunkte sammeln

Beziehungsform, die irgendwie auch keine echte Alternative zum Reden über Gefühle ist (Kapitel 7).

Bundestrainer

Ist die große Projektionsfläche für Männer: Er hat einen tollen Job, von dem Mann insgeheim glaubt, man könnte ihn eigentlich auch. Ist alle zwei Jahre für einen Monat das Leitbild aller Männer – und somit die wichtigste Person des öffentlichen Lebens (Kapitel 13).

Donnerstagsgefühl

Beschreibt eine diffuse innere Unruhe, die Männer mitunter befällt. Und manchmal so stark wird, dass sie von gewohnten Ritualen abweichen und zum Zweck der → *Selbstreinigung* schon am Donnerstag mit dem Auto durch die Waschstraße fahren und hinterher kräftig durchsaugen. Das hilft dem Mann bei der Verarbeitung des Donnerstagsgefühls, verwirrt aber eventuelle Lebenspartnerinnen, die das Donnerstagsgefühl sowieso nicht verstehen, weil der Mann ja auch nicht drüber redet (Kapitel 6).

Doppelabsicherung

Ein Fußballspiel live und hinterher noch einmal im Fernsehen schauen wollen, um sich möglichst viele Blickwinkel zu verschaffen (Kapitel 6).

Draußensein-Lust

Lieber draußen sein als drinnen, weil man die Illusion hat, dort sei mehr möglich. Geht nur, weil man nicht friert (Kapitel 8).

Ehrlichkeit

Wird gern von Frauen als Argument eingesetzt, wenn man sie dafür kritisiert, dass sie auf eine sachliche Mitteilung mit einer Gefühlsbotschaft antworten: »Ich bin doch nur ehrlich!« (Kapitel 3).

Einfach nur ...

Leitet oft große Männergefühle ein, die von außen klein aussehen: zum Beispiel das Bedürfnis, einfach nur auf dem Sofa sitzen zu wollen (Kapitel 11 a).

Entspannung

Erstrebenswerter Zustand, oft wird eingefordert, Männer sollten sich mehr darum kümmern: »Tu doch mal was für deine Entspannung.« Wenn bei Männern spontan und unbemerkt Entspannung einsetzt, äußert sich diese jedoch leider unter Umständen durch spontanes Aufstoßen.

Extreme

Dass Männer in Extremen leben, zeigt sich vor allem beim Umgang mit Krankheit und Arztbesuchen: Sie ignorieren, dass sie krank sind. Oder sie sind überzeugt, dass sie sterbenskrank sind. Dazwischen gibt es nichts (Kapitel 8).

Freitagabendgefühl

Erleichterung nach der Arbeitswoche, Vorfreude aufs Wochenende, äußert sich darin, dass Männer viel zu viele Pläne fürs Wochenende machen. Voraussetzung für → *schlechte Laune* (Kapitel 2).

Freunde, beste

Sind selten. Nur etwas über zehn Prozent aller Männer haben einen richtigen Vertrauten, mit dem sie über wirkliche Probleme reden. Die meisten Männer haben eher Freunde, die für sie einen Zweck erfüllen, zum Beispiel Tennisspielen oder Briefmarkentauschen (Kapitel 10).

Fußballwahnsinn

Infektionskrankheit, von der ein Gros der Männer in verschiedenen Ausprägungen befallen ist. Erschwert ein geregeltes Familienleben, ruft aber auch von Ekstase bis tiefer Verzweiflung die größtmöglichen Emotionen bei Männern hervor (Kapitel 6, 8, 13).

Gefühlsdiktatur

Die Medienwelt, in der wir leben, seit das Reden über Gefühle den Bereich der Partnerschaft verlassen und Politik, Sport und Fernsehunterhaltung infiziert hat (Vorwort).

Generation fifty-fifty

Den Anspruch haben, Aufgaben und Verantwortung gerecht zu teilen. Ist eine Selbstverständlichkeit, aber anstrengend, das hinzukriegen (Kapitel 3). Siehe auch: → Übergangsgeneration.

Gleichgültigkeit

Sehnsucht danach, weil Männer in ihrem Leben alles ernst nehmen müssen. Manifestiert sich im Konsum von Actionfilmen, in denen alles kaputtgeht, sich aber keiner drum schert – Actionfilme sind die letzte Bastion der Gleichgültigkeit (Kapitel 8).

G-Punkt, männlicher

Für Außenstehende schwer zugänglicher Ort in der Männer-Psyche, wo die Gefühle sich davor verstecken, die ganze Zeit interpretiert zu werden (Vorwort).

Ignoranz

Böser Mann! (Kapitel 15).

Harmonie

Schönes, aber oft unerreichbares Ziel, vor dessen Überhöhung Männer in den Konsum von Heavy Metal fliehen (Kapitel 8).

Macht

Schwierig, sich darüber klarzuwerden, was für Machtspiele in der Beziehung ablaufen. Es herrscht der Eindruck, dass Frauen die Beschreibung ihrer Gefühle als Machtfaktor einsetzen, indem zum Beispiel der Verlauf eines Streits in erster Linie davon abhängt, wie sie sich dabei fühlen, egal, worum es auf der Sachebene geht (Kapitel 3).

Märchenprinz

Früher: Das Gefühl, »Der Tod des Märchenprinzen« von Svende Merian lesen zu müssen, weil alle Frauen es lasen. Dann: Die Erkenntnis, dass man mit dem Typen aus dem Buch verglichen wird. Heute: Der Verdacht, dass einen das geprägt hat, obwohl es dreißig Jahre her ist (Kapitel 3).

Masturbation

Zumeist eher einsame Sexpraktik. Erfüllt für den Mann verschiedene Funktionen: die Zeit allein sinnvoll nutzen (Kapitel 1), vom Stress des Alltags entspannen (Kapitel 8), das Risiko leben, dabei gestört zu werden (Kapitel 6).

Mitte

Unbekannter Ort, den Frauen suchen und bei einschlägigen Veranstaltungen hin und wieder auch finden, der für Männer aber unerreichbar ist. Siehe → *Extreme*.

Nebeneinanderher leben, gleichgültiges

Beziehungsform, die irgendwie auch keine echte Alternative zum Reden über Gefühle ist (Kapitel 7).

Neuer Mann

Ideal der siebziger und achtziger Jahre: Mann, der kein Macho, kein Haushaltsvorstand, kein Bestimmer und Egoist mehr ist. Mit dem Gefühl, all das tatsächlich nicht sein zu wollen und auch nicht zu sein, paart sich die Ratlosigkeit, nicht zu wissen, was man stattdessen eigentlich ist (Kapitel 3, 14).

Paralleluniversum, gefühltes

Ort, an den Männer sich in Gedanken hinbegeben, wenn sie einer anderen Frau hinterherschauen (Kapitel 8).

Partnerquälen

Beziehungsform, die irgendwie auch keine echte Alternative zum Reden über Gefühle ist (Kapitel 7).

Risiko

a) Sich nicht anschnallen, um endlich mal wieder was Spannendes zu tun, b) paniertes Fleisch essen (Kapitel 1).

Samstagmorgengefühl

Enttäuschung, die eintritt, wenn man merkt, dass man sich fürs Wochenende zu viel vorgenommen hat. Kippt beim erstbesten Anlass in → *schlechte Laune* um (Kapitel 2).

Schlechte Laune

Böser Mann! (Kapitel 2).

Schweigen

Böser Mann! (Kapitel 4).

Selbstbestimmtheit

Ist Männern eigentlich wichtig, aber sie haben das Gefühl, davon nicht viel zu haben. Deshalb fahren sie auch in für sie fremden Gegenden meist ohne Navi, weil sie sich nicht schon wieder von einer Frauenstimme sagen lassen wollen, wo's langgeht (Kapitel 8).

Selbstreinigung

Findet bei Männern statt, indem sie ihr Auto waschen (Kapitel 8).

Sich zusammenreißen

Muss man als Mann immer zweimal tun: sich zusammenreißen, wenn es einem nicht gutgeht. Erst reißt man sich einfach zusammen, dann reißt man sich »richtig« zusammen, bevor man merkt, dass es doch nicht der Weg ist (Kapitel 1).

Stammtisch

Etwas, von dem »neue« Männer heimlich träumen: eine Runde von Männern, in der man entweder mal gar nicht über

Gefühle reden muss oder mal so richtig, ohne dass einem die Frauen dabei reinquatschen. Wird aber nie was draus (Kapitel 1).

Steinbrecher, Michael

Hat mit seinem Einstieg beim »Sportstudio« 1992 einen Paradigmenwechsel in der Fragekultur bei Sportlerinterviews eingeläutet: Plötzlich ging es nicht mehr um Abseits oder nicht, sondern um die Frage, wie Spieler sich dabei gefühlt haben, als der Abseitspfiff des Schiedsrichters ertönte. Seine Optik – lange braune Locken ein weiches Jungengesicht umrahmend – unterstrich seine ungeheure Sensibilität zusätzlich. Nach einer kurzen Eingewöhnungszeit wurde der Steinbrechersche Emo-Brei preisgekrönt (Sportjournalist des Jahres 1996) und zudem Standard der journalistischen Fragetechnik, auch über den Sport hinaus: Heute müssen Politiker, Schauspieler und selbst das Wetter erst einmal fühlen, bevor sie sachlich informieren dürfen. Steinbrecher gilt somit als Erfinder der → *Gefühlsdiktatur* (Vorwort).

Unterwerfung, freiwillige

Beziehungsform, die irgendwie auch keine echte Alternative zum Reden über Gefühle ist (Kapitel 7).

Verarschen, einander

Ist eine von Männern bevorzugte Sympathiebekundung gegenüber anderen Männern, die sich graduell potenziert: Je mehr ein Mann einen anderen mag, desto derber und direkter fällt das Verarschen aus. Wird auch angewandt, um sich von der direkten Emotionalität der Frauen abzugrenzen (Kapitel 8).

Vorwurf

Häufige Kommunikationspanne. Liegt dann vor, wenn einem eine einfache, an die Frau gestellte Frage als Vorwurf ausgelegt wird. Vorkommen: in Beziehungen fast täglich (Kapitel 1).

Eine andere Form des Vorwurfs ist der direkt geäußerte Vorwurf von Frauen, man würde ja »nie« dieses oder jenes machen, oder es wäre schön, wenn man »wenigstens einmal von allein« an dies und das denken könnte. Vorkommen: siehe oben (Kapitel 15).

Übergangsgeneration

Bedürfnis, es besser machen zu wollen, als die Rollenbilder es in früheren Generationen zuließen: Übergang von der Rollenverteilung zur Aufgabenverteilung. Durchhalten wollen, auch wenn es einen überfordert (Kapitel 14).

Unterleibs-Tinnitus

Leichter Erregungszustand, an den man sich gewöhnt wie an ein störendes Ohrengeräusch (Kapitel 8).

Unterschied, der kleine

Während Frauen die wichtigste soziale Bewegung der modernen Zeit in Gang setzten und die Welt veränderten, indem sie erfolgreich für ihre Rechte kämpften, reicht es Männern, »Coke Zero« statt »Coke light« zu trinken (Kapitel 8).

Werbe-Emos

Bezeichnet Artdirektoren und Texter in Werbeagenturen, die uns Konsumgüter ausschließlich über Emotionen verkaufen wollen, was letztlich zu echten Absurditäten führen muss. Beispielhaft hierfür steht die Kampagne des Elektronikkonzerns LG, der kürzlich noch seine Produkte mit dem Claim »Technik ist das, was du fühlst« bewarb. Werbe-Emos sind Triebfedern der → *Gefühlsdiktatur* (Vorwort).

XX/XY

Unsere Überzeugung, dass die Gemeinsamkeiten zwischen Männern und Frauen von Haus aus viel größer sind als die Unterschiede. Auch wenn die außerordentlich erfolgreichen Paar-Autoren Allan und Barbara Pease auf der Grundlage windiger Hirnforschungsergebnisse seit Jahren davon leben, das Gegenteil zu beschwören (»Warum Frauen schlecht einparken und Männer nicht zuhören können«). Seriöse Autoren wie die Hirnforscherin Lise Eliot belegen, dass die Unterschiede zwischen männlichen und weiblichen Gehirnen von Geburt an verschwindend gering sind und dass Unterschiede zwischen Männern und Frauen sozial, kulturell und historisch bedingt sind (siehe ihr Buch »Wie verschieden sind sie? Die Gehirnentwicklung bei Mädchen und Jungen«, Berlin 2010). Traditionell männliche und traditionell weibliche Eigenschaften sind in unterschiedlichem Maße auf unterschiedliche Menschen verteilt, egal, welchen Geschlechts und welcher sexuellen Orientierung. Alles andere wäre auch wirklich zu langweilig, dann könnte man nichts mehr ändern, sondern nur noch Kalauer machen (→ *Barth, Mario*).

Zweiteilung

Ärger über sich selbst und die Frau in einem Aufwasch, wenn man vergisst, einen von ihr erteilten Auftrag auszuführen (Kapitel 1).

Zwischenstand

Erscheint in Fußballstadien auf der Anzeigetafel, wenn in einer der parallellaufenden Partien ein Tor gefallen ist. Je nachdem, ob die auf dem Rasen spielende Mannschaft vom Zwischenstand eines anderen Spiels betroffen ist, wird dieser mit Begeisterung, Entsetzen oder wohlwollendem Desinteresse aufgenommen.

Im übertragenen Sinne: das Bewusstsein, dass wir mit diesem Buch einen Zwischenstand beschreiben, denn die Partie ist noch lange nicht zu Ende. Alles ist in Bewegung, wir sind in einer Übergangsphase, in der Rollen anders verteilt und neu definiert werden. Egal, ob wir Männer oder Frauen sind: Ob wir unsere Beziehungen mit Begeisterung, Entsetzen oder wohlwollendem Desinteresse führen, haben wir selbst in der Hand. Und, wie man im Stadion sagen würde mit Blick auf das Zwischenergebnis auf der Anzeigetafel: Da geht noch was, da ist mehr drin.